Günther Klugermann

Das war das 20. Jahrhundert in
FREIBURG

Wartberg Verlag

1. Auflage 2001

Satz und Layout: Typographische Dienste U. Weiss, Borken (Hessen)
Druck: MKL-Druck, Ostbevern
Buchbinderische Verarbeitung: Buchbinderei Büge, Celle

34281 Gudensberg-Gleichen, Im Wiesental 1
Tel.: 0 56 03/9 30 50
www.wartberg-verlag.de
ISBN 3-8313-1168-4

Vorwort

Der vorliegende Text- und Bildband über Freiburg vom Jahr 1900 bis zum Jahr 2000 ist in dieser Form ein Novum für die Stadt. Einmal wegen der vielen Fotos, die zum größten Teil erstmals hier veröffentlicht werden, zum anderen wegen etlicher Daten und Ereignisse, die bisher noch niemand in einem Buch für erwähnenswert gehalten hatte, die zu ihrer Zeit aber durchaus von Wichtigkeit waren.

Die Aufnahme bestimmter Daten in eine stadtgeschichtliche Arbeit ist wegen ihrer Bedeutung einfach unerlässlich. Alle Angaben, die bereits anderweitig publiziert wurden, habe ich jedoch überprüft, gelegentlich präzisiert, musste aber auch in erstaunlich vielen Fällen Korrekturen vornehmen.

Im Rahmen dieser Arbeit war es nicht möglich, mehr als Schlaglichter auf die Vielzahl kleinerer und größerer, unbedeutenderer und bedeutenderer Ereignisse zu richten, die in den 101 Jahren, die dieses Buch umfasst, Freiburg und die Freiburger mehr oder weniger stark berührten. Die Auswahl, die getroffen wurde, ist in erster Linie natürlich eine subjektive, manchmal auch eine zufällige. Wenn mir mehrere Dinge gleichzeitig wichtig erschienen, ein häufiger Fall, wurde die Entscheidung zu einem inneren Ringen darüber, was aufzunehmen sei und was nicht und das Ergebnis nicht immer rational begründbar.

Im Wesentlichen orientierte ich mich an zwei selbstgezogenen Leitlinien. Zum einen sollte möglichst die Grundstimmung, das tragende Gefühl oder auch das beherrschende Thema eines Jahres erkennbar werden. Desgleichen war mir daran gelegen, dass (fast) jede(r) etwas entdecken möge, das eigene Interessen, eigene Betroffenheit oder – in selbst erlebten Jahren – einen gewissen Wiedererkennungseffekt anspricht bzw. auslöst.

Die Fotos illustrieren zum Teil beschriebene Ereignisse der jeweiligen Jahre oder wurden in dem entsprechenden Jahr aufgenommen. Ist der Entstehungszeitpunkt einer Aufnahme nicht bekannt oder stammt das Foto aus dem Jahr, dem es zugeordnet wurde, so ist das nicht weiter vermerkt. In allen anderen Fällen habe ich zumindest das Aufnahmejahr angegeben.

Die Beschaffung von Fotos, mit denen Begebenheiten oder einfach nur die Atmosphäre der einzelnen Jahre veranschaulicht werden sollten, oblag mir persönlich, erwies sich allerdings als äußerst zeitaufwendiges Unterfangen. Es hätte ja alles wesentlich einfacher sein können, wäre ein Zugriff auf die städtischen und staatlichen Archivbestände in Freiburg möglich gewesen. Doch die extrem hohen Gebühren, die das Stadtarchiv (50 DM pro Foto), das Staatsarchiv und die Landesstelle für Volkskunde (jeweils 100 DM pro Foto) zu verlangen gezwungen waren, hätten ein Vermögen verschlungen und damit den Finanzierungsrahmen eines solchen Projektes bei weitem gesprengt. Doch zum Glück gab es da noch städtische Ämter, das Kreisarchiv Breisgau-Hochschwarzwald und das Archiv Soziale Bewegungen in Baden e. V., die mit großzügigem und unbürokratischem Entgegenkommen ihre mitunter umfangreichen Fotobestände zur Verfügung stellten. Überraschend war auch die außerordentlich positive Resonanz von privater Seite auf meine „Fahndung nach Fotos“, wie es die Badische Zeitung formulierte, oder die „Suche der Woche“, die der Stadtkurier Freiburg veröffentlichte. Ich konnte nur einen Bruchteil der mir angebotenen Fotos verwerten, sonst wäre kein Platz für den Text übrig geblieben. Diese Konstellation erwies sich letztlich als Glücksfall, denn die weitaus meisten Bilder werden mit diesem Band zum ersten Mal der Öffentlichkeit zugänglich.

Den im Folgenden genannten Damen und Herren übermittle ich für ihre freundliche Unterstützung ein herzliches Dankeschön: Frau Angelika Gawlista-Eidam vom Stadtplanungsamt Freiburg, Herrn Heinrich Graf vom Kreisarchiv Breisgau-Hochschwarzwald, den Herren Peter Kappus und Karl-Heinz Elmlinger vom Vermessungsamt Freiburg, den Mitarbeitern vom Archiv Soziale Bewegungen in Baden e. V. sowie den Privatpersonen (in alphabetischer Reihenfolge); Frau Erna Blume, Familie Brenneisen, Herrn Walter Ehling, Frau Rita Ehret, Frau Johanne Eißner, Familie Engesser, Frau Pia Fackler, Herrn Ernst Hambrecht, Herrn Hess vom Hotel am Rathaus, Herrn Peter Kappus, Herrn Dr. Eduard Klausmann, Herrn Franz Kopp, Herrn Walter Lauterer, Frau Elfriede Morath, Herrn Volker Morstadt, Herrn Otto Nufer, Herrn Horst Salzmann, Frau Erika H. Schreiber, Herrn Hans Sigmund, Frau von Spiessen geb. Sommer, Frau Gertrud Teirich, Frau L. Tondré und Frau Elke Veyhelmann-Götz.

Ich danke überdies Klaus Sittmann, der mir leihweise sein Notebook überließ, als mein Gerät im zarten Alter von gerade mal zwei Jahren plötzlich und unerwartet dahinschied.

Die schwerste Bürde hatte im letzten Dreivierteljahr zweifellos meine Familie zu tragen. Mein ganz besonderer Dank geht deshalb an meine Frau Helga, die mich von alltäglichen Belastungen freihielt, obwohl sie beruflich ebenfalls stark beansprucht war, und meinen Kindern Till und Lena, die mein in verschiedener Hinsicht eingeschränktes Vorhandensein hinzunehmen bereit waren.

Günther Klugermann

1900 CHRONIK

Mit 25 Kanonenschüssen vom Schlossberg und Glockengeläute begrüßt Freiburg das **neue Jahr**.

Für 73 801 Mark kauft der Landesfiskus Gelände, das für den Bau des neuen Güterbahnhofs vorgesehen ist.

Im Landesgefängnis sitzen etwa 480 Sträflinge ein.

Folgende Aussteller aus Freiburg sind zur deutschen Abteilung der Weltausstellung in Paris zugelassen: M. Welte & Söhne (Musikinstrumente), Erste Freiburger Nährmittelfabrik Muffler & Co., Julius Baader (Brezelfabrik), Prof. Fritz Geiges (Glasmaler), Adolf Dietler (Möbelfabrik).

Der frühere Stadtarchivar von Freiburg, Adolf Poinsignon, erleidet bei einem Überfall in Kreuzlingen am Bodensee tödliche Verletzungen. Neben zahlreichen Beiträgen in Fachzeitschriften verdanken ihm die Freiburger den ersten Band der „Urkunden des Heiliggeistspitals Freiburg" und die „Geschichtliche Ortsbeschreibung der Stadt Freiburg".

Die Weimarer Versammlung des Vereins „Frauenbildung Frauenstudium" wählt **im Mai** die Freiburgerin Adelheid Steinmann zur 1. Vorsitzenden. Ziel des Vereins ist die Erhebung der Frau zu einem selbständigen, selbstbewussten und selbstverantwortlichen Wesen.

Für das **Sommersemester** haben sich nahezu 1 800 Studenten eingeschrieben.

Am **28. Juli** erfolgt die Übergabe der von der Freiburger Studentenschaft errichteten Bismarcksäule. Das 12,60 Meter hohe Denkmal ist nicht als Aussichtsturm für die Allgemeinheit bestimmt, sondern zum Abbrennen größerer Feuer an besonderen nationalen Festtagen und Bismarckgedenkfeiern.

*Der erste Spatenstich zum neuen Elektrizitätswerk an der Ferdinand-Weiß-Straße erfolgt am **2. August**.*

Anfang **August** finden sich Reste von Stadtbefestigungsmauern bei Aushubarbeiten für den Neubau des Postgebäudes.

Ein orkanartiger Sturm zerstört am frühen Nachmittag des **20. August** in wenigen Minuten das gerade errichtete Hauptzelt des Zirkus Blumenfeld auf dem Stühlinger Kirchplatz.

Die 1867 gegründete Freiburger Gewerbebank bezieht Anfang **Oktober** ihr neues Domizil in der Franziskanerstraße.

15 000 Schaulustige verfolgen am **7. Oktober** ein Pferderennen auf dem Exerzierplatz, das anlässlich des 10. Stiftungsfests des Rennvereins stattfindet.

Erzbischof Dr. Nörber weiht am **14. Oktober** die fünf Glocken der Herz-Jesu-Kirche im Stühlinger.

Vom Untergang des deutschen Schulschiffs „Gneisenau" in der Bucht von Malaga ist auch ein Sohn der Stadt betroffen: der Oberbootsmaat Karl Zillhardt. Er gehört jedoch zu den Überlebenden.

Die meisten Wohnungen in den 18 städtischen Neubauten an der Zunftstraße werden zum 1. April bezogen. (Foto: Vermessungsamt Freiburg)

Enteignungsverfahren gegen unbescholtene Bürger

Zur Anlage der elektrischen Straßenbahn wurde der Abbruch von vier Häusern am Martinstor für notwendig erachtet. Betroffen waren die Anwesen von Kaufmann Julius Schaich (Nr. 122), Friseur Fischers Ehefrau (Nr. 124), Bäckermeister Binz sowie Stadtrat und Fabrikant Pfeilsticker. Nur Fischers Ehefrau verkaufte „freiwillig". Bezüglich der anderen Anwesen wurde das Enteignungsverfahren eingeleitet. Desgleichen gegen den Eigentümer eines Grundstücks an der Ferdinand-Weiß-Straße, auf dem das Elektrizitätswerk errichtet werden sollte. Stadtrat Pfeilsticker legte wegen des gegen ihn eingeleiteten Enteignungsverfahrens sein Amt als Mitglied des Stadtrats nieder.

Neue Verbindungen über die Dreisam

Der Luisensteg über die Dreisam wird am 7. November dem Verkehr übergeben. Er verbindet die Turnsee- mit der Luisenstraße. Die neue Kaiserstraßenbrücke steht ab 15. Dezember dem Verkehr zur Verfügung. Ab dem ersten Weihnachtstag überbrückt auch der Mariensteg die Dreisam.

Der Luisensteg über die Dreisam von Osten (Foto: Wartberg-Verlag)

Freiburger Statistik

Nach der Volkszählung vom 1. Dezember 1900 hatte Freiburg 61 506 Einwohner (davon etwas mehr als die Hälfte weiblichen Geschlechts, rund 70 % katholischen Glaubens), 12 105 Haushaltungen und 4434 Gebäude. Die Bevölkerung verteilte sich überwiegend auf drei Stadtteile: In der Altstadt lebte annähernd die Hälfte der Einwohnerschaft, fast ein Viertel in der Wiehre und 15 % im Stühlinger.
Der Stadtrat setzte sich aus 18 Angehörigen des gehobenen Bürgertums zuzüglich Oberbürgermeister Dr. Winterer und Bürgermeister Dr. Thoma zusammen. Freiburgs Presselandschaft wurde von 14 öffentlichen Blättern und Zeitschriften geprägt, von denen sechs täglich (außer montags) erschienen. Zur öffentlichen Bewirtung standen 61 Gasthäuser und 137 Bier- und Kaffeewirtschaften zur Verfügung. Die Versorgung mit Alkohol übernahmen 18 Branntweinbrennereien und -händler, 14 Bierbrauer und 56 Weinhändler. Die Fleischpreise pro Kilo schwankten zwischen 1,36 Mark für Rindfleisch und 1,56 Mark für Kalbfleisch. Ein Kilo Tafelbutter kostete 2,03 Mark, ein Kilo Brot „gangbarster Sorte" war für 25 Pfennig zu haben, für zehn Eier waren 67 Pfennig und für einen Liter Milch 18 Pfennig zu zahlen. 2,41 Mark waren für einen Zentner Kartoffeln zu entrichten.

Die offizielle Karte zum „Carnevals-Zug 1901" (Foto: Horst Salzmann)

Mal was anderes in der Stadt

Der große Karnevalszug 1901

Unter dem Motto „Das ist doch mal was Anderes, zu Freiburg in der Stadt" wälzte sich am 18. Februar ein fast zwei Kilometer langer Karnevalszug im Schneetreiben durch die Innenstadt. Buntes Konfetti und Papierschlangen bedeckten die verschneiten Straßen. Elf Böllerschüsse eröffneten um 13 Uhr den Marsch vom Aufstellungsort im unteren Teil der Zähringerstraße (heute Habsburgerstraße) über die Kaiser- zur Günterstalstraße, dann über die Erwin- und Hildastraße zur Schwabentorbrücke, durch das Schwabentor, Oberlinden, Salz-, Bertoldstraße bis zum Zähringer Hof, durch die Bahnhofstraße (heute Bismarckallee) bis zum Pfauen in die Friedrichstraße, auf den Rottecksplatz, Rotteck-, Werder-, Schreiberstraße, beim „Laubfrosch" wieder in die Kaiserstraße bis zum Siegesdenkmal. Dort schwenkte der Zug in die Friedrichstraße ab, wo in den Nebenstraßen die Auflösung erfolgte. 43 Wagen, 1 500 Männer (!) und 156 Reiter waren beteiligt. Sechs Gaslaternenanzünder gingen voran und sorgten für die Beleuchtung der durchschrittenen Straßen. Die Darstellungen auf den Wagen behandelten lokale bis überregionale Themen, wie die Verlegung des Schwabentors auf den Schlossberg, den 2000. Student Freiburgs, den Rhein-Dreisam-Kanal, die jetzige Friedensmacht in Kamerun, die Chinaexpedition und andere. Musikalische Untermalung boten elf Kapellen, für Radau sorgte die Kläpperlesgarde. Die Kostüme der Teilnehmer lieferte eine Mainzer Firma gegen gutes Geld.

Umbau des Schwabentors 1901 (Foto: Kreisarchiv Breisgau-Hochschwarzwald)

Die Aufstockung der Stadttore

Geldschwere Stimmen erhoben sich für freien Verkehr und Geschäftsentwicklung. Eigentlich beidem stünden die Stadttore im Weg. Also weg damit, wurde gefordert. Die Aussicht auf Umsatz steigernden Tourismus war dann letztlich wohl das überzeugendere Argument zur Erhaltung der Türme, als kulturelle oder historische Begründungen es vermocht hätten. Allerdings mussten einige Häuser um die Tore herum zugunsten zweispuriger Verkehrsführung geopfert werden. Man entschied sich darüber hinaus für eine Erhöhung, vielleicht um das Aufstreben einer Provinzstadt zu symbolisieren. Ab Januar waren die Entwürfe im Geschäft von Kaufmann Rau in der Kaiserstraße zu bewundern. Den Freiburgern war's dann aber doch zuviel der Höhe. Insbesondere die niederdeutsch orientierten Ideen des Architekten zum Schwabentor erschienen befremdlich. Dennoch wurden die Pläne innerhalb weniger Monate umgesetzt.

1901 CHRONIK

Ab **1. Januar** wird auf Sodawasser-, Brauselimonaden- und Bierflaschen 10 Pfennig Pfand erhoben. Damit soll dem Missbrauch der Flaschen gegengesteuert werden. Die teuerste Flasche Bier (0,7 Liter) kostet nun mit Pfand 30 Pfennig.

Die zweitägigen Feierlichkeiten zum Geburtstag des deutschen Kaisers finden wie alljährlich in Abwesenheit seiner Majestät statt.

Der Vortrag zweier Buren lockt mehr Interessierte an, als die Sinnerhalle in der Bertoldstraße zu fassen vermag. Die Buren bezeichnen den Krieg als „Raubzug" und die Engländer als „gemeines Gesindel". Die Zuhörer stimmen den Ausführungen mit reichem Beifall zu.

Am Bertoldsbrunnen ist **im März** die Schienenkreuzung für die elektrische Straßenbahn fertig gestellt.

Ihr 50-jähriges Bestehen am **11. März** feiert die Freiwillige Feuerwehr Freiburg mit einem viertägigen Fest.

Die konstituierende Sitzung zur Bildung der Handwerkskammer Freiburg findet am **22. März** im großen Rathaussaal statt.

Der einheitliche Entwurf einer Verordnung über den Verkehr mit Motorfahrzeugen für Elsass-Lothringen und Baden legt die Fahrgeschwindigkeit innerhalb von Ortschaften auf 12 km und außerhalb von Ortschaften auf 30 km in der Stunde fest.

Die Frankfurterin Mathilde Wagner hat an der Universität Freiburg als eine der beiden ersten in Deutschland approbierten Ärztinnen ihr Staatsexamen mit bestem Erfolg bestanden.

Die rund 800 Freiburger Geschäftsinhaber sprechen sich mehrheitlich gegen die Einführung des Ladenschlusses um 20 Uhr aus.

Im Hauptbahnhof wird der erste Fahrkartenautomat für Lokalzugsfahrkarten aufgestellt.

Die städtische Volksbibliothek und Volkslesehalle, Münsterplatz 25, eröffnet am **15. August**. Rund 6 000 Bände stehen kostenlos zur Verfügung.

Mitte **September** erstrahlt erstmals elektrische Beleuchtung in einigen größeren Geschäften entlang der Kaiserstraße.

Eine „Naturbrücke" verbindet die Salpeterhöhe (Bismarckturm) mit dem oberen Schlossberg.

Noch im **September** werden an der Nordseite der Kaiserstraßenbrücke die Bronzestatuen von Kaiser Friedrich Barbarossa und Kaiser Heinrich V., dem letzten Salier, aufgestellt.

Das städtische Elektrizitätswerk an der Ferdinand-Weiß-Straße geht in Betrieb.

Das Zeitalter der elektrischen Straßenbahn beginnt am **14. Oktober** mit der Linie Zähringen (Rennweg)–Günterstal.

Die alte Pferdebahn fährt am **1. Dezember** zum letzten Mal. Die „Elektrische" bedient ab **2. Dezember** auch die Strecken Bahnhof–Schwabentor–Hildastraße–Urachstraße sowie Schwabentorbrücke–Bleichestraße.

Wo vor vier Jahren noch Reben wuchsen, erhebt sich am Karlsplatz nun der monumentale Bau der Reichsbank.

1902 CHRONIK

Im Saalbau Wiehre finden ab **4. Januar** für einige Tage Aufführungen des Passionsspiels in Anlehnung an die Oberammergauer Passionsspiele statt.

Die Fabrikstraßenbrücke ist fertig gestellt. Sie tritt an Stelle des im März 1896 vom Hochwasser weggerissenen eisernen Fabrikstegs und des seither provisorischen hölzernen Stegs.

Das Rommel'sche Anwesen (Eigentümer: Bierbrauereibesitzer Georg Rommel) am Schlossberg geht bei der Zwangsversteigerung am **30. Januar** für 300 000 Mark ins Eigentum der Stadt Freiburg über.

Das 50-jährige Regierungsjubiläum von Großherzog Friedrich von Baden wird in der Stadt festlich begangen. Die Schüler erhalten zwei Tage Unterrichtsbefreiung.

Am **21. April** veranstaltet die sozialdemokratische Partei im großen Storchensaal eine Volksversammlung. Im voll besetzten Saal referiert der Landtagsabgeordnete Adolf Geck über die wirtschaftliche Depression des vergangenen Jahres, die Arbeitslosigkeit, die Arbeitslosenversicherung und den Zolltarif.

Wie alljährlich wird die Fronleichnamsprozession am **30. Mai** von Taschendieben genutzt, um etliche Personen ihres mitgeführten Geldes zu erleichtern.

Mitte **Juni** erfolgt die Einweihung der neuen akademischen Institute für Geologie, Mineralogie, Mathematik, Geographie und physikalische Chemie in der Hebelstr. 38/40.

Im Neubau von Metzgermeister Hermann Weckerle, Ecke Belfort- und Kaiserstraße, eröffnet das erste Automaten-Restaurant in Freiburg. Vor allem die Jugend begeistert sich an dem Selbstbedienungslokal.

Der öffentliche Brunnen an der Stadtstraße beim Gasthaus zum Schwanen wird beseitigt.

82 von 116 Wahlberechtigten wählen Dr. Thoma am **29. Juli** erneut zum Bürgermeister.

Der zweite Teil der „Geschichtlichen Ortsbeschreibung der Stadt Freiburg" erscheint. Er enthält die Häuser der Stadt, deren Namen und Besitzer von der Mitte des 15. bis zum Anfang des 19. Jahrhunderts.

Ein großes Problem stellen die vielen Fahrraddiebstähle dar. Oft werden die gestohlenen Räder im Leihhaus versetzt. Dadurch erwischt man gelegentlich auch die Täter.

Am ersten Messesonntag im **Oktober** zeigt sich das „denkbar schlechteste Wetter". Die Freiburger Zeitung stellt dazu fest, dass sich die Messe „wie sattsam bekannt, traditionell stets eines ergiebigen Regens zu erfreuen" hat.

Das neu erbaute Hallenschlachthaus im städtischen Schlachthof wird dem öffentlichen Betrieb übergeben.

Am **2. November** tritt die neue und noch ganz junge Mannschaft des Freiburger Fußball-Klub (späterer FFC) auf dem Engländerplatz gegen den Straßburger Fußball-Klub an. Es geht um die Verbandsmeisterschaft von Süddeutschland.

Die Kaiserstraßenbrücke ist nach Aufstellung der Statuen Rudolfs von Habsburg und Maximilian I. am 22. März endgültig fertig gestellt. (Foto: Wartberg Verlag)

Gewerkschafter für den Zehnstundentag

Arbeiterversammlung im Adlersaal

Bei der von den Gewerkschaften am 14. Oktober einberufenen Versammlung referierte Frau Greifenberg zwei Stunden lang über Zweck und Nutzen des Zehnstundentags. Da die tägliche Arbeitszeit der meisten Arbeiter bereits zehn Stunden betrug, richtete sich der Vortrag insbesondere an die Textilarbeiter und -arbeiterinnen, die wegen ihrer ungenügenden Organisation immer noch einen elfstündigen Arbeitstag hatten. Frau Greifenberg propagierte abschließend den Zusammenschluss in der freien Gewerkschaft und warnte vor den christlichen Organisationen.

Die Turnseeschule wird eröffnet

Am 14. April wird das neue Volksschulhaus für Mädchen, die Turnseeschule, an der Turnseestraße eröffnet. Es ist das größte Schulhaus in der Stadt. (Foto: Stadtplanungsamt Freiburg)

Ein häufig ausgeübter, beliebter Sport ist das Abschrauben der Brenner an den Gaslaternen. Dadurch strömt Gas in bedeutender Menge aus, es entsteht eine starke Gasflamme, die meist die Laterne bis auf den Laternenstock durch Schmelzen zerstört.
Erwachsene dürfen zwischen Kartaus im Osten und der Grenze Freiburg-Betzenhausen im Westen nicht mehr in der Dreisam baden.

Krankenkasse gegen Simulantentum

Die Generalversammlung der Allgemeinen Ortskrankenkasse beschloss die Anstellung eines Vertrauensarztes. Man hatte eine rapide Steigerung erwerbsunfähiger Kranker in Zeiten verminderter Arbeitstätigkeit festgestellt. Zudem gebe es eine Anzahl Mitglieder, die geradezu gewerbsmäßig krank sei. Daraus resultiere die dringende Notwendigkeit, dem Simulantentum in schärfster Weise entgegenzutreten und somit die Kasse möglichst vor Ausbeutung zu schützen.

Fleisch wird teurer

Das Einfuhrverbot für ausländisches lebendes Vieh bewirkte auch in Freiburg einen Mangel an Schlachtvieh. Insbesondere waren Schweine schwer und nur zu einem enorm hohen Preis zu bekommen. Als Konsequenz verkündete die Freiburger Fleischerinnung eine Erhöhung der Fleischpreise. Demnach kostete das Pfund Ochsenfleisch 80 Pfennig, Rindfleisch 75 Pfennig, Kalbfleisch 80 und 85 Pfennig, Hammelfleisch 60 und 80 Pfennig, Schweinefleisch 85 Pfennig, Speck 75 Pfennig und geräuchertes Schweinefleisch 1 bis 1,10 Mark. Die „Conservier- und Gefrier-Hallen GmbH" bot das Pfund Reh-Ragout für 40 Pfennig an.

Am Pfingstsonntag wird eine neue Brücke über die Dreisam dem Verkehr übergeben. Zu Ehren des Großherzogs erhält sie den Namen Friedrichsbrücke (heute Kronenbrücke). (Foto: WartbergVerlag)

Bestialische Ermordung eines kleinen Mädchens

Ein grausiges Verbrechen erschüttert die Freiburger Bevölkerung

Als seine sechsjährige Tochter Stephanie am Abend des 17. Februar zur vereinbarten Zeit nicht nach Hause gekommen war, machte sich ihr Vater, der Eisenbahnschaffner Karl Ullrich aus der Zunftstraße, auf die Suche nach ihr. Er fand sie alsbald in der Nähe des Spielplatzes am Hauptfriedhof, wo sie mit anderen Kindern gespielt hatte. Der halb entkleidete und von zahlreichen Messerschnitten entstellte Körper des Mädchens lag leblos etwa 50 Schritte links vom südlichen Friedhofseingang zwischen der Friedhofsmauer und den dort eingepflanzten Tännchen im Gebüsch. Wenige Tage später konnte dank eines Hinweises aus der Bevölkerung ein Tatverdächtiger festgenommen werden. Über 1 000 Menschen begleiteten das Kind auf dem Weg zu seiner letzten Ruhestätte. Dem wegen Sittlichkeitsdelikten vorbestraften Heinrich Pfister von Ebnet wurde der Prozess gemacht. Aufgrund von Zeugenaussagen und Indizien kam das Gericht zu einem Schuldspruch und verhängte das Todesurteil. Erst einen Tag vor seiner Hinrichtung am 14. August legte der Verurteilte ein umfassendes Geständnis ab.

Vom 1. Mai an steht immatrikulierten Studenten die akademische Lesehalle in der neuen Universitätsbibliothek zur kostenlosen Nutzung offen. (Foto: Wartberg Verlag)

1903 Chronik

Ernst von Wolzogen, der Gründer des Kabaretts „Überbrettl“ in Berlin, tritt am **9. Februar** in den Harmoniesälen auf.

Am Sonntag, **15. März**, stürzt beim Zusammenläuten in der Christuskirche die obere Glocke infolge eines Schraubenbruchs vom Kreuzbalken herunter auf die darunter hängende Glocke.

In der Emmendingerstraße ist Baubeginn für die ersten Häuser des Bauvereins.

Das 1895 von der Stadt gegründete Museum für Natur- und Völkerkunde, bisher in der alten Rempartkaserne untergebracht, wird vorerst provisorisch in die neue Turnseeschule (Turnhalle und zugehörige Säle) verlegt.

Im Garten von Jakobistr. 2 können über die **Ostertage** die ersten Freiburger Gartenzwerge bewundert werden.

Die Stadt Freiburg nimmt eine Anleihe von 10 Millionen Mark auf, vor allem für den Theaterneubau und die Erbauung der neuen Ober-Realschule.

Kaufmann Sally Knopf kauft von Dr. Franz Gaeß das Haus Kaiserstr. 62 für 400 000 Mark.

81 % der wahlberechtigten Freiburger beteiligen sich an der Reichstagswahl. Die meisten Stimmen erhält das Zentrum. Mit Abstand folgen Nationalliberale und Sozialdemokraten.

Ab **5. Juli** steht die neue Schlossbergfahrstraße vom Kanonenplatz zum Hirzberg der Allgemeinheit zur Verfügung.

Am **26. Juli** eröffnet das Licht-, Luft- und Sportbad des Naturheilvereins in Herdern.

Mitten in der Innenstadt überfällt eine größere Anzahl Metzgergesellen drei junge Engländer und schlägt sie brutal zu Boden.

Anfang **September** werden die von Professor Fritz Geiges ausgeführten Gemälde an den Südseiten des Martinstors (Reichsadler) und des Schwabentors (Schutzpatron St. Georg) enthüllt.

Der im ehemaligen Klostergarten errichtete Ergänzungsbau der Mädchenbürgerschule Adelhausen wird am **11. September** übergeben.

Der Verlag der Freiburger Zeitung (Firma H. M. Poppen und Sohn) kauft das Anwesen Kaiserstraße 119 beim Martinstor für 165 000 Mark.

Der Verschönerungs-Verein Freiburg übergibt den von ihm ab 1878 geschaffenen Waldsee am **16. September** ins Eigentum der Stadt Freiburg.

Der Stadtrat beschließt die öffentliche Beleuchtung der Eschholzstraße mittels zweier Gaslaternen.

Der Bürgerausschuss genehmigt die Anlage eines öffentlichen Platzes zwischen Breisacher-, Hugstetter- und Marchstraße.

Die Stadt übernimmt das ehemalige Heim'sche Schwimmbad an der Loretto- und Mercystraße (heutiges Lorettobad) für 500 000 Mark.

An der Universität hat sich eine neue Korporation als Verein jüdischer Studenten konstituiert.

1904 CHRONIK

Die Brauerei Ganter verleibt sich für 550 000 Mark die Brauerei Neumeyer ein.

Am **14. Januar** wütet vormittags ein Sturm in Freiburg und bringt den etwa 18 m hohen Kamin der Schokoladefabrik Merk und Arens zum Einsturz. Wohn- und Fabrikgebäude werden erheblich beschädigt, es kommt jedoch keine Person zu Schaden.

Im **Mai** wird die neu errichtete Damenabteilung im Licht-, Luft- und Sportbad dem Betrieb übergeben.

Im ersten Stock der alten Burse ist ein elegantes Wein-Restaurant im Biedermeierstil entstanden. Die Schwarzwaldausstellung hat dafür zwei ihrer Räume abgetreten.

Der 2 000. Student hat sich zur Immatrikulation angemeldet. Es ist der 22-jährige Medizinstudent Kurt Polenz aus Nossen in Sachsen.

Die Schmiede streiken für einen Zehn- statt bisher Elfstundentag und die Verkürzung der Arbeitszeit an Samstagen um eine halbe Stunde.

Eine für den **28. Juni** im Adlersaal angesetzte öffentliche Protestversammlung des Gewerkschaftskartells und des sozialdemokratischen Vereins wegen der Ausweisung ausländischer Studenten und Arbeiterführer wird behördlicherseits verboten. Dem gleichen Zweck dient dann aber am gleichen Tag eine öffentliche Volksversammlung im Storchensaal.

Etwa 200 Gipser streiken für die Abschaffung der Akkordarbeit und Erhöhung des Minimallohns von 50 auf 60 Pfennig pro Stunde. Sie erreichen nur einen Bruchteil ihrer Forderungen.

Mit der Renovierung des 1678 erbauten Breisacher Tors, sechs neu erstellten Häusern und dem Anbau des Röbke'schen Anwesens ist die Gartenstraße fertig gestellt.

Die Lessingschule (Knabenschule) wird durch Auf- und Anbau vergrößert.

Das Tiefbauamt schließt mit dem Freiburger Ingenieur Karl Müller einen Vertrag über die Lieferung eines Entwurfs für eine Bergbahn auf den Schlossberg.

Das Colosseum bietet in seinem Programm eine besondere Attraktion an: den vertonten Film. Dabei kommt die neueste Erfindung von Oscar Meßter, das Meßter'sche Biophon, zum Einsatz.

Die Herdersche Verlagsbuchhandlung, die Berlitz-Schule und die Firma Welte und Söhne sind auf der Weltausstellung in St. Louis/USA mit dem großen Preis ausgezeichnet worden.

Der 32-jährige Stadtrechtsrat Oskar Riedel aus Karlsruhe wird zum ersten Zweiten Bürgermeister gewählt. Er erhält ein Anfangsgehalt von 7 000 Mark.

Nach seinen Geschäften in der Kaiserstr. 151 und Schiffstr. 12 eröffnet das Konsumgeschäft L. Gottlieb eine dritte Filiale am **22. November** am Schwabentorplatz 2.

Der Freiburger Fußballklub (1. Klasse) erringt nach einem 5:0-Sieg über den Straßburger Fußballverein (1. Klasse) vor 1 000 Zuschauern die Meisterschaft im Oberrheingau.

Attentat auf Erzbischof Dr. Nörber

Wie eine Verzweiflungstat aufgebauscht wird

Der 42-jährige Priester Dr. Emil Rieger drang am 26. Mai in eine Sitzung des Erzbischöflichen Ordinariats im Ordinariatsgebäude, Salzstr. 18, ein. Nach einem erregten Wortwechsel mit Erzbischof Dr. Nörber gab Dr. Rieger einen Schuss aus einem Revolver ab, der jedoch niemand traf. Der charakterlich wohl nicht dem Idealbild eines Priesters entsprechende Mann sah sich durch Intrigen in die Enge getrieben und meinte auf diese Weise seiner Seele etwas Luft verschaffen zu müssen. Die Lokalpresse brandmarkte ihn sofort als Attentäter am Erzbischof. Zur Untersuchung seines Geisteszustands wurde der Priester zunächst der Psychiatrie übergeben, die damals noch Irrenanstalt hieß. Dr. Rieger empörte sich später schriftlich gegen den Vorwurf eines Anschlags und wies auf den feinen Unterschied hin, dass er nicht auf die verehrungswürdige Person des Erzbischofs geschossen, sondern in einem Raum geschossen habe, in welchem sich Dr. Nörber aufhielt, jedoch erst zu einem Zeitpunkt, als dieser beim Verlassen des Lokals bereits die Tür erreicht hatte. Es sei nie seine Absicht gewesen, irgendjemand zu treffen oder zu verletzen. Das Gericht erhob auch keine Anklage wegen Mordversuch, sondern anerkannte die psychische Ausnahmesituation, in der sich der Beschuldigte während seiner Tat befunden hatte.

Erzbischof Dr. Nörber, das vermeintliche Opfer eines angeblichen Mordanschlags (Foto: Wartberg Verlag)

Einführung der Bahnsteigsperre

Am 5. Mai wurde auch am Freiburger Hauptbahnhof die Bahnsteigsperre eingeführt. Damit durften nur Personen den Bahnsteig betreten, die entweder eine Fahrkarte für einen abgehenden Zug besaßen oder eine besondere Bahnsteigkarte gelöst hatten. Diese Karte kostete zehn Pfennig. Wer ohne sie im abgesperrten Teil des Bahnhofs angetroffen wurde, musste eine Mark Strafe bezahlen. Kinder unter vier Jahren hatten in Begleitung Erwachsener freien Zutritt.

Mit dem neuen Schuljahr im September geht das zweite staatliche Gymnasium an der Jakobistraße in Betrieb. Der Großherzog gibt ihm den Namen Friedrich-Gymnasium, während das erste Berthold-Gymnasium heißen soll. (Foto: Wartberg-Verlag)

Die Schwarzwaldstraße, Ecke Dreikönigstraße, mit zwei Straßenbahngleisen (Foto: Hans Sigmund)

Ausbau des Straßenbahnnetzes

Die Verschiebung des Bertoldsbrunnens um zwei Meter nach Norden schaffte den nötigen Raum für ein zweites Straßenbahngleis. Bereits ab 26. Juli war der zweigleisige Betrieb auf der Schwarzwaldstraße im Gang. Vor Wintereinbruch sollte auch der entsprechende Umbau in der unteren Bertoldstraße und in der Bahnhofstraße vollendet sein. Eine Weiterführung der Linie von der Bleichestraße in Richtung Waldsee bis zur Höllentalbahn, wo sie in einer Kehrschleife endete, wurde am 18. September eröffnet. Entsprechend der Staffelung der Fahrpreise waren vom Bertoldsbrunnen bis Endstation Waldsee 10 Pfennig zu bezahlen, vom Rennweg bis dahin 15 Pfennig, ab Wonnhaldestraße 20 Pfennig und von Günterstal bis zu diesem östlichen Ende der Straßenbahnlinie 25 Pfennig.

Rasantes Bevölkerungswachstum in Freiburg

Nach der Volkszählung vom 1. Dezember lebten in Freiburg 73 990 Menschen. Gegenüber 1900 entsprach dies einer Zunahme von über 20 %. Die höchsten Zuwächse entfielen dabei auf die Stadtteile Wiehre und Stühlinger. Seit 1871 hatte sich die Bevölkerungszahl gar verdreifacht. Nach Mannheim und Karlsruhe war Freiburg die drittgrößte badische Stadt.

Nach der Umgestaltung des ehemaligen Bruderhauses eröffnet Gastwirt Adolf Schillinger am 1. April das Restaurant Lorettoberg. (Foto: Wartberg Verlag)

1905 Chronik

Gründung der Freiburger Ortsgruppe der Deutschen Friedensgesellschaft von Adinda Flemmich.

Bei heftigem Schneetreiben besiegt der Freiburger Fußballklub am **12. Februar** die Stuttgarter Kickers mit 6:0 vor zahlreichem Publikum.

Am **15. Februar** gründet sich der Lokalverein Freiburg-Ost (Oberwiehre). Erster Vorsitzender ist der Architekt Oskar Geiges.

Am **18. Februar** meldet sich ein Studentinnen-Verein beim akademischen Disziplinaramt und Senat an. Ihm gehören bereits 16 Mitglieder an. Erste Chargierte des Vereins ist Eva Moritz, Medizinstudentin aus Riga.

Zum Spiel des Freiburger Fußballklubs gegen den Karlsruher V. B. Phönix am **19. März** wird der Platz an der Schwarzwaldstraße erstmals mit einer provisorischen Umzäunung umgeben und ein Eintrittsgeld von 20 Pfennig erhoben.

Ab Ende **April** streiken über 500 Maurer, Erd- und Hilfsbauarbeiter für höheren Stundenlohn.

Offizielle Einweihung der neuen Bauverein-Häuser an der Emmendingerstraße am **30. April.**

Der Freiburger Ringer Heinrich Eberle erwirbt im Krystallpalast in Leipzig den Titel „Meisterschaftsringer von Europa 1905“.

Am **8. Mai** wird die neue, im spätgotischen Stil erbaute, Kapelle auf dem Hauptfriedhof eingeweiht.

Die 100. Bäckerei in Freiburg hat Konditor Hubert Steimle Ecke Reiter- und Johann-von-Weehrt-Straße errichtet.

Am **5. Juli** richtet ein gewaltiges Unwetter (Sturm und Gewitter) schweren Schaden in der Stadt und deren Umgebung an. Zahlreiche große Bäume werden entwurzelt.

Die 1675 erbaute Klostersäge in Günterstal muss den Anforderungen des modernen Verkehrs weichen. Sie fällt der Straßenregulierung zum Opfer. Die Klostermühle soll bald folgen.

Am **7. August** eröffnet das neue Geschäftshaus der Universitätsdruckerei H. M. Poppen & Sohn und des Verlags der Freiburger Zeitung in der Kaiserstraße 119.

Für vielerlei Interessen stehen in Freiburg 230 Vereine zur Verfügung. Eine Gründung dieses Jahres ist der Milchhändlerverein.

Der neue Güterbahnhof wird am **4. September** eröffnet.

Am **28. September** findet die Eröffnung der neuen Gewerbeschule in der Kirchstraße statt.

Der Freiburger Bürgerausschuss bewilligt in seiner Sitzung vom **6. Oktober** einstimmig die Erbauung des neuen Stadttheaters.

Nur als Provisorium gedacht ist die am **21. Oktober** eröffnete Präsentation des Natur- und Völkerkundemuseums in Räumen des Stiehl'schen Hauses, Talstr. 12, und in der Turnhalle der Turnseeschule.

Motorfahrzeuge aller Art dürfen im Stadtgebiet höchstens mit der Geschwindigkeit eines trabenden Pferds fahren.

1906 CHRONIK

Seit dem **1. Januar** gehört Zähringen als Stadtteil zu Freiburg.

Beim Sportfest der vereinigten Athleten-Vereine in der Kunst- und Festhalle am **11. März** kommen die Freiburger erstmals in den Genuss einer Jiu-Jitsu-Vorführung.

Zwei Freiburger haben eine „sinnreich konstruierte Flugmaschine" erbaut. Der Apparat ist bei verschiedenen Staaten zur Patentierung angemeldet.

Die Firma Hoflieferant M. Welte und Söhne in Freiburg stellt das automatische Reproduktionsklavier Mignon her. Damit können einmal gespielte Klavierstücke auf eine Rolle aufgenommen und dann beliebig oft abgespielt werden.

Der Freiburger Ringer Heinrich Eberle erkämpft in Köln den Titel „Deutscher Meister".

Im Hotel Zähringer Hof wird am **18. April** ein Staubsauger vorgeführt. Den „Vacuum-Reiniger-Apparat" stellt die Firma Vacuum-Reiniger GmbH in Berlin her.

Die Dresdener Bank übernimmt das Bankgeschäft von Ed. Kauffmann-Fehr und eröffnet ihre erste Freiburger Filiale am **23. April** in der Rempartstr. 6.

Der Stadtrat genehmigt die Errichtung einer öffentlichen Bedürfnisanstalt in der alten Hauptwache, Münsterplatz 38.

In der Bürgerausschusssitzung vom **7. Mai** tritt Stadtverordneter Bea „für die Aufhebung der Messe, wenigstens der Warenbranche" ein, weil der Gewerbestand dadurch geschädigt werde. Der Stadtrat lehnt aber eine Abschaffung der Messe ab.

*Am **31. Mai** wählen Stadtrat und Bürgerausschuss einstimmig Oberbürgermeister Winterer für weitere neun Jahre zum Stadtoberhaupt. Anlässlich dieser Wiederwahl wird die Straße vom Karlsplatz bis zum Jägerhäusle nach ihm benannt, jedoch erst am **18. November** dem Verkehr übergeben.*

Im Juni ist die Umwandlung des Colombigartens in einen Park fertig gestellt und damit der Öffentlichkeit zugänglich.

Mit Abonnementkarte kostet den Erwachsenen eine Straßenbahnfahrt 8,3 Pfennig und er kann fahren, wohin er will. Ein Schüler zahlt 6,2 Pfennig, kommt damit aber nur zur Schule.

Grundsteinlegung für das neue Kollegiengebäude der Universität am **3. Juli** durch Ihre Königlichen Hoheiten Großherzog Friedrich nebst Gattin, Großherzogin Luise.

Die seit 1749 im Besitz der Familie Wagner gewesene „Fr. Wagner'sche Universitäts-Buch- und Kunsthandlung" ist ins Eigentum des vieljährigen Mitarbeiters und Geschäftsführers Karl Zimmer übergegangen.

Die Freiburger Herbstmesse beweist Aktualität: Bläsers Kinematograph bringt als neueste Aufführung den „Hauptmann von Köpenick" nach dem gerade zwei Wochen alten Gaunerstück, das die gesamte Nation belustigt.

Noch vor **Weihnachten** erhält der Hauptbahnhof eine elektrische Beleuchtung.

Die Front des von 1903 bis 1906 erbauten Erzbischöflichen Ordinariats entlang der heutigen Schoferstraße (Foto: Wartberg Verlag)

Studenten fordern zum Kirchenaustritt auf

An der Universität kursierte im Februar ein von fünf Studenten unterzeichneter Aufruf, der Studenten und Professoren zum Kirchenaustritt aufforderte: „Löset euch ohne Ausnahme von den hemmenden Fesseln der überlebten Konfessionen los! (...) Nur ein allgemeiner Austritt der Akademiker aus der Kirche kann uns von dem geistigen Zwang befreien, den Staat und Gesellschaft, Indifferenz und kleinliche Rücksichten uns auferlegen." Es solle außerdem darauf hingewirkt werden, dass „die theologische Fakultät als dem akademischen Geist widersprechend aufgehoben werde". Diese studentische Bewegung ging ursprünglich von Leipzig aus.

Gehälter und Löhne

Im Jahr 1906 wurden von der Stadt neue Gehälter und Löhne bewilligt. Demnach erhielten Volksschul-Hauptlehrer ein auf das Jahr bezogenes Anfangsgehalt von 2400 Mark und ein Höchstgehalt von 4200 Mark (nach 20 Jahren; jährliche Zulage 180 Mark); Hauptlehrerinnen bekamen ein Anfangsgehalt von 2100 Mark bis zu einem Höchstgehalt von 2800 Mark (nach 14 Jahren; jährliche Zulage 150 Mark). Unterlehrer und -lehrerinnen mussten mit einem Anfangsgehalt von 1360 Mark und einem Höchstgehalt von 1560 Mark auskommen, Handarbeits- und Haushaltungslehrerinnen gar mit einem Anfangsgehalt von 900 Mark und einem Höchstgehalt von 1200 Mark. Etatmäßige Lehrerinnen der höheren Mädchenschule konnten mit einem Anfangsgehalt von 2200 Mark bis zu einem Höchstgehalt von 3300 Mark rechnen. Der Tagelohn von Stadtarbeitern bewegte sich zwischen 2,75 Mark (Anfangslohn in der 7. Klasse) und 5,30 Mark (Höchstlohn in der 1. Klasse). Außerdem stand ihnen eine außerordentliche Lohnzulage von 25 Pfennig pro Tag zu.

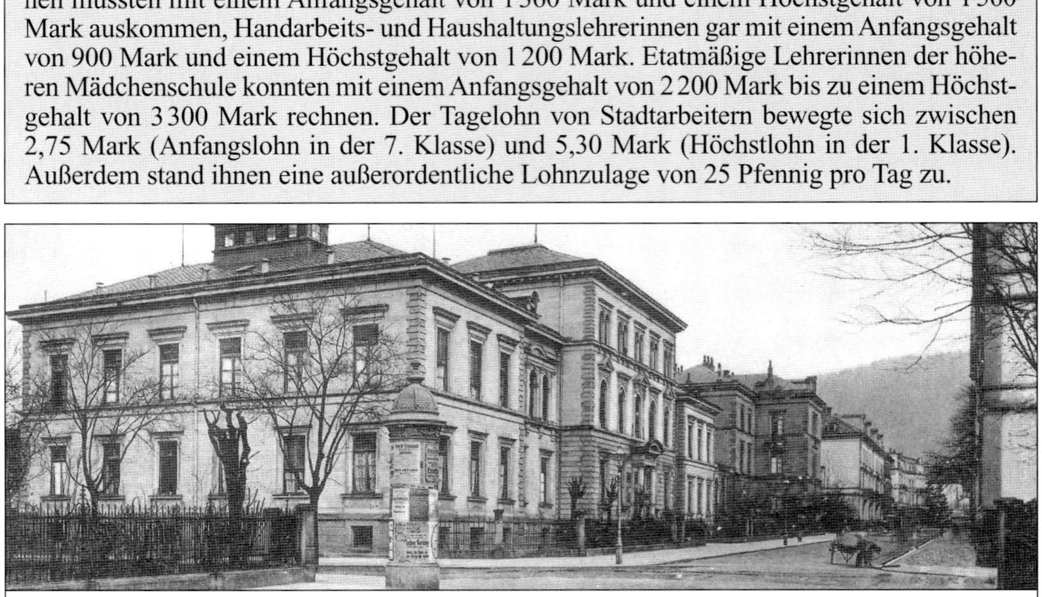

Die beiden klinischen Krankenhäuser an der Rhein- und Albertstraße werden Anfang Januar dem Betrieb übergeben. (Foto: Wartberg Verlag)

Die Museumsgesellschaft feiert am 19. Januar ihr 100-jähriges Bestehen.
Blick in die Münsterstraße mit Museumsgebäude (links) und dem Fisch- oder gotischen Brunnen im Vordergrund (Foto: Wartberg Verlag)

Verordnung zum Schutz öffentlicher Anlagen

Am 9. August publizierte das Großherzogliche Bezirksamt eine Bekanntmachung zum Schutz der öffentlichen Anlagen. Danach war es in den öffentlichen Anlagen der Stadt insbesondere verboten

1. auf den Gehwegen zu reiten oder zu fahren;
2. die Rasenplätze, Raseneinfassungen und Pflanzungen zu betreten, die Einfriedungen zu übersteigen oder zu beschädigen;
3. Pflanzen, Zweige, Blüten, Früchte etc. abzubrechen;
4. die Bassins zu verunreinigen, Fische in denselben zu fangen oder Hunde darin zu baden;
5. Bänke, Kunst- und andere Gegenstände zu verunreinigen, zu beschädigen oder von den ihnen angewiesenen Plätzen zu verstellen;
6. auf den Bänken herumzuliegen;
7. Kinder ohne Aufsicht herumlaufen zu lassen;
8. Vögel zu fangen oder Vogelnester auszuheben;
9. mit Steinen zu werfen etc.

1907 Chronik

Mitte **Januar** wird die neue, von H. Voit und Söhne in Durlach erbaute Orgel in der Kunst- und Festhalle im Beisein von Bürgermeister Thoma und mehreren Stadträten offiziell übergeben.

Die Reichstagswahl am ***25. Januar*** *erbringt in Freiburg bei 15 304 Wahlberechtigten folgendes Ergebnis der Hauptwahl: Zentrum 5 221 Stimmen, Sozialdemokraten 4 359 und Nationalliberale 4 055. Besonders bemerkenswert ist der 50%ige Stimmenzuwachs für die Sozialdemokraten im Vergleich zu 1903.*

Anfang **März** begeht der „Dattler" auf dem Schlossberg sein 25-jähriges Jubiläum.

Der Welt-Kinematograph in der Kaiserstr. 68 steht dem Publikum ab Mitte **März** als dauerhafte Einrichtung zur Verfügung. Jeden Sonntag ist Programmwechsel.

Der erste weibliche Handwerksmeister in Baden ist die Freiburgerin Klara Wilms-Keller. Die Meisterprüfung für das Kürschnergewerbe vor der Kommission in der Gewerbeschule besteht sie „vorzüglich".

Die Stadt verfügt nun über einen städtischen Krankentransportwagen. Gegen Gebühr kann er von der Bürgerschaft und von Behörden zum Transport von Kranken und Verletzten benutzt werden.

In Mannheim erringt der FFC am **19. Mai** (Pfingstsonntag) den deutschen Meister, die höchste Auszeichnung des deutschen Fußballsports.

Am **18. Juli** werden die drei neuen Waldfahrstraßen vom Hirzberg nach dem Jägerhäusle, vom Wasserschlößle nach der Kyburg und von der Kyburg nach der Bodlesau eröffnet.

Die Grundsteinlegung für die neue katholische Kirche in Haslach findet am **28. Juli** statt. Sie wird neben der alten, erst 1865 erbauten katholischen Kirche errichtet.

Das städtische Arbeitsamt hat sein kleines enges Haus in der Schusterstraße verlassen und ist ins Parterre der Salzstr. 18 (ehemalige Ordinariatskanzlei) umgezogen. Die männliche Abteilung befindet sich im Hinterhaus (Grünwälderstr. 15), die weibliche im Vordergebäude. Im zweiten Stock ist das städtische Museum für Urgeschichte (der engeren Heimat) untergebracht.

Den „kleinen Leuten" überlässt die städtische Sparkasse gegen eine Sicherheitsleistung von 3 Mark leihweise eine solide gearbeitete Sparbüchse aus Stahlblech, deren Schlüssel bei der Sparkasse verbleibt. Sie ist zur Ansammlung kleiner Sparbeträge gedacht. Der Inhalt kann nur mit Hilfe des Schlüssels wieder entnommen werden und ist als verzinsliche Einlage in ein Sparbuch vorgesehen.

Die evangelische Gemeinde in Freiburg feiert Anfang September ihr 100-jähriges Bestehen.

Am **28. Oktober** findet die Einweihung der Pauluskirche und des mit ihr verbundenen Gemeindevereinshauses statt.

Der erste Ballonaufstieg

Die im April gegründete „Gruppe Freiburg des Oberrheinischen Vereins für Luftschifffahrt" brachte das Abenteuer der Aviatik, des noch sehr jungen Flugwesens, der Stadtbevölkerung nahe. Bereits am 26. Mai bot sie den Freiburgern ein außergewöhnliches Schauspiel. Neben dem Gaswerk in der Ferdinand-Weiß-Straße füllte sich langsam die riesig erscheinende Hülle eines Ballons mit Gas. Später stieg das neuartige Gefährt mit kleiner Besatzung im Korb in die Lüfte. Tausende von Zuschauern wurden Zeugen dieses besonderen Ereignisses und verfolgten den Ballon „Straßburg", bis er ihren Blicken entschwand.

Am 12. September wird die zweite Oberrealschule (Mittelbau) mit Realgymnasium (Südflügel) an der Zähringerstraße eröffnet. Es handelt sich hier um das spätere Keplergymnasium. Das Realgymnasium an der Zähringerstraße, das spätere Kepler-Gymnasium an der Habsburgerstraße (Foto: Hans Sigmund)

Das im Frühjahr 1905 begonnene neue Lehrerseminar an der Schützenallee kann am 21. Dezember seiner Bestimmung übergeben werden.
Das Lehrerseminar in der Schützenallee (Foto: Wartberg Verlag).

1908 CHRONIK

Die 602 Einwohner von Betzenhausen gehören seit dem **1. Januar** zu den Bürgern Freiburgs.

Zum ersten Mal werden zwei Arbeiter (Maschinisten) als Schöffen ausgelost, nämlich Karl Jüngst sen. und Karl Jüngst jun.

Die Erben des verstorbenen Fabrikanten Adolf Kuenzer haben das große Anwesen in der Zähringerstraße (heute Habsburgerstraße) an die Herdersche Verlagsbuchhandlung verkauft. Die Firma Herder beabsichtigt die Errichtung einiger Wohngebäude sowie einer Gebäudegruppe zur Aufnahme ihres Verlagsgeschäfts.

Mit dem Volksschulhaus wird auch das städtische Volksbad im Stühlinger an Ostern eröffnet. Die Gebühren betragen für ein Brausebad 10 Pfennig, ein Brausebad mit Seife und Handtuch 15 Pfennig, ein Wannenbad 25 Pfennig und ein Wannenbad mit Seife und Handtuch 35 Pfennig.

Der erste Unfall mit Todesfolge seit Bestehen der städtischen Straßenbahn ereignet sich am **19. März** in der Günterstalstraße bei der Einmündung der Waldseestraße.

Am **5. April** weiht der Bauverein Freiburg den stattlichen Komplex mit 80 Ein- bis Vier-Zimmer-Wohnungen an der Hugstetter-, Gutenberg- (heute Robert-Koch-) und Barbarastraße ein.

Das zweite Freiburger „Kinotheater" wird am Karlsplatz beim Wiener Café und Siegesdenkmal (Kaiserstr. 68) eröffnet.

Am **20. April** wird das Friedrich-Luisen-Altersheim des Evangelischen Stifts an der Hermannstr. 12 eingeweiht. Das Haus hat 25 Zimmer.

Ein 21-jähriger Jurastudent stürzt sich von der Plattform des Roßkopfturms in den Tod.

Zum **1. Mai** erhält Freiburg nach Karlsruhe und Mannheim ebenfalls berittene Gendarmerie, bestehend aus zwei Mann. Sie sind vorgesehen für regelmäßige Patrouillen in näherer Umgebung der Stadt, insbesondere in den städtischen Waldungen.

Zur Besichtigung des Infanterie-Regiments Nr. 113 besucht Großherzog Friedrich II. am **17. August** erstmals als regierender Landesfürst Freiburg.

Nach der Veranlagung zum Vermögenssteuergesetz leben in Freiburg 80 Millionäre (Einzelpersonen).

Der Neubau der Freiburger Blindenversorgungs- und Beschäftigungsanstalt in der Karlstr. 87 ist vollendet.

Das „Scharfrichter-Trifolium" Marya Delvard, Monsieur Henry und Roda Roda tritt am **19. Oktober** zum ersten Mal in Freiburg vor zahlreichem Publikum auf, und zwar im Harmoniesaal.

Der Erweiterungsbau der Augenklinik an der Albertstraße kann am **28. November** eingeweiht werden.

Ein Tag des Schreckens

Morde auf dem Schlossberg

Beim Steinbruch an der Immentalstraße zerrissen am frühen Nachmittag des 8. März unversehens vier Schüsse die sonntägliche Ruhe. Der 72-jährige Rebmann Pius Flamm aus Herdern stürzte getroffen zu Boden. Knapp vier Stunden später fielen abermals mehrere Schüsse auf dem oberen Schlossberg. Die 31-jährige Dienstmagd Frieda Möhrle, Mutter von drei kleinen Kindern, starb auf der Stelle. Ihrem Begleiter, dem Musketier Karl Gaß, gelang es trotz Verletzung, den Schützen zu überwältigen. Es handelte sich um den Reitknecht Alfred Mori aus der Schweiz. Wie sich herausstellte hatte er bereits zwei Tage zuvor in der Günterstalstraße auf Passanten gefeuert, jedoch ohne zu treffen. Pius Flamm erlag am 11. April seinen schweren Verletzungen. Der Doppelmörder wurde wegen „fortschreitender Gehirnerweichung" in die psychiatrische Klinik eingeliefert. Ein weiterer mutwilliger Revolverheld sorgte am Abend des 8. März für zusätzliche Aufregung in der über die Mordtat bereits informierten Bevölkerung, indem er beim Dattler auf dem Schlossberg mit scharfer Munition nur mal so rumballerte. Das Großherzogtum Baden erlaubte volljährigen Personen grundsätzlich das Tragen von Waffen. Verboten war allerdings das Schießen in bewohnten oder von Menschen besuchten Orten.

Das neu errichtete Volksschulhaus in Zähringen und ein Porträt des Dichters Emil Gött (Foto: Kreisarchiv Breisgau-Hochschwarzwald)

Der Schriftsteller Emil Gött in Zähringen ist am 13. April nach längerem Leiden einem Herzschlag erlegen. Er wurde nur 43 Jahre alt.

Der Zeppelin und die Freiburger

Am Morgen des 4. August beobachteten zahlreiche Freiburger mit bloßem Auge vom Schlossberg, vom Münsterturm oder von Dächern aus das Luftschiff Nr. 4 des Grafen Zeppelin (auch „lange weiße Zigarre", „lange weiße Knackwurst" und „Erbswurst" genannt) auf seiner Fahrt entlang des Rheins zwischen Grißheim und Breisach. Bereits einen Tag später geriet der stolze Luftkreuzer bei Echterdingen infolge eines Gewittersturms in Brand geraten und völlig zerstört wurde. Die gesamte Nation zeigte sich erschüttert und sofort bereit, mit der Sammlung für einen neuen Zeppelin zu beginnen. Den prächtigen Anblick des Gefährts noch warm in Erinnerung, beteiligten sich auch die Freiburger sofort an der Spendenaktion. Der Verlag der Freiburger Zeitung und das Bankhaus Krebs am Münsterplatz boten sich als Sammelstellen an. Täglich erschien eine Namensliste der Spender im Lokalblatt. Ab dem 15. August zeigte der Zentral-Kinematograph „Storchen" eine Woche lang „Die Zerstörung des Zeppelin IV, einzig existierender Film der Havarie". Bis zum Abschluss der Sammlung waren in Freiburg rund 20 000 Mark zusammengekommen.

Vorbereitet für ein Festmahl präsentiert sich das Casino des 5. Badischen Infanterie-Regiments Nr. 113 (Foto: Wartberg Verlag)

Freiburg feiert ...

... des Kaisers 50. Geburtstag

Wie andernorts nahmen die Freiburger den 50. Geburtstag von Kaiser Wilhelm am 27. Januar zum Anlass für ausgedehnte Feierlichkeiten. Dazu gehörten Feiern in den Schulen, die Beleuchtung des Siegesdenkmals, wo auch der Große Zapfenstreich abgehalten wurde, Böllerschüsse vom Schlossberg, Kirchenglockengeläute, eine Militärparade der Garnison auf dem Karlsplatz, ein Festmahl im Zähringer Hof gegenüber dem Hauptbahnhof für die Honoratioren der Stadt sowie die Festvorstellung „Prinz Friedrich von Homburg" im Stadttheater und eine Feier des Artillerie-Regiments in der Festhalle. Bei freundlichem Sonnenschein, der die Schärfe des Frostes milderte, tummelten sich Tausende in den Straßen.

Rote Radler

Als einen weiteren Schritt hin zur Großstadt beurteilte man die Etablierung einer neuartigen Einrichtung am 1. Oktober, wie sie in allen größeren Städten Deutschlands bereits anzutreffen war. In der Kaiserstr. 141, Ecke Holzmarktplatz, hatte sich ein Institut Blitz (Rote Radler) niedergelassen. Die „Blitzjungen", wie sich die Roten Radler auch nannten, wollten fortan Besorgungen aller Art auf das schnellste ausführen. Gegen eine geringe Taxe konnte sie jeder für Botendienste und Ähnliches in Anspruch nehmen.

Eröffnungsfeiern in Haslach und Betzenhausen

Die katholische St. Michaels-Kirche in Haslach (Foto: Erika Schreiber)

Die Pestalozzi-Schule in Haslach im Bau (Foto: Walter Lauterer)

Die Eröffnungsfeiern der neuen Volksschulen in Haslach und Betzenhausen finden beide am 4. September statt. Die Einweihung der katholischen Kirche in Haslach erfolgt am 17. Oktober.

1909 Chronik

Nach 14 Jahren löst sich die Freie Studentenschaft, die älteste freistudentische Organisation, auf. Mit dem Wegfall der Zwangsbeiträge ist ihr die finanzielle Grundlage entzogen worden.

Ein mehr oder weniger buntes Treiben zeigt sich am Sonntag, **21. Februar**, in der Innenstadt. Daran nehmen auch einige Wagen teil. Vor allem der Wagen, der sich des lokalen Themas „Schloßbergbahn" annimmt, erregt Aufmerksamkeit und Beifall.

Wegen angekündigter oder bereits erfolgter Lohnkürzungen von 2 bis 10 Pfennig pro Stunde sind die Steinhauer von Freiburg in Ausstand getreten. Sie verlangen Weiterzahlung des früheren Lohns.

Es scheint nicht einfach, das Automaten-Restaurant am Martinstor zu betreiben. Mit neuem Anlauf versucht es das „Viktoria" ab **20. März**. Vielleicht ist der Name ja gleichzeitig Programm.

Im Beisein des Großherzogs wird am **15. Mai** im Vorgarten der medizinischen Klinik in der Albertstraße ein 2,5 Meter hohes Marmordenkmal zu Ehren des verdienstreichen Professors Kußmaul enthüllt.

Die Brüder Carl und Hans Schanz übernehmen das „Restaurant Martinstor" und eröffnen nach Renovierung am **26. Juni**. Im Erdgeschoss gibt's wieder ein Bier-Restaurant, im 2. Stock ein „feines Wein-Restaurant".

Der Stadtrat hat nichts gegen den Versuch der Aufstellung von Kraftdroschken. Dabei wird vorausgesetzt, dass es sich um elektrische Kraftwagen handelt.

Am **1. September** nimmt die Straßenbahnlinie 5 vom Siegesdenkmal zum Stühlinger Kirchplatz den Verkehr bis zur Eschholzstraße auf.

Ein am nördlichen Ende des Friedhofs jenseits der Straße erstellter Neubau ist als Bordell vorgesehen. Von drei einflussreichen Seiten wird jedoch erfolgreich dagegen opponiert.

*Zeppelin Z III beglückt Freiburg am Morgen des **11. September**. Bei wunderbar klarem Wetter vom Schönberg herkommend schwebt das Luftschiff über die Kronenmatten, die Häuser der Stadt und dann dem Friedhof zu. Von dort entschwindet es nach einer scharfen Linkswendung in Richtung Kaiserstuhl.*

Bei der Landtagswahl am **21. Oktober** geht wiederum das Zentrum als Sieger hervor. Es folgen die Sozialdemokraten und mit knappem Abstand die Nationalliberalen.

Anfang **Dezember** entscheidet der Stadtrat, die beiden Deichelweiher im Sternwald vom kommenden Winter ab nicht mehr zur Eisgewinnung zu verpachten, sondern als Schlittschuhbahn für Kinder herrichten zu lassen.

Das Bezirksamt verfügt die sofortige Beseitigung von Spielautomaten in Gasthäusern und Cafés, da die Gewinnchance nicht von der Geschicklichkeit des Spielers, sondern vom Zufall abhänge. Damit sei es ein reines Glücksspiel und somit verboten.

1910
CHRONIK

Mit einer großen Feier, unter zahlreicher Beteiligung der Bevölkerung, wird am **10. März** die erweiterte Straßenbahnführung bis nach Zähringen eröffnet.

Zwischen dem **21. und dem 23. März** werden auf dem israelitischen Friedhof 18 Grabdenkmäler umgeworfen und teilweise beschädigt. Zur Ermittlung der Täter ist eine Belohnung von 50 Mark ausgesetzt.

Nur mit der Stimme des Vorsitzenden, Oberbürgermeister Winterer, nimmt der Bürgerausschuss am **31. März** die Vorlage der versuchsweisen Einführung einer freiwilligen Arbeitslosenversicherung durch die Stadt an. Damit hat Freiburg als erste Stadt Badens eine freiwillige Arbeitslosenversicherung.

Der Wegfall des Oktrois (Einfuhrsteuer) für Fleisch ab ***1. April*** *führt zur Verbilligung, und zwar von fetten Stücken von Kälbern, Ochsen und Rindern und allgemein von Schweinefleisch, frischem Speck und Hammelbrust. Aus dem gleichen Grund sinkt auch der Brotpreis. Zukünftig kosten ein Kilo Halbweißbrot 31 Pfennig, 450 Gramm Halbweißbrot 16 Pfennig, 1½ Kilo Roggenbrot 46 Pfennig und 1¼ Kilo Hausbrot 35 Pfennig.*

In Dr. Mertens Labor in der Freiaustraße ist ein neues Rotations-Bilddruckverfahren (Tiefdruckverfahren) zu besichtigen, zu dem die Verleger der größten deutschen Zeitungen strömen. Die Freiburger Zeitung hat eine Sonderausgabe mit mannigfaltigen Illustrationen herausgebracht.

Der neue Spazierweg von der Ladstatt über den Schlaudenberger Hof nach der Zähringer Burg und nach Zähringen ist fertig gestellt.

Am Fronleichnamstag, **26. Mai**, wird in allen Stadtteilen morgens zwischen 7.10 Uhr und 7.15 Uhr ein kräftiges Erdbeben wahrgenommen. Die wellenförmige Erschütterung dauert einige Sekunden. Schaden entsteht keiner.

Vom **4. bis 13. Juni** veranstaltet der Wirteverein Freiburg und Umgebung eine gastwirtgewerbliche Fachausstellung in der städtischen Kunst- und Festhalle.

Der seit 1887 bestehende Verein „Hilda-Kinderhospital" schenkt seinen gesamten Grund- und Hausbesitz an der Mathildenstraße der Stadt Freiburg. Er wird unter dem Namen Hilda-Kinderkrankenhaus-Stiftung an die Verwaltung der klinischen Krankenhäuser Freiburgs angegliedert.

Vor dem Hauptpostamt in der Eisenbahnstraße werden drei Briefmarkenautomaten aufgestellt, desgleichen einer vor dem Aussteuergeschäft E. Burkart in der Kaiserstraße.

Am **1. Juli** gründet sich im Feierlingsaal ein Mieterverein als Gegengewicht zu den Bestrebungen des Grund- und Hausbesitzervereins.

Am **29. August** wird die provisorische Halle für das städtische Natur- und Völkerkundemuseum in der Talstraße eröffnet.

Erstmals präsentiert sich auf der Herbstmesse eine Achterbahn („Figur 8-Bahn").

Der Schankraum im Gasthaus „Pfauen" in Haslach (Foto: Walter Lauterer)

Das Bier wird teurer

Die Wirte beklagten, dass durch die herrschende allgemeine wirtschaftliche Depression ihr Gewerbe sehr in Mitleidenschaft gezogen werde. Hinzu komme eine ganz besonders gesteigerte Belastung aufgrund der neuen Steuern, so dass eine Erhöhung der Bierpreise unumgänglich sei. Dementsprechend mussten die Konsumenten des Gerstensafts ab dem zweiten Quartal tiefer in ihre Taschen greifen. Das Schankbier kostete zehn Pfennig für 0,3 Liter und 15 Pfennig für 0,5 Liter, Spezialbiere waren ab zehn Pfennig für 0,25 Liter bis 15 Pfennig für 0,4 Liter zu haben. Für ein großes Flaschenbier waren 20 Pfennig und für ein kleines zwölf Pfennig zu entrichten.

Erste Freiburger Fliegertage

Die beabsichtigte Flugdemonstration eines Blériot-Apparats durch den französischen Piloten Mollien am 3. Juli auf dem Exerzierplatz vor etwa 5 000 Zuschauern geriet zum Desaster. Bei seinem zweiten Versuch blieb das Flugzeug an einer Telefonstange hängen, stürzte ab und wurde ziemlich beschädigt. Der Pilot blieb glücklicherweise unverletzt. Am 10. Juli forderte der tollkühne Franzose sein Schicksal erneut heraus. Trotz einiger Schwierigkeiten klappten diesmal drei Flüge, ohne dass es zu einer bedrohlichen Situation für den Piloten gekommen wäre.

Der kolossale Bau des neuen Stadttheaters an der Stelle der ehemaligen Villa Platenius

Am 7. Oktober findet die Schlussvorstellung im alten Stadttheater statt. Das Großherzogspaar nebst der Großherzogin-Mutter von Luxemburg sowie Prinz und Prinzessin Max von Baden nehmen teil. Alles, was Rang und Namen hat, selbstverständlich auch die gesamte großherzogliche Familie, erlebt die Eröffnung des neuen Stadttheaters mit der Festvorstellung „Wallensteins Lager". (Foto: Wartberg Verlag)

Der Raubrunnen auf dem Kartoffelmarkt; im Hintergrund das neue Sparkassengebäude (Foto: Hans Sigmund)

Erster Weihnachtsmarkt

Vom 26. November bis 23. Dezember fand im Historischen Kaufhaus auf dem Münsterplatz eine erste „Weihnachtsmesse" statt. Ins Leben gerufen wurde sie vom Gewerbeverein und den vereinigten Innungen in Freiburg mit Unterstützung der Handwerkskammer Freiburg. Die Idee entsprang dem Bedürfnis, neue Absatzquellen zu schaffen. Absicht war, den Mitgliedern der gewerblichen Vereinigungen der Stadt Freiburg Ausstellungs- und Verkaufsgelegenheit für Handwerkererzeugnisse zu bieten. Etwa 80 Handwerker und Gewerbetreibende nahmen diese Gelegenheit wahr. Großzügig stellte die Stadt dazu nicht nur die Räumlichkeiten, sondern auch die Ausschmückung derselben kostenlos zur Verfügung.

Der Kornblumentag

Am 14. Mai fand in ganz Baden und selbstredend auch in Freiburg der erste Kornblumentag statt. Die Kornblume war als des Kaisers Lieblingsblume bekannt. Hunderte junger Damen boten in der Stadt Kornblumen und Festkarten zum Verkauf an. Der Erlös sollte den bedürftigen oder kranken Kriegsveteranen von 1870/71 oder deren Hinterbliebenen zugute kommen. Allein in Freiburg brachte diese Aktion rund 25 000 Mark ein.

Das neue Kollegiengebäude der Universität (Foto: Wartberg Verlag)

Die Feier zur Eröffnung des neuen Kollegienhauses der Universität belegt die Zeit vom 27. bis 29. Oktober. Großherzog Friedrich II. (Rector Magnificentissimus) nimmt daran teil.

Zuverlässigkeitsflug am Oberrhein

Mit dem 19. Mai begann die Freiburger Festwoche. Im Rahmen des ersten deutschen „Zuverlässigkeitsflugs am Oberrhein" ging Freiburg, das einen Etappenplatz des Fluges bildete, mit zahlreichen Begleitveranstaltungen in die Werbeoffensive. Konzerte, Schauflüge auf dem Exerzierplatz, ein Fußball-Wettspiel zwischen FFC und dem Karlsruher Fußballverein (zu jener Zeit deutscher Meister), Ballonaufstieg und Pferderennen auf dem Exerzierplatz sollten vor allem auch Touristen von außerhalb anlocken.
Dramatisch endeten allerdings die Schauflüge. Dem Piloten Charles Laemmlin wurden die hohen Pappeln, die den Exerzierplatz nach Westen begrenzten, zum Verhängnis. Beim Versuch diesen auszuweichen stürzte er ab und wurde getötet.

1911 Chronik

Am **31. Januar** sind 149 beschäftigungslose Arbeiter gemeldet, vor allem Bauhandwerker und Taglöhner aller Art. Hinzu kommen 251 Arbeitslose, die vom städtischen Tiefbauamt mit Notstandsarbeiten beschäftigt werden.

Am **16. Februar** feiert das 5. Badische Infanterie-Regiment Nr. 113 sein 50-jähriges Bestehen. Doch erst 1866 erhielt es Freiburg als Garnison.

Am **15. April** wird das von Architekt Levi aus Freiburg erbaute „Lichtspieltheater zum Friedrichsbau" eingeweiht. Bei der Eröffnung betont Besitzer Hansberger, es solle „besonders das Gebiet der Wissenschaft und der Historie in dem neuen ‚Kino' gepflegt werden". Es sei dazu bestimmt, auch das bessere Freiburger Publikum zum Besuch kinematographischer Vorführungen heranzuziehen.

In der Sinnerhalle, Bertoldstr. 44, bedienen die Kellnerinnen im Hosen-Rock, vermeldet eine Anzeige in der Zeitung.

In seiner Sitzung am **20. April** spricht sich der Bürgerausschuss einmütig und im Prinzip für die Erbauung einer elektrischen Eisenbahn auf den Schauinsland aus und genehmigt 25 000 Mark für die Ausarbeitung eines Projekts. Die Idee einer Seilschwebebahn wird in diesem Zusammenhang ebenfalls diskutiert.

Ab **Mai** steht der Stadtgarten täglich von morgens 8 Uhr bis zum Eintritt der Dunkelheit für einen kostenlosen Besuch zur Verfügung. Davon ausgenommen bleibt allerdings die Dauer der Nachmittagskonzerte.

Das Schulgeld für alle Klassen der Oberrealschule und des Realgymnasiums beträgt ab dem Schuljahr 1911/12 jährlich 84 Mark.

Am **9. Oktober** findet die Eröffnungsfeier des neuen Sparkassengebäudes (Falkenstein'sches Haus) statt. Der Um- und Neubau stand unter Leitung von Baudirektor Meckel und seinem Sohn, Architekt C. A. Meckel.

Am **13. Oktober** wird der Erste Bürgermeister Dr. Thoma zum vierten Mal als Bürgermeister wiedergewählt.

Die neue medizinische Universitätsklinik (Poliklinik), Ecke Johanniter- und Sautierstraße, geht Mitte **Oktober** in Betrieb.

Ein Erdbeben, von unterirdischem Donner begleitet, „das in solcher Heftigkeit seit Menschengedenken hier nicht erlebt wurde", beginnt am ***16. November*** *um 22.26 Uhr und dauert insgesamt 55 Sekunden. „Das Maximum, das sich im Schwanken der Möbel und in der Bewegung der Gegenstände in den Wohnungen äußerte, trat nach 15 Sekunden ein." Zwei leichtere Erdstöße folgen noch in der gleichen Nacht. Im Gegensatz zu anderen Landesteilen, bleibt Freiburg von größeren Schäden verschont.*

Zu seinem 25-jährigen Jubiläum als Stadtverordneten-Obmann stiftet Kommerzienrat Rau einen Brunnen auf dem Kartoffelmarkt. Am **6. Dezember** erfolgt die Übergabe an die Stadt.

1912 CHRONIK

Als besondere Abteilung des städtischen Arbeitsamts wird am **1. Januar** der städtische Wohnungsnachweis eingerichtet. Seine Hauptaufgabe besteht in der Unterstützung minderbemittelter Schichten beim Wohnungswechsel.

Volksauflauf auf dem Holzmarktplatz am Abend des **12. Januar**. Die Freiburger Zeitung projiziert Wahlergebnisse der Reichstagswahl mittels Scheinwerfer auf eine große Leinwandfläche am Haus Roebcke.

Die Jugendwehr erhält Einheitskleidung, bestehend aus einem grauen Sportanzug, Wickelgamaschen, Schutztruppenhut mit deutscher Kokarde und gelbledernem Gürtel. Der erste Auftritt in dieser Aufmachung erfolgt bei der Parade zur alljährlichen Feier des Kaisergeburtstags am **27. Januar.**

*Die zentrale (totale) Sonnenfinsternis am **17. April** lenkt kurzfristig von den sich steigernden Schreckensmeldungen über den Untergang der „Titanic" am **14. April** ab. Bei herrlichem Sonnenschein beobachten zahlreiche Freiburger das seltene Schauspiel um die Mittagszeit.*

Der Zeppelin LZ XII, von dem siebzigjährigen Erfinder Graf Zeppelin selbst gesteuert, überfliegt am frühen Morgen des **21. Mai** die Stadt. Wenig später landet das Luftschiff „Schwaben" auf dem Exerzierplatz, nimmt kurz neun neue Passagiere auf und fliegt gleich wieder zurück.

Der Lokalverein Stühlinger beschließt in einer Mitgliederversammlung, an den Stadtrat das Ersuchen zu richten, den Stadtteil Stühlinger mit der Bezeichnung Weststadt zu belegen. Der Antrag wird vom Stadtrat aber abgelehnt.

Im **Juli** erhebt sich auf dem Schlossberg ein 23,5 Meter hohes provisorisches und begehbares Gerüst, das den Freiburgern Appetit auf einen richtigen Aussichtsturm aus Stein machen soll.

Zum 11. Kreisturnfest treffen sich die Sportler des 10. deutschen Turnkreises (Baden, Pfalz und Elsass-Lothringen) wieder in Freiburg. Vom **3. bis 5. August** bestaunen Tausende Zuschauer die Vorführungen und Leistungen Tausender Turner auf dem Festplatz (alter Meßplatz) an der Schwarzwaldstraße.

Während der sportlichen Tage sorgt ein Vergnügungspark für Volksbelustigung und gefüllte Kassen. Er trägt bereits die wesentlichen charakteristischen Merkmale der Frühjahrs- und Herbstmessen, die später regelmäßig hier stattfinden.

Im Anschluss an das Kreisturnfest veranstalten der „Verkehrs-Verein für Freiburg im Breisgau und den Schwarzwald" sowie die Lokalvereine am **6. August** das erste große Kinder- und Volksfest.

Das städtische Orchester feiert sein 25-jähriges Jubiläum am **4. Oktober** mit einem Festkonzert in der Kunst- und Festhalle und anschließendem Festkommers im Café Kopf.

Am **29. November** lehnt der Bürgerausschuss eine Bahn vom Karlsplatz auf die Spitze des Schlossbergs ab.

Anzeige des „Variété Restaurant Freischütz" in der Freiburger Zeitung vom 25.5.1912

Befürworter von Alkoholabstinenz haben schweren Standpunkt

Der Abstinententag in Freiburg

Der vom 27. bis 30. Mai in Freiburg angesetzte 8. deutsche Abstinententag warf seine Schatten voraus. Mit Strenge schoss sich die „Vereinigung Badischer Weinhändler" schon Tage vor Beginn mittels einer Zeitungsannonce auf den Gegner ein. Der Gefahr einer grundlosen Verunglimpfung ehrbaren Gewerbes galt es entgegenzutreten. Humorvoller und gleichermaßen geschäftstüchtig provozierte das „Variété Restaurant Freischütz" (Bertoldstr. 25) in der gleichen Morgenausgabe mit einer Anzeige. Ein „Schutzverband gegen die Abstinenzbewegung Freiburg im Breisgau" ging ebenfalls über die Presse in die Offensive. So richtig hoch schlugen die Wellen aber erst bei der öffentlichen Volksversammlung am Nachmittag des 27. Mai (Pfingstmontag) in der Kunst- und Festhalle, zu der etwa 3 000 Personen kamen – Befürworter und Gegner der Abstinenzbewegung. Tumultartige Szenen begleiteten die Vorträge, die anschließende Diskussion ging in ohrenbetäubendem Getöse unter, so dass sich die Veranstalter zum vorzeitigen Abbruch veranlasst sahen. Bei der Begrüßung im Paulussaal am Abend des gleichen Tages versuchte der Vertreter der Großherzoglichen Regierung, Landeskommissär Geheimer Rat Pfisterer, diplomatisch zu sein, konnte sich jedoch nicht verkneifen darauf hinzuweisen, dass über die Bekämpfung übermäßigen Alkoholgenusses hinausgehende Bestrebungen „in der alemannischen Ecke wohl kaum Erfolg haben dürften". Etwas unverhohlener stieß Bürgermeister Riedel als Repräsentant der Stadt ins selbe Horn und verwies „auf die Lage der Stadt inmitten einer weinbautreibenden Gegend". Einen Nachschlag gab es in Form einer vom „Schutzverband gegen die Abstinenzbewegung" einberufenen öffentlichen Volksversammlung am 2. Juni. Eine einstimmig angenommene Resolution an die Großherzogliche Regierung forderte diese zum Schutz der einschlägig betroffenen Landwirtschaft auf. Die gesittet verlaufene Zusammenkunft wurde vom Leiter geschlossen mit den Worten: „Wir wollen mäßig genießen, was uns die Natur beschert hat. Deutscher Wein, deutsche Treue und deutsche Frauen ist das Fundament, welches uns zusammenhält."

Das neue Haus der Herderschen Verlagsanstalt an der Johanniterstraße, gebaut nach Plänen von Baudirektor Max Meckel († 24.12.1910) und seinem Sohn C. A. Meckel, ist fertig gestellt. Die Einweihungsfeier mit dem Personal ist am 3. November.

Das Verlagshaus Herder an Stelle der ehemaligen Zichorienfabrik von Franz Xaver Kuenzer; Aufnahme um 1934 (Foto: Familie von Spiessen)

Die Straßenbahn an der Endhaltestelle Markgrafenstraße in Haslach (Foto: Walter Lauterer)

Haslach rückt ein Stück näher an Freiburg

Mit dem 30. September ging die Straßenbahnlinie vom Siegesdenkmal nach Haslach über die neue Dreisambrücke in der Eschholzstraße in Betrieb. Die Betonbaufirma Brenzinger hatte das verbindende Bauwerk nach architektonischen Entwürfen von C. A. Meckel erbaut. Kurz vor Weihnachten erhielt die Brücke auch ihren plastischen Figurenschmuck, den Bildhauer Ludwig Kubanek, ebenfalls nach Ideen von C. A. Meckel, verwirklichte.

Der „Vater des Proletariats" gestorben

August Bebels Beziehungen zu Freiburg

Der Mitbegründer der deutschen Sozialdemokratie verstarb am 13. August 73-jährig in der Schweiz. Bebel war seit 1892 einer der beiden Parteivorsitzenden. Insgesamt über 40 Jahre gehörte er dem deutschen Reichstag an. In einem Nachruf hieß es: „In Bebel verliert die deutsche Sozialdemokratie ihren populärsten und einflußreichsten Führer, der die extrem-revolutionäre Richtung bis zuletzt mit leidenschaftlichem Temperament und zäher Ausdauer verfochten hat." Am 17. August veranstaltete die Sozialdemokratische Partei Freiburgs im Colosseum eine Gedächtnisfeier zum Tod des „Vaters des Proletariats". Bebels Bezug zu Freiburg bestand darin, dass er zum Kreis der Freiburger Jünger des Gesellenvaters Kolping gehörte und eine bescheidene Wohnung in einem Haus in der Kaiserstraße in der Nähe des Bursengangs hatte.

Kinderwagenverbot in der Altstadt

Das Fahren mit Kinder- und Krankenwagen auf den Gehwegen der Altstadt (d. h. zwischen Wall-, Rempart-, Werder-, Rotteckstraße, Rotteckplatz, Ring-, Hermann- und Schloßbergstraße) wurde verboten. In den übrigen Stadtteilen und auf der Kaiserstraße blieb es erlaubt, jedoch mussten sich die Wagen auf der äußeren Hälfte der Gehwege halten, durften nicht nebeneinander fahren oder beieinander stehen bleiben. Dies war kein Aprilscherz – die Anordnung erging Anfang Februar.

Am 26. Oktober wird vor der Konviktskirche das Denkmal für den katholischen Volksschriftsteller Alban Stolz enthüllt. (Foto: Wartberg Verlag)

1913 Chronik

Der Freiburger Karnevalsverein feiert sein 25-jähriges Jubiläum am **25. Januar** mit einem Bürgerball in der Kunst- und Festhalle.

Oberbürgermeister Winterer gibt in einer vertraulichen Sitzung des Stadtrats am **22. Februar** seinen Entschluss bekannt, aus Alters- und Gesundheitsgründen nach 25-jähriger Tätigkeit aus dem Amt scheiden zu wollen.

Der Bürgerausschuss bewilligt am **4. April** einstimmig (die Sozialdemokraten enthalten sich der Stimme) 350 000 Mark zur Errichtung einer Militärfliegerstation auf dem Exerzierplatz.

Im Rahmen des Prinz-Heinrich-Flugs landen die beteiligten Ein- und Doppeldecker am **17. Mai** auch auf dem Freiburger Exerzierplatz. Anschließend nehmen sie an einer militärischen Aufklärungsübung südlich von Freiburg teil. Selbst Prinz Heinrich von Preußen trifft – allerdings mit dem Auto – in Freiburg ein.

In der Sitzung des Bürgerausschusses am **24. Mai** wird Erster Bürgermeister Dr. Emil Thoma einstimmig zum neuen Oberbürgermeister auf neun Jahre gewählt.

*Vom **13. bis 16. Juni** feiert Freiburg das 25-jährige Regierungsjubiläum des Deutschen Kaisers unter anderem mit Fackelzug, Abbrennen eines Feuers auf der Bismarcksäule, akademischem Festakt mit dem Stadtorchester in der Aula der Universität, 101 Schuss Salut vom Schlossberg, Gartenfest im Stadtgarten und Beleuchtung der Schlossberganlagen.*

Die Freiburger Jugendwehr, eine Gründung des Generals von Deimling, führt am **29. Juni** wieder ein vormilitärisches Geländespiel auf der Hochburg bei Emmendingen durch (Verteidigung der Burg gegen einen anrückenden Feind). Dies ist zugleich die erste Begegnung mit der Jugendwehr aus Kenzingen.

Am **2. Juli** übernimmt Dr. Emil Thoma zum ersten Mal als Oberbürgermeister den Vorsitz in der Stadtratssitzung.

Oskar Riedel wird am **18. Juli** zum Ersten Bürgermeister, Dr. Karl Hofer Ende Juli zum Zweiten Bürgermeister gewählt.

Am **20. Juli**, um 13.05 Uhr, lässt ein heftiger Erdbebenstoß die Häuser der Stadt erzittern. Schäden werden nicht vermeldet.

Der Bau der neuen Fliegerkaserne auf dem Exerzierplatz schreitet voran. Es entstehen ein großes Mannschaftsgebäude für Soldaten und Unteroffiziere, ein Kasino, ein Kraftwagenschuppen, eine Reparaturwerkstätte für Flugzeuge und drei große Hallen für je zehn Flugzeuge.

Fluglehrer Faller von den Mülhausener Aviatikwerken schafft am **11. September** an Bord eines Pfeil-Aviatik-Doppeldeckers mit 80 PS-Motor als Erster den Flug vom Freiburger Exerzierplatz zum Feldberg und erringt damit den Weltrekord der Höhenlandung.

Mit beträchtlichem Stimmenzuwachs geht das Zentrum wiederum als Sieger aus der Landtagswahl hervor. Die Sozialdemokraten haben erhebliche Stimmenverluste zu verzeichnen.

1914 CHRONIK

Seit dem **1. Januar** ist Littenweiler ein Stadtteil von Freiburg.

Anfang **Januar** bezieht die Ortskrankenkasse ihr neues Gebäude am Fahnenbergplatz.

Am **6. Februar** gründet sich der Freiburger Hausfrauenbund im überfüllten Kornhaussaal. Über 200 Frauen schreiben sich sofort als Mitglieder ein.

Am **7. März** spricht „die bekannte Vertreterin des radikalen Sozialismus“ Rosa Luxemburg auf einer von der sozialdemokratischen Partei einberufenen Volksversammlung in der Festhalle über „Militarismus und Volksfreiheit“. Über 3 000 Personen füllen die Festhalle bis zum letzten Winkel.

Das Zentral-Theater in der Schiffstraße zeigt im Mai vier Tage lang den Krieg im Film: „Zerstörung einer feindlichen Luftflotte durch Bomben aus den Flugzeugen. Höchste Spannung! Bisher noch nie gesehene Szenen.“

Der Schwarzwaldverein feiert vom **23. bis 25. Mai** sein 50-jähriges Bestehen auf vielerlei Weise in der reich beflaggten Stadt.

Der Zeppelin „Militärkreuzer Z 7“ fliegt am **17. Juni** über die Stadt. Das seit einigen Tagen in Baden-Oos stationierte Luftschiff unternimmt täglich militärische Übungsfahrten.

Das erzbischöfliche Ordinariat verordnet im **Juli,** dass im allgemeinen Kirchengebet bei der Bitte: „Insonderheit beschütze die im Heere zu Wasser und zu Land dienenden Söhne des Vaterlandes“ nach den Worten „zu Wasser und zu Lande“ eingefügt werde „und in den Luftfahrzeugen“.

Am **1. August** wird die „Lebensmittel-Kommission“ gegründet. Zu ihren Aufgaben gehört die Anlage von Lebensmittelvorräten und die Bekämpfung von Preissteigerungen.

Oberstufenschüler aus dem Berthold- und dem Friedrich-Gymnasium treten als Kriegsfreiwillige ins Heer ein. Einer der 74 Gewerbeschüler, die als Freiwillige in Kriegsdiensten stehen, ist erst 14 Jahre alt.

Am **6. August** werden zwei feindliche Flieger in beträchtlicher Höhe über der Stadt gesichtet und erfolglos beschossen. In der Nähe der Artilleriekaserne verletzt ein herabfallendes Geschoss einen Passanten – der erste kriegsbedingte Verletzte in der Stadt.

Begeisterte Menschenansammlungen in der reich beflaggten Kaiserstraße ruft am **21. August** die Nachricht vom Sieg deutscher Truppen in den Schlachten zwischen Metz und den Vogesen hervor.

Die Stadt setzt Markthöchstpreise fest, um nicht gerechtfertigten Preissteigerungen der Händler entgegenzuwirken.

Im **November** werden verbilligte Kartoffeln aus städtischen Beständen an ärmere Bevölkerungskreise verkauft.

Französische Flieger werfen am Mittag des **4. Dezember** die ersten Bomben über Freiburg ab.

Der dritte Bombenabwurf am **13. Dezember** hat bereits verheerende Folgen.

Karlskaserne und Siegesdenkmal erhalten nach dem 25. Juli zentrale Bedeutung. (Foto: Wartberg Verlag)

Es braust ein Ruf wie Donnerhall

Die Freiburger im Kriegstaumel

Eine mehr als tausendköpfige Menschenmenge verharrte am 25. Juli vor dem Geschäftsgebäude der Freiburger Zeitung am Martinstor in Erwartung von Nachrichten aus Wien. Als ein Extrablatt den Kriegsausbruch verkündete, erschollen vielstimmige Hochrufe auf Österreich, seine Armee und seinen greisen Kaiser. Von blinder patriotischer Begeisterung erfasst, durchzogen die Massen gruppenweise die Innenstadt, allen voran studentische Korporationen. Die österreichische Nationalhymne, die „Wacht am Rhein“ und „Deutschland, Deutschland über alles“ waren die „Gassenhauer“ dieser Nacht. Nach der offiziellen österreichischen Kriegserklärung an Serbien am 28. Juli machte sich wiederum „lebhafte Genugtuung“ auf den Straßen breit. Allein die Freiburger Sozialdemokraten veranstalteten am gleichen Abend im Saalbau Wiehre eine stark besuchte Protestversammlung gegen den Krieg, die allerdings auch Ziel von Gegenkundgebungen war. Bereits Ende des Monats hing an einzelnen Lebensmittelgeschäften das Schild „Ausverkauft“. Die Freiburger hatten sich mit Proviant für längere Zeit eingedeckt. Anfang August erreichte der allgemeine Irrsinn einen Höhepunkt mit der Ausstreuung wahnwitziger Gerüchte über französische Wasservergifter und der Hetzjagd auf vermeintliche Spione. Die Geschäftsleute nutzten schnell die neue Situation und verkauften beispielsweise „Einquartierungs-Matrazen“. Ab dem 5. August wurden Ausländer, zuerst Russen, Franzosen und Serben, aus Freiburg verwiesen. In den frühen Morgenstunden des 6. August verließ das Gros des 113. Infanterie-Regiments die Stadt. Die Soldaten wurden mit dem Wunsch verabschiedet, „siegreich aus diesem heiligen Kriege für eine große und gerechte Sache heimzukehren“.

Bekanntmachung.

Engländer

haben sofort Freiburg zu verlassen. Den Vermögenden wird die Stadt Baden, den Unbemittelten die Militärbaracken Donaueschingen zum Aufenthalt angewiesen.

Abreise mit Militärlokalzügen. Bei Nichtbefolgung Festnahme.

Freiburg, den 5. August 1914.

Großh. Bezirksamt.

Bekanntmachung des Bezirksamts: „Engländer haben sofort Freiburg zu verlassen“ (Freiburger Zeitung vom 6.8.1914)

Der „Eiserne Baum“ am Schwabentor (Foto: Kreisarchiv Breisgau-Hochschwarzwald)

Der „eiserne Baum“ am Schwabentor

Nach einer Idee des Architekten Rudolf Schmid wurde am 14. November der „Eiserne Baum“ auf der Südseite des Schwabentors seiner Bestimmung übergeben. Es handelte sich dabei um eine Linde mit kahlen Ästen, geschützt durch ein Dächlein. In Stamm und Äste des Baumes durfte gegen einen Obolus von ein, drei oder zehn Mark ein eiserner, silberner oder goldener Nagel eingeschlagen werden, um damit „Notstand zu wehren, Deutschland zu ehren“. In der Folgezeit traten Einzelpersonen, verschiedene Vereine, Studentenverbindungen, Schulen usw. mit mehr oder weniger umfangreichem Begleitprogramm an, um eine Spende zur Kriegshilfe zu leisten. Bis Ende des Jahres kamen auf diese Weise 28 189 Mark zusammen.

Die Ernährungslage verschlechtert sich

Lebensmittelrationierung und -subventionierung

Mit einer Verordnung vom 4. Februar, die eine Beschränkung der Abgabe von Mehl im geschäftlichen Verkehr auf zwei Pfund je Einzelfall festlegte, begann in Freiburg die Rationierung von Lebensmitteln. Ab 12. März wurden Brot- und Mehlkarten ausgegeben, ab 28. März wurden sie durch neue ersetzt. Die allen über ein Jahr alten Haushaltsmitgliedern zugestandenen Brot- oder Mehlmengen veränderten sich in kurzen Zeitabständen. Zwischen dem 1. Februar und dem 1. Juli kaufte die Stadtverwaltung für über eine Million Mark Lebensmittel auf, die sie zu mäßigen Preisen an die ärmere Bevölkerung weitergab. Ab September sollten Kriegsvolksküchen die Ernährung der minderbemittelten Bevölkerung sichern. Ende Oktober wurden zwei fleisch- und fettlose Tage in der Woche eingeführt, im Dezember die Milchkarte.
Allein im Dezember erhielten Minderbemittelte auf Grund von Ausweiskarten: 18 277 Pfund Fett, 3 372 Pfund Speck, 4 174 Pfund Konserven, 4 174 Pfund Malzkaffee, 43 200 Stück Eier.

Die Idylle, wie hier an Oberlinden, ist trügerisch – die Verunsicherung der Bevölkerung durch Bombenangriffe nimmt zu. (Foto: Erika Schreiber)

Viele Tote und Verletzte haben die Bombardierungen vom 30. Juli und 7. September zur Folge. Weitere Fliegerangriffe können entweder abgewehrt werden oder beschränken sich im Ergebnis auf materielle Schädigung.

1915 Chronik

An **Fasnacht** sind alle öffentlichen Maskeraden, Fasnachtsvorstellungen und Maskenbälle untersagt.

Am Nachmittag des **17. Februar** bombardiert ein Doppeldecker die Stadt und richtet Sachschaden an. Menschen werden nicht getroffen.

Am **26. Februar** stirbt Oberbürgermeister a. D. Dr. Otto Winterer im Alter von 69 Jahren.

Von den Schlachtfeldern in den Vogesen dringt der Kanonendonner in die Stadt herüber wie ein fernes rollendes Gewitter. Die Kämpfe um den Hartmannsweilerkopf im Elsass werden von der Freiburger Bevölkerung vom Kanonenplatz auf dem Schlossberg aus verfolgt. In klaren Nächten sind der Schein von Mündungsfeuer und Leuchtkugeln zu beobachten.

Am **22. März**, zwischen 16.30 Uhr und 17 Uhr erscheinen französische Flieger über der Stadt und werfen über dem nördlichen Stadtteil und Zähringen Bomben ab, die einigen Materialschaden verursachen. In Zähringen gibt es einen Verletzten. Geschütz- und Maschinengewehrfeuer vertreibt die Angreifer.

Ende **März** wird der Pavillon auf dem „Salzbüchsle“, oberhalb der Ludwigshöhe, entfernt, um ungehindertes Schussfeld für die Fliegerabwehr zu haben.

Der Bombenabwurf vom **15. April** fordert neun Tode, darunter acht Jungen zwischen 6 und 16 Jahren, sowie einige Verletzte.

Am **15. April** werden in Günterstal, am **20. April** in der Oberwiehre neue Schulhäuser eröffnet.

*Im **August** schießt die Abwehr vom Schlossberg irrtümlich beinahe den späteren „Reichsmarschall“ Hermann Göring beim Anflug auf den Freiburger Flugplatz ab. Doch Göring kann mit dem beschädigten Flugzeug unverletzt landen.*

Der Freiburger Ortsausschuss vom Roten Kreuz eröffnet am **15. September** in den Wirtschaftsräumen der Harmonie-Gesellschaft, Grünwälderstraße, ein Kriegerheim. Es soll Verwundeten aus den Lazaretten während ihrer Ausgangszeiten von 14 bis 18 Uhr alkoholfreie Getränke (Alkohol und der Besuch von Wirtschaften ist den Verwundeten verboten), Unterhaltung und Anregung bieten.

Am **23. September** wird ein auf dem Exerzierplatz für Ausbildungszwecke angelegter, „kriegsmäßig ausgestatteter“ Schützengraben mit diversen Einzelheiten zur Besichtigung freigegeben und mit einem Scheingefecht vor geladenem Publikum eingeweiht. Gegen „mäßiges Eintrittsgeld“ steht das Werk der Bevölkerung ab **24. September** für kurze Zeit offen.

Im **Oktober** erhebt sich ein 20 Meter hoher Wachturm aus Holz auf dem Schlossberg. Er soll besseren Ausblick auf feindliche Flugzeuge ermöglichen.

Am **16. Dezember** ist die Eröffnungsfeier für das neue Kunstausstellungsgebäude des Kunstvereins.

1916 CHRONIK

Vom **16. bis 24. März** findet eine große Altpapiersammlung statt.

Der zweite große Kinderspielplatz an der heutigen Stefan-Meier-Straße wird in Kriegsgärten umgewandelt.

Bis Ende **März** sind 184 neue Kleingärten in den Kronenmatten, 124 in den Leimenfeldern (bei der Günterstalstraße) und 100 am Deichelweiherweg der Einwohnerschaft übergeben worden.

*Bis zum **31. März** müssen nun die im letzten Jahr beschlagnahmten Metall-Gegenstände abgeliefert werden. Unmittelbar nach Ablauf dieser Frist droht „polizeiliche Nachschau" in den Häusern. Wer dann noch im Besitz solcher Gegenstände ist, muss mit Gefängnis bis zu einem Jahr oder mit Geldstrafe bis zu 10 000 Mark rechnen.*

Das Ministerium des Innern verbietet das Ostereier-Färben „mit Rücksicht auf die bestehende Knappheit an Eiern".

Am **11. April** lässt die Stadt eine neue „Zentral-Alarm-Sirene" zum Einsatz bei Gefahr durch Fliegerangriffe erproben. Doch sie ist bestenfalls in der Südoststadt zu hören und geht im Straßenlärm unter. Also bleibt man bei der bewährten Alarmierung durch Böllerschüsse vom Schlossberg ...

Am **30. April** werden um 23 Uhr die Uhren um eine Stunde vorgestellt. Damit wird erstmals die Sommerzeit eingeführt. Sie endet am **30. September**.

Am **23. Juni** stirbt der Stadtpfarrer a. D. von St. Martin, Ehrenbürger der Stadt und Schriftsteller Dr. Heinrich Hansjakob im 79. Lebensjahr in Haslach im Kinzigtal.

Im Gebäude der Städtischen Sparkasse befindet sich ab **27. Juli** die Freiburger Goldankaufsstelle. Sie nimmt Ringe, Ketten, Uhren, Löffel usw. aus Gold an und vergütet, nach Wertfeststellung durch vereidigte Sachverständige, den vollen Goldwert sofort in bar.

Im hiesigen Diakonissenhaus verstirbt am **16. September** der bisherige Oberbefehlshaber im Oberelsass, General der Infanterie Hans Gaede, mit 64 Jahren. Er gilt als der erfolgreiche „Heerführer, der mit seinen braven Truppen zwei Jahre lang unter oft schwierigsten Verhältnissen und Kämpfen treue Rhein- und Vogesenwacht gehalten und unsere liebe teure Heimat, die auch die seine geworden war, vor härtestem Leid und schmerzlichsten Prüfungen bewahrt hat."

Bis **1. Oktober** können Fahrradbereifungen aus Gummi freiwillig abgeliefert werden. Für eine intakte Bereifung gibt es bis zu vier Mark.

Besonders die Schuljugend beteiligt sich eifrig an diversen Sammlungen, wie der von Steinobstkernen, Rosskastanien, Brennnesseln und Bucheckern.

Die beiden Kriegsanleihen dieses Jahres erbringen in Freiburg 42 800 000 und 44 023 500 Mark.

Da fast alle Männer in Kriegsdiensten stehen, rekrutiert sich das Straßenbahnpersonal aus Frauen. (Foto: Hans Sigmund)

Von 506 städtischen Beamten und Bediensteten sind bis Anfang des Jahres rund 300 zu den Waffen eingezogen. Allein von den bei Kriegsbeginn bei der Straßenbahn beschäftigten 133 Angestellten haben 125 Heeresdienst zu leisten.

Ausweitung der Lebensmittelbeschränkungen

Am 21. Februar wurden die ersten Butterkarten (auch Fettkarten genannt) ausgegeben. Sie galten für drei Monate. Ab 1. Mai folgten erstmals Fleischkarten. In einer Bekanntmachung der Stadt Freiburg vom 29. April stand weiterhin zu lesen: „Im Bezirk der Stadt Freiburg dürfen Zucker, Hülsenfrüchte, Teigwaren, Kaffee, Tee, Speisefett, Feinseife und andere Seife oder Seifenpulver an Verbraucher nur noch gegen Vorlage einer vom städtischen Lebensmittelamt ausgegebenen ‚Lebensmittel-Karte' abgegeben werden." Eine Bekanntmachung des städtischen Lebensmittelamts vom 3. Juni kündigte überdies an, dass Eier nur noch gegen Eierkarten in genau bezeichneten Geschäften erhältlich seien, und zwar Auslandseier in Spezialgeschäften für 22 Pfennig das Stück, Inlandeier in Obst- und Gemüsehandlungen für 21 Pfennig das Stück. Ab 10. Juli erfolgte die Ausgabe von Kartoffelkarten. Sie galten für die nächsten sechs Wochen und berechtigten zum Bezug von fünf Pfund Kartoffeln pro Kopf und Woche. Unverändert war für die Versorgung mit Milch eine Milchkarte erforderlich.

Angriffsziel Freiburg

Weitere Bombardierungen der Stadt

Für den „bombigen" Abschluss der Festvorstellung im Stadttheater am Tag des Kaisergeburtstags sorgte ein feindliches Luftschiff. 38 Bomben fielen größtenteils auf die weniger dicht bebaute Nordstadt, den Westrand von Herdern und in die Umgebung des Friedhofs. Drei Personen wurden verletzt. In den frühen Morgenstunden des 16. Juli bombardierte ein französisches Flugzeug den Güterbahnhof und den „Zähringer Hof". Nahe Gundelfingen musste der Flieger später notlanden. Die beiden Insassen konnten zunächst durch den Mooswald entkommen, wurden aber am nächsten Tag bei Nimburg gefangen genommen. Sehr unruhig ging es im Spätjahr zu. Feindliche Geschwader überflogen am Nachmittag des 12. Oktober Freiburg, jedoch ohne anzugreifen. Es kam zu Luftkämpfen in Stadtnähe mit deutschen Erfolgen. Am Abend des gleichen Tages warf allerdings ein Flugzeug in der Nähe des Martinstors sechs Bomben ab. Eine Tote, mehrere Verletzte und erhebliche Gebäudeschäden waren die Folge.

Der Terror gegen die Zivilbevölkerung erreicht seinen Höhepunkt

Vermehrte Bombenangriffe bringen Tod und Zerstörung

Das Jahr der schlimmsten Bombardierungen Freiburgs begann am 7. Februar kurz vor Mitternacht. Fünf Bomben verursachten für etwa 2 500 Mark Gebäudeschäden. Drei von sieben abgeworfenen Bomben trafen am 4. März nach 22 Uhr den Friedhof und hinterließen Zerstörungen an Grabdenkmälern sowie an der Leichen- und Einsegnungshalle.

Der 14. April blieb als schwerster Tag in der Geschichte der Bombenabwürfe auf die Stadt im Gedächtnis der Freiburger verhaftet. Gleich zwei Angriffe von 23 britischen und 12 französischen Invasoren terrorisierten die Bevölkerung. Um die Mittagszeit warfen zwei Fluggeschwader 19 Bomben ab. Eine traf das Verwaltungsgebäude der Firma Gebrüder Himmelsbach in der Rempartstr. 16 und löschte allein dort neun Menschenleben aus. Eine Bombe setzte die Anatomie mit ihren wertvollen Sammlungen in Brand, zwei beschädigten das Stadttheater erheblich, weitere fielen in der Unterstadt, der Unterwiehre und in Herdern, wo das Haus Weiherhofstr. 1 zerstört wurde.

Gegen 17 Uhr erfolgte der zweite Angriff. Dieses Mal verteilten sich 40 Bomben auf alle Stadtteile. Getroffen wurden unter anderem das städtische Elektrizitätswerk und die Stühlinger Brücke. Des Weiteren fielen Bomben bei der Universität, bei der Unterführung an der Albertstraße, bei der Stadtgärtnerei und auf die Restauration Dattler. Großer Sachschaden entstand in der Kartäuser- und der Sternwaldstraße. Die Bomben waren zum Teil mit außerordentlicher Durchschlagskraft und neuen Spätzündern ausgestattet. Insgesamt mussten 13 Tote und 27 Verletzte beklagt werden. Der Sachschaden überstieg eine Million Mark. Auf gleichzeitig abgeworfenen Flugblättern wurden die Attacken als Vergeltungsaktionen für deutsche Angriffe auf alliierte Lazarettschiffe und die Versenkung des Hospitalschiffs „Arturias" gerechtfertigt. Zwei in der Nähe des Gaswerks und der Haslacherstraße detonierende Bomben richteten in der Nacht vom 29. auf den 30. April keine größeren Schäden an. Im August erfolgten weitere Bombenabwürfe. Neben drei Schwerverletzten gab es am 17. August starke Beschädigungen des Zentralkinematographen (Schiffstr. 9) und die völlige Vernichtung des Hauses Rosastr. 7 a. Am 22. August traf ein herabfallendes und explodierendes Abwehrgeschoss eine 59-jährige Landwirtin aus Zähringen tödlich. Die letzten Bomben dieses Jahres mit teilweise beträchtlichen Gebäudeschäden im Gefolge fielen am frühen Morgen des 6. Dezember vor allem auf die Häuser Stadtstr. 3, 7 und 9 sowie Hochmeisterstr. 2.

Die Flugabwehr hatte keine nennenswerten Erfolge zu verzeichnen, allerdings nicht zuletzt wegen der sehr hoch fliegenden Maschinen. Einige wenige Angreifer konnten von deutschen Flugzeugen zum Absturz gebracht werden.

Zerstörungen an einem Haus nach dem Bombardement (Foto: Kreisarchiv Breisgau-Hochschwarzwald)

Zerstörungen am Elektrizitätswerk durch Bombentreffer (Foto: Familie Brenneisen, Ebringen)

1917 CHRONIK

Im **Januar** wird die 1. Batterie der II. Flakersatzabteilung in Freiburg aufgestellt.

Die Bekleidungsstelle bewirtschaftet nun auch das mangelnde Schuhwerk.

Die fünfte Volksküche steht ab **18. Januar** im Gasthaus zum Lohengrin zur Verfügung.

Ab **30. Januar** gibt es Kohlen nur noch auf Bezugsschein.

Um Brennstoff zu sparen, werden Vergnügungslokale wie Kinos und Theater für 14 Tage geschlossen.

Am **3. Februar** wird die Herabsetzung der Polizeistunde von 23 auf 22 Uhr angeordnet und am **13. März** wieder aufgehoben.

Selbst die Warenhäuser bleiben weniger lang geöffnet.

Der Mangel an Heizmaterial zwingt im ***Februar*** *weiter dazu, die Schulen vorübergehend entweder ganz zu schließen oder doch wenigstens zusammenzulegen.*

Die vierte Mittelstandsküche geht in Betrieb. Diese Einrichtungen befinden sich im Katholischen Vereinshaus, im Wiehrebahnhof, im Kolmarerhof und in der Wolfshöhle.

Die im **April** eingeführten Lebensmittel-Stammkarten enthalten die persönlichen Daten aller Familienmitglieder.

Ab **2. Mai** wird die öffentliche Beleuchtung in der Stadt völlig eingestellt.

Erstmals richtet die Stadt öffentliche Unterstände ein, um Passanten Deckung und Splitterschutz zu bieten. Dafür werden etwa 70 größtenteils öffentliche Kellerräume kenntlich gemacht.

Im **Mai** kommt auf Drängen des Stadtrats die 2. Batterie der II. Flakersatzabteilung nach Freiburg.

Im Rahmen der „Glockenspende" treten im Juni auch fünf Münsterglocken den Weg zum Schmelzofen an.

Mittels Hamsterei, Schleichhandel und Tauschwirtschaft gleichen besser situierte Kreise Versorgungsdefizite aus.

Tausende von Kriegsgärten stehen im Sommer den Freiburgern zur Verfügung. Etwa ein Drittel der Einwohner besitzt einen Kleingarten zur Eigenversorgung mit Nahrungsmitteln.

Wegen der Kleingeldnot beschließt der Stadtrat am **12. September** die Ausgabe von städtischem Notgeld in Form von Fünfzigpfennigscheinen im Betrag bis zu 100 000 Mark.

Am **24. September** wird eine Ortsgruppe der Vaterlandspartei ins Leben gerufen.

Aus Freiburg gelangen zu Weihnachten 10 700 Päckchen im Gesamtwert von 49 941,35 Mark als Liebesgaben an 25 Truppenteile im Feld.

Für die 6. und 7. Kriegsanleihe werden in der Stadt 43 bzw. 44 Millionen Mark gezeichnet.

1918 Chronik

Am **3. Januar** gegen 20 Uhr gehen zwei Bomben auf den Josefsberg nieder.

Am nächsten Tag fallen zwei Bomben auf freies Gelände beim Schlierberg, zwei auf den Spielplatz im Stühlinger und eine auf einen Kriegsgarten in der verlängerten Wannerstraße.

Der Stühlinger Spielplatz ist wieder von Bombenabwürfen am **6. Januar** betroffen. Das Verwaltungsgebäude des Schlachthauses erwischt es sogar schon zum dritten Mal. Ein Mensch stirbt dabei.

In der Nacht vom **24. auf den 25. Januar** erfolgen fünf Angriffe, die das gesamte Stadtgebiet, insbesondere die Altstadt und die Wiehre, in Mitleidenschaft ziehen. Abermals ist ein Todesopfer zu beklagen.

Die Engländer fliegen am **13. März** den letzten großen Angriff auf Freiburg mit acht Maschinen und lassen 21 Bomben zurück, die zehn Personen verletzen und zahlreiche Schäden anrichten.

Die 8.Kriegsanleihe bringt 51 Millionen Mark ein, die 9. dagegen nur noch 36 359 000 Mark.

*Vom **Mai** datiert der Bericht, dass sich der Gesundheitszustand der Arbeiterinnen wesentlich verschlechtert habe und sich die Fälle von Tuberkulose bei Frauen und Kindern stark vermehren.*

Am **8. Juni** wird der Freiburger Stadtrat, Rechtsanwalt Konstantin Fehrenbach, mit 270 von 280 abgegebenen Stimmen zum Präsidenten des Reichstags gewählt.

Im **Oktober** grassiert die Grippe in Freiburg und fordert 444 Opfer, darunter viele Heranwachsende. Die Schulen müssen für mehrere Wochen geschlossen bleiben.

Am **14. Oktober** ruft Oberbürgermeister Dr. Thoma die Bürger dazu auf, die von der Südwestfront zurückkehrenden deutschen Truppen freundlich und festlich zu empfangen, denn „Freiburg dankt ihnen, daß es noch frei und aufrecht steht". Haben sie doch Freiburg vor einer französischen Besatzung bewahrt.

Am **22. Oktober** wirft eine einzelne Maschine kurz nach Mitternacht vier Bomben in den Mooswald, jedoch ohne Schaden anzurichten.

*Im **November** wird von Prof. Geiges zeichnerisch gestaltetes Notgeld ausgegeben, und zwar 200 000 Scheine zu 20 Mark, 250 000 Scheine zu 10 Mark und 280 000 Scheine zu 5 Mark.*

Mitte **November** bittet der Stadtrat die Bevölkerung, die heimatvertriebenen Elsässer aufzunehmen und ihnen Unterkunft zu verschaffen.

Am **9. Dezember** gründet sich in der Brauerei Sutter ein Jungbürgerbund für alle jungen Bürgerinnen und Bürger aller Stände und politischen Richtungen. Aufgabe soll sein, junge Leute mit staatsrechtlichen Fragen vertraut zu machen.

Aus Gründen der Gasersparnis stellt die Stadt in der Vollmondzeit vom **12. bis 19. Dezember** die Straßenbeleuchtung ganz ein.

Auf der Kaiserstraße ist gefahrloses Flanieren ab November wieder möglich (Foto: Wartberg Verlag)

Freiburger Kriegsbilanz

Aufgrund der vorhandenen Fliegerschule und der Aviatikwerke musste die Stadt die ersten und insgesamt die meisten Luftüberfälle im Ersten Weltkrieg erleiden. Zwischen 1914 und 1918 erfolgten insgesamt 25 Angriffe (davon 11 in der Nacht) mit 289 abgeworfenen Bomben. Bei den Bombenangriffen wurden 31 Personen getötet oder starben an den erlittenen Verletzungen, 24 Personen wurden schwer und ca. 70 Personen leicht verletzt. Den Sachschaden in der Stadt schätzte man auf rund 3 bis 5 Millionen Mark (im gesamten Reich rund 23,5 Millionen Reichsmark Schaden). Durch Kriegseinwirkungen verschiedener Art hatte die Stadt insgesamt 3 388 Soldaten und Zivilisten als Tote zu beklagen. In den Lazaretten starben 1 169 ortsfremde Soldaten, darunter 157 Kriegsgefangene.

Die November-Ereignisse in Freiburg

Der Arbeiter- und Soldatenrat tritt für den demokratischen Volksstaat ein

Um die Mittagsstunde des 9. November versammelten sich 1 000 bis 1 500 unbewaffnete Männer der Garnison auf dem Karlsplatz. Die Zivilbevölkerung hielt man fern. Nach einigen Ansprachen zogen die Soldaten unter Trommel- und Pfeifenklang zum „Colosseum", wo ein Soldatenrat gebildet wurde. Kleinere Abteilungen von Soldaten marschierten mit roten sowie Reichs- und Landesfahnen durch die Stadt. Am Abend des gleichen Tages erfolgte in einer vom sozialdemokratischen Verein einberufenen Mitgliederversammlung die Wahl eines Arbeiterrats mit 16 Mitgliedern.

Für die Aufrechterhaltung der Ordnung in der Stadt sorgten bewaffnete Patrouillen des Soldatenrats. Nach langer Zeit erstrahlten die Straßen zur Nachtzeit wieder in hellem Licht.

Bei einer gemeinsamen Sitzung des Arbeiter- und Soldatenrats am 13. November einigte man sich auf folgende Entschließung: „Der Freiburger Soldatenrat erkennt die jetzige provisorische Regierung an. Der Freiburger Soldatenrat will die Freiheit für das ganze badische Volk, er will den demokratischen Volksstaat und lehnt jeden übereilten Schritt ab, die Verfassung durch Diktatur zu ändern. Er will die provisorische Regierung mit seiner Macht schützen." Während die Arbeiter- und Soldatenräte in Karlsruhe und Mannheim sich für die Ausrufung der sozialistischen Republik erklärten, fand sich in Freiburg dafür nur eine Stimme in der über hundertköpfigen Versammlung.

Am 17. November gründete sich auf Initiative der Handels- und der Handwerkskammer sowie des Hansa-Bundes – der Ortsgruppe einer liberalen Organisation für Gewerbe, Handel und Industrie – und seines Vorsitzenden, Verleger Otto Bielefeld, ein „Bürgerrat". Insbesondere in wirtschaftlichen Angelegenheiten arbeitete dieser fortan eng mit dem Arbeiter- und Soldatenrat zusammen.

Mitte November ging aus dem Sicherheitsdienst des Soldatenrats die Volkswehr hervor, die als Schutztruppe und Verstärkung der Polizei dienen sollte. Die Ernährungslage erforderte eine Einbeziehung der Bauern, was die Bildung eines Bezirksbauernrats am 30. November zur Folge hatte. Am 6. Dezember benannte sich der Arbeiter- und Soldatenrat in „Volksrat" um.

Das rückkehrende 5. Badische Infanterie-Regiment 113 trifft auf dem Holzmarktplatz ein. (Foto: Pia Fackler)

Protest gegen die Versailler Friedensbedingungen

Furcht vor französischem Einmarsch

Bereits am 1. Mai – von der neuen Regierung als gesetzlicher Ruhetag erklärt – protestierten Tausende von Arbeitern und Angestellten, auch viele Frauen, mit Fahnen und Aufschriften gegen die Zurückbehaltung der Gefangenen und gegen den Gewaltfrieden. Ein Demonstrationszug bewegte sich vom Karlsplatz durch den Stühlinger zum Holzmarktplatz. Es wurden Reden gehalten und auf drei Theaterbühnen fanden Festvorstellungen statt. Dann protestierte die Universität am 10. Mai gegen die Versailler Friedensbedingungen mit einer Versammlung auf dem Münsterplatz. Etwa 10 000 Teilnehmer waren dort zusammengekommen. Am 16. Mai versammelten sich die Anhänger des Zentrums und der Liberalen im Paulussaal und die der SPD auf dem Münsterplatz, um ihrer Empörung Ausdruck zu verleihen.

Die Franzosen drohten mit einer Besetzung der Stadt. Am 23. Juni, dem Tag, an dem die Nationalversammlung über die bedingungslose Unterzeichnung des Friedensvertrags entscheiden sollte, reisten viele aus Freiburg ab oder brachten ihre kostbare Habe in Sicherheit aus Furcht vor einem feindlichen Einmarsch, falls die Nationalversammlung gegen die Unterzeichnung stimmen sollte.

Vor dem Hotel du Rhin oder Rheinischer Hof neben dem Kornhaus auf dem Münsterplatz finden jetzt häufiger Versammlungen statt. (Foto: Wartberg Verlag)

Generalstreik!

Am 25. Februar kam es ab 12 Uhr zu einem halbtägigen Generalstreik. Beschlossen hatten dies die sozialdemokratische Partei, die unabhängige sozialdemokratische Partei, das Gewerkschaftskartell der freien Gewerkschaften sowie der Arbeiter- und Soldatenrat. Es wurde damit „demonstriert gegen die verbrecherischen politischen Morde (in München, G. K.), die die Errungenschaften der Revolution gefährden“. Nach 14 Uhr zogen zwischen 6 000 und 7 000 Personen, darunter etwa 2 000 bis 3 000 Soldaten, mit umflorten roten Fahnen vom Karlsplatz zum Holzmarktplatz, wo die Menge auf 8 000 bis 10 000 Menschen anschwoll. Die Veranstaltung verlief friedlich.

1919
Chronik

In der **Silvesternacht** geht es laut und lärmend zu. Signalraketen steigen und Schüsse knallen.

In den städtischen Betrieben gilt ab **1. Januar** der achtstündige Arbeitstag.

Das Infanterie-Regiment Nr. 113 hält am **9. Januar** Einzug in der Stadt. Zu Fuß aus dem Höllental kommend, marschiert es in Freiburg durch die Schwarzwald- und Wallstraße, über den Holzmarktplatz und dann durch die Kaiserstraße.

Am **18. Januar** veranstaltet der Freiburger Arbeiter- und Soldatenrat einen Demonstrationszug gegen den Bolschewismus, gegen Spartakus und gegen jeden Terror. Eine große Menschenmenge, zumeist Soldaten, versammelt sich auf dem Karlsplatz, von wo der Zug aufbricht, durch verschiedene Straßen zieht und sich letztlich vor dem Gebäude des Soldatenrats auflöst.

Der ehemalige Freiburger Stadtrat und Reichstagspräsident Konstantin Fehrenbach (Zentrum) wird am **14. Februar** zum neuen Präsidenten der deutschen Nationalversammlung gewählt.

Fasnachtsvergnügungen unterliegen einem Verbot seitens der Regierung.

Am **23. März** ist Einweihung der Lutherkirche am heutigen Friedrich-Ebert-Platz. Die Gemeinde veranstaltet aus diesem Anlass einen kleinen Umzug vom Gemeindehaus in der Egonstr. 64 zur neuen Kirche.

Im ersten Vierteljahr verzeichnen die Freiburger Kinos 27 % mehr Besucher als im gleichen Zeitraum des Vorjahrs.

Bis zum **1. April** wird das im November 1918 ausgegebene Notgeld wieder eingezogen.

*Ende **Mai** sind Wahlen zur Erneuerung des Bürgerausschusses. Etwas mehr als die Hälfte der Wahlberechtigten sorgt für folgende Verteilung der 96 Sitze: Zentrum 42, Sozialdemokraten 25, Deutsch-Demokraten 13, Hausbesitzer- und Mittelstandspartei 8, Deutschnationale Volkspartei 5 und Deutsche liberale Volkspartei 3.*

Bei der Stadtratswahl am **5. Juni** gehen 8 Sitze an das Zentrum, 5 an die Sozialdemokraten, die Deutsch-Demokraten erhalten 3, die Hausbesitzer- und Mittelstandspartei sowie die Deutschnationale Volkspartei jeweils einen.

Nach den Bestimmungen des Versailler Friedensvertrags gehört Freiburg zur rechtsrheinischen „entmilitarisierten Zone“ und darf deshalb keine Garnison besitzen. Die militärischen Einrichtungen auf dem Flugplatz müssen demontiert werden.

Am **1. September** wird die Volkswehr aufgelöst. Nachfolgeorganisation ist die Einwohnerwehr, die auch das freiwillige Reserve-Miliz-Bataillon in sich aufnimmt.

Gegen Ende des Jahres kehren die ersten Kriegsgefangenen zurück. Ein festlicher Empfang erwartet sie am Bahnhof.

1920 CHRONIK

Von 900 Freiburgern, die sich in Kriegsgefangenschaft befanden, sind bis Anfang **März** etwa 700 zurückgekehrt.

Bei den ersten Reichstagswahlen in der Weimarer Republik verlieren die Sozialdemokraten in Freiburg fast die Hälfte ihrer Stimmen, vor allem zugunsten von USPD und KPD. Auf der anderen Seite legen die rechtsliberale Deutsche Volkspartei und die konservativen Deutschnationalen deutlich zu.

SPD (Mehrheitssozialdemokratie), USPD (unabhängige Sozialisten) und KPD schließen sich am **13. März** unter dem Eindruck des rechtsgerichteten Kapp-Putsches in Berlin zu einem gemeinsamen Aktionsausschuss zusammen, der „alle gegenrevolutionären Bestrebungen in Freiburg zu überwachen und im Notfalle die erforderlichen Maßnahmen zu treffen" hat.

Einen Tag später findet eine Massenveranstaltung dieser drei Parteien in der Festhalle statt. Sämtliche Redner versichern Gemeinsamkeit im Kampf gegen reaktionäre Bestrebungen und mögliche Umsturz-Versuche.

Am **31. März** erfolgen „wiederholte Demonstrationsansammlungen" auf dem Rathausplatz. Über 1 000 Notstandsarbeiter und Erwerbslose protestieren gegen die von der Reichsregierung beabsichtigte Einführung des Akkord- und Prämiensystems in den Notstandsbetrieben und gegen jede Verschlechterung der Lohnbezüge und sonstigen Errungenschaften der letzten Zeit. Die Erwerbslosen verlangen auch die zweite Rate der Teuerungszulage.

Die Stadtverwaltung lädt die heimgekehrten Kriegsgefangenen am **10. April** zu einem Begrüßungsabend in die Festhalle ein.

Zwischen Mooswald und Hauptgüterbahnhof wird eine Fläche für ein Industriegebiet erschlossen.

*Im **Juni und Juli** feiert Freiburg sein 800-jähriges Bestehen mit stadtgeschichtlichen Vorträgen und einer Ausstellung, mit einer Ausstellung der Freiburger Maler und Plastiker, Festspielen im Stadttheater, einem Festakt der Universität mit Ehrung Freiburger Bürger, Gottesdiensten, einem Festakt der Stadt in der Kunst- und Festhalle sowie Konzerten.*

Am **25. Juni** gelangen zwei Freiburger in höchste Staatsämter. Rechtsanwalt und Stadtrat Konstantin Fehrenbach wird zum Reichskanzler sowie Prof. Dr. Josef Wirth zum Reichsfinanzminister ernannt.

Ende **Juli** stirbt Erzbischof Dr. Thomas Nörber. Domkapitular und Generalvikar Dr. Karl Fritz wird am **6. September** zu seinem Nachfolger erwählt, die Inthronisation ist am **28. Oktober**.

Die Weihe der neuen Kreuzblume auf dem Münster erfolgt am **19. September**.

Im **September** wird eine neue Realschule, die spätere Neuburgoberrealschule, errichtet.

Wenige Tage vor Weihnachten berichtet das Bezirksamt von einer Lebensmittelnot in der Stadt, die über die ärmeren Volksschichten hinausgehe.

Blick vom Turm der St. Martins-Kirche auf den Rathausplatz im Vordergrund und die Stadt nach Süden (Foto: Erika Schreiber)

Die „Milchkrawalle"

Am Abend des 11. März erwarteten etwa 20 uniformierte Polizisten und Zivilbeamte zurückkehrende Hamsterer am Hauptbahnhof, um nach gehamsterter Milch zu fahnden. Von zwei Hauptzügen, einem aus Richtung Emmendingen und einem aus Richtung Müllheim, wurden bei ungefähr 15 Personen ganze 19 Liter Milch gefunden und beschlagnahmt. Das brachte die Menschen derart auf, dass eine große Menge den Versuch unternahm, die Polizeiwache am Hauptbahnhof zu stürmen, um die konfiszierte Milch wiederzubekommen. Der Versuch misslang, doch gingen zahlreiche Fensterscheiben durch Steinwürfe zu Bruch. Zur Sicherung wurde eine Abteilung der Reichswehr mit Handgranaten und Maschinengewehr im Hauptbahnhof untergebracht. Der Militäreinsatz sei deshalb erfolgt, weil man befürchtete, dass „die Kommunisten sich die herrschende Erregung und tiefgehende Verstimmung für ihre Zwecke zunutze machen wollten". Da die Kontrollen ihren Fortgang nahmen, kam es auch am folgenden Abend zu massiven Auseinandersetzungen. Wieder flogen Steine gegen das Bahnhofsgebäude und die Polizisten. Wieder zersplitterten Fenster und es gab einige Verletzte. Das Gros der Demonstranten bewegte sich dann nach der Kaiserstraße, wo vor dem „Goldenen Apfel" gegen den Leiter des Milchhofs und SPD-Stadtrat Wilhelm Engler, der fälschlicherweise als Urheber der Kontrollen galt, demonstriert wurde. Zwischen der in Marsch gesetzten Reichswehr und Demonstranten kam es in der Kaiser- und der Schusterstraße zu Schießereien. Nach vorübergehendem Rückzug formierten sich die Protestierer später erneut vor dem Bezirksamt. Erst gegen ein Uhr nachts kehrte wieder Ruhe in die Stadt ein.

Am Samstag, den 13. März, kam es schließlich zur Einstellung der Kontrollen am Hauptbahnhof. Nicht die betroffenen Hamsterer, so wurde behauptet, sondern vor allem 14- bis 17-jährige Jugendliche seien die „Krawallmacher" gewesen.

Der Hauptbahnhof als Ausgangspunkt der „Milchkrawalle" (Foto: Kreisarchiv Breisgau-Hochschwarzwald)

Auch in Freiburg, wie im gesamten Reich, erging seitens der Gewerkschaften ein Aufruf zum Generalstreik, der am 16. März weitgehend befolgt wurde. Siegesdenkmal, Karlskaserne (links) und die sich im Hintergrund nach Süden öffnende Kaiserstraße sind die Orte schwerer Auseinandersetzungen im Gefolge des Generalstreiks; Aufnahme aus den 30er Jahren. (Foto: Erika Schreiber)

Der Wochenmarkt auf dem südlichen Münsterplatz; im Hintergrund der Kirchturm von St. Martin (Foto: Kreisarchiv Breisgau-Hochschwarzwald)

Die landwirtschaftliche Herbstwoche

Unter Vorsitz von Stadtrat Feierling bereitete eine Kommission eine landwirtschaftliche Herbstwoche vor. Den Kern bildeten der erste oberbadische Pferde- und Fohlenmarkt und eine Ausstellung landwirtschaftlicher Geräte und Maschinen. Mit der Veranstaltung wurde der Zweck verfolgt, „die landwirtschaftlichen Marktverhältnisse Oberbadens, die durch den unglücklichen Kriegsausgang eine schwere Erschütterung erfahren haben, wieder zu befestigen und für die Zukunft zu sichern". Der Herbstmarkt verweilte vom 20. bis 23. Oktober auf dem Viehmarktplatz und in der Ausstellungshalle des Schlachthofs an der Faulerstraße. Die Vielzahl der Aussteller und der große Andrang von Besuchern bewies das Vorhandensein eines Bedürfnisses nach einer solchen Veranstaltung.

Eine neue Volksküche eröffnet

Am 11. Juli wurde eine neue Volksküche in der ehemaligen Wirtschaft zu den drei Königen in der Schwarzwaldstraße eröffnet. Hier fanden gleichzeitig 160 Gäste Platz. Damit bestanden in Freiburg zwei Volksküchen. Seit der Gründung einer eigenen Studentenküche in der Universität ließ der Andrang auf die Volksküchen sichtlich nach.

Seit 1912 betreibt Paul Waetzel ein Imkereifachgeschäft im Haus zum Bienenstock in der Schreiberstr. 16. (Foto: Wartberg Verlag)

Passionsspiele in Freiburg

Vom 16. Juli bis 25. September kamen in Freiburg Passionsspiele zur Aufführung, veranstaltet von den Brüdern Adolf und Georg Faßnacht. Auf einer Wiese nahe der Kartaus entstand die „gewaltigste Freilichtbühne der Welt". Sie enthielt den Palast des Pilatus, das Haus des Kaiphas, des Herodes, den Tempel der Juden, die Wache, den Abendmahlssaal, die sich alle um den Kalvarienberg scharten, an dessen Fuß sich der Garten Gethsemane und die Begräbnisstätte befanden. Unter den 1 500 Mitwirkenden waren neben Freiburger Bürgern auch die Schauspieler des Stadttheaters. Die Spielleitung lag in Händen des Regisseurs des Stadttheaters, Harry Schäfer. Am ersten Tag (Samstag) kamen nur 1 700 bis 1 800 Zuschauer, am Sonntag dagegen etwa 3 500.

1921 Chronik

Im Rahmen der Reichsgründungsfeierlichkeiten am **18. Januar** legen Deutschliberale und Deutschnationale einen Kranz am Bismarckturm auf dem Schlossberg nieder. Die Universität feiert in der Kunst- und Festhalle und mit einem Fackelzug zum Siegesdenkmal.

Für die badische Bevölkerung gibt es in diesem Jahr kein Verbot von Fasnachtsveranstaltungen. Allerdings erwartet die Regierung, dass öffentliche Umzüge vermieden werden.

*Anfang **Februar** sind nach langer Zeit erstmals wieder frische Eier auf dem Wochenmarkt zu haben – für 1,90 Mark das Stück.*

Ab **15. Februar** ist das Finanzamt Freiburg-Stadt im ehemaligen Mannschaftshaus IV der Nordkaserne untergebracht.

Das Bankhaus J. A. Krebs am Münsterplatz feiert am **17. Februar** sein 200-jähriges Bestehen.

Im **Februar** bietet das Union-Theater den Film „Auf den Trümmern des Paradieses" nach Reiseromanen aus dem Orient von Karl May, mit Carl de Vogt als Kara Ben Nemsi.

Die Absicht, im südlichen Hof der Nordkaserne einen öffentlichen Spielplatz anzulegen, stößt auf erhebliche Widerstände seitens der dort angesiedelten Behörden Finanzamt, Telegraphenamt und Hauptzollamt.

In den unteren Räumen des Kornhauses eröffnet am **1. April** die Markthalle als ständige Einrichtung.

Etwa 700 Beschäftigte der Textilfabriken Mez treten Anfang **April** wegen Lohndifferenzen in Streik.

Am **10. April** verstirbt der Gründer und erste Vorsitzende des Deutschen Caritasverbandes, Prälat Dr. Lorenz Werthmann im Alter von 62 Jahren in Freiburg.

Die Pacht für Kleingärten beträgt 17 Mark pro Ar.

Am **10. Mai** wird der Freiburger Dr. Joseph Wirth, bisheriger Reichsfinanzminister, zum Reichskanzler ernannt.

Am **18. Juni** findet die Einweihung der Kirche der neu errichteten Pfarrkuratie St. Josef in der ehemaligen Reithalle der Funkerkaserne, Hugstetterstr. 102, statt.

Der Preis des Einzelfahrscheins für die Straßenbahn erhöht sich von 80 Pfennig auf eine Mark.

Im 90. Jahrgang stellt das Freiburger Tagblatt sein Erscheinen zum **1. Oktober** ein.

Am **4. Oktober**, morgens um halb sechs Uhr, übt die „graue Polizei" auf dem Karlsplatz die Räumung des Platzes von einer großen Menschenmenge ohne Anwendung von Waffengewalt. Nach der Räumung wird der Platz mit Schnelldrahthindernissen abgesperrt.

Die Quäkerspeisung beginnt wieder am **27. Oktober**. 704 Schulkinder erhalten die Speisung in den Schulen, 80 werdende bzw. stillende Mütter im St. Annastift und in der Wirtschaft zum Eschholz.

1922 CHRONIK

In den Tageszeitungen werden Angemessenheitspreise für Obst, Gemüse, Eier, Butter und andere Nahrungsmittel veröffentlicht.

Anfang **April** ist die erste Bürgerausschusssitzung nach der neuen Gemeindeordnung.

Die Christuskirche weiht ihre Glocken am **9. April**.

*Im **Juni** wird Dr. Karl Bender zum neuen Oberbürgermeister gewählt. Erster Bürgermeister, Oskar Riedel und Zweiter Bürgermeister Dr. Karl Hofner werden in ihrem Amt bestätigt. Der erste Dritte Bürgermeister heißt Josef Hölzl.*

Der **4. Juli** ist in Freiburg gekennzeichnet durch eine republikanische Kundgebung und einen Generalstreik. Ab 14 Uhr sind alle Betriebe und Ladengeschäfte sowie viele Wirtschaften geschlossen. Ein Demonstrationszug mit etwa 3 000 Beteiligten führt von der Universität durch mehrere Straßen zum Holzmarktplatz, wo von der Mädchenschule herunter Reden gehalten werden.

Nach neun Jahren Erneuerungsarbeiten wird der Münsterturm wieder vom Gerüst befreit.

Am **27. August** findet die Weihe der drei Glocken der St. Urbans-Kirche in Herdern statt. Auf einem festlich geschmückten Wagen werden sie vom Güterbahnhof abgeholt und zum neuen Bestimmungsort geleitet. Es handelt sich um die ersten Stahlglocken, die in Freiburg zu hören sind.

Vom **2. bis 10. September** präsentiert sich die Deutsche Weinbau-Ausstellung in der städtischen Kunst- und Festhalle.

Die letzte Aufführung der Passionsspiele wird am Sonntag, **10. September**, gegeben. Sie dauert von 14 bis 18 Uhr.

Ab Mitte **Oktober** entwickelt sich die Straßenbahn zurück: Die Linie Schwabentorbrücke–Wiehrebahnhof–Goethestraße stellt den Betrieb wegen Unrentabilität vorläufig ein. Auf den Außenlinien fahren die Wagen nur noch alle 15 oder 20 Minuten, in der Innenstadt tritt an die Stelle des 5-Minuten-Verkehrs der 7½-Minuten-Verkehr. Zum 1. November werden 27 Mann des Fahrpersonals und fünf Werkstättenarbeiter gekündigt.

Am Donnerstag, **19. Oktober**, erscheint die Freiburger Zeitung wie die anderen badischen Zeitungen wegen der „ungeheuren Papierverteuerung" einmalig als Not-Zeitung in beschränktem Umfang.

Bei den Wahlen der Stadtverordneten (Bürgerausschuss) am **19. November** mit einer Wahlbeteiligung von 48% ergeben sich folgende Sitzverteilungen: Zentrum 32, Vereinigte Sozialdemokraten 19, Grund- und Hausbesitzer 10, Deutschnationale Volkspartei 8, Demokraten 6, Deutschliberale Volkspartei 6 und erstmals für die Kommunistische Partei 3 Sitze.

Anfang **Dezember** stimmt der Stadtrat dem vom Gartenamt vorgelegten Projekt über die Umgestaltung des alten Friedhofs in der Wiehre zum Kinderspielplatz zu.

Der Holzmarktplatz in den 20er-Jahren (Foto: Hans Sigmund)

Rasante Preisentwicklung in städtischen Einrichtungen

Die Obdachlosenunterkunft erhöhte zum 1. September die Preise. Die Schlafgelder im städtischen Männerheim, im Raum für arme Wanderer, stiegen auf 5 Mark täglich, im Raum für hiesige Obdachlose auf 7 Mark und im städtischen Mädchenheim ebenfalls auf 7 Mark täglich.

Ab 10. September gestalteten sich die Essenspreise in den Volksküchen wie folgt: Eine Portion Kaffee stieg auf 4 Mark, eine Portion Mittagessen und eine Portion Abendessen auf jeweils 20 Mark. Ab 16. Oktober erhöhten sich die Preise erneut, und zwar für eine Portion Kaffee mit Milch auf 5 Mark, eine Portion Suppe ebenfalls auf 5 Mark, ein Mittag- und ein Abendessen jeweils auf 30 Mark.

Die städtischen Volksbäder verlangten ab 1. Oktober für ein Wannenbad 12 Mark und für ein Brausebad 4 Mark. Ab 1. November kostete dann ein Wannenbad 35 Mark, ein Brausebad 12 Mark.

Ab Mitte September erhöhte sich die Gebühr für die Ausgabe von Leseholzscheinen von 5 auf 10 Mark.

Am 20. September genehmigte der Stadtrat die Erhöhung des Straßenbahntarifs mit sofortiger Wirkung. Der Einzelfahrschein kostete ab da 10 Mark. Ab 12. November waren es dann bereits 15 Mark.

Fahnen- und Bildersturm

Auseinandersetzungen mit Republikgegnern

Den 354. Mord seit Gründung der Weimarer Republik (1919) verübten politisch Rechtsstehende an Reichsaußenminister Walther Rathenau. Aus diesem Anlass fand tags darauf, am 25. Juni, eine von den sozialistischen Parteien einberufene Protestkundgebung auf dem Münsterplatz statt. Danach zogen viele Hunderte nach dem Karlsplatz, wo an einem Haus die von einem Republikgegner gehisste schwarz-weiß-rote Fahne des Kaiserreichs hing. Einige Männer holten sie vom Balkon herunter und die Menge zerriss sie in Stücke. Eine frühere Reichsflagge von einem Haus in der Zähringerstraße erlitt das gleiche Schicksal. In der Poststraße ging eine Fahne in Flammen auf. Demonstranten drangen auch in die Universität ein und zerstörten die Bilder der Professoren Fabricius, von Below und Hoche.

In der Dreikönigstraße gab es Auseinandersetzungen, in welche die Polizei eingriff und in deren Folge sie zahlreiche Verhaftungen vornahm. Einige Schlägereien wurden gegen rechts gerichtete Studenten ausgefochten. Es kam überdies zu tätlichen Auseinandersetzungen mit Teilnehmern des Regimentsfestes (das ehemalige 7. Badische Infanterie-Regiment Nr. 142, früher in Mülhausen beheimatet, war zum Feiern nach Freiburg gekommen).

An einer Aktion in der Scheffelstraße seien überwiegend junge Leute von 17 bis 22 Jahren mit einer roten Fahne beteiligt gewesen.

500 000-Mark-Schein vom 8. August 1923 und 5 000-Mark-Schein vom 7. Februar 1923 (Originale: Günther Klugermann)

Die Entwicklung des Milchpreises

Die ungeheuerliche Geschwindigkeit, mit welcher der Geldwert zusehends verfiel, ließ sich exemplarisch an der Entwicklung des Preises für einen Liter Milch verfolgen. Am 20. August stieg der Preis auf einen Schlag von 54 000 auf 162 000 Mark. Sieben Tage später kostete diese Menge Milch bereits 260 000 Mark. Am 17. September war die Millionengrenze überschritten: 1,72 Millionen Mark mussten hingeblättert werden. Nach weiteren sieben Tagen war man bei 6,8 Millionen Mark angelangt. Am 1. Oktober betrug der Preis 14 Millionen Mark. Schließlich gab die Stadt Mitte November bekannt, dass es infolge der überstürzten Geldentwertung nicht mehr möglich sei, den Milchpreis wie bisher jeweils auf mehrere Tage im Voraus festzulegen. Deshalb müsse er ab 17. November nach dem jeweiligen Goldmarkmultiplikator für den Einzelhandel erhoben werden.

Generalstreik und Demonstrationen gegen Hunger und Teuerung

Die Freiburger Unruhen vom 12. bis 20. September

Die Teilnehmer einer Kundgebung auf dem Münsterplatz zogen, einem Aufruf des Gewerkschaftskartells folgend, am 12. September vor das Rathaus und verlangten eine bessere Versorgung der Bevölkerung mit Lebensmitteln sowie Maßnahmen gegen die Teuerung. Am Vormittag des 18. September wurde die Generalstreikparole ausgegeben und mittags schlossen die meisten Geschäfte. Die örtliche Bewegung habe ihren Anfang im Industriegelände am Güterbahnhof genommen, wo „Angehörige der kommunistischen Partei die Arbeiterschaft zur Niederlegung der Arbeit veranlassten. Ziemlich planmäßig wurden dann die Betriebe im Stühlinger stillgelegt (...)". Weit über 10 000 Personen beteiligten sich an Generalstreik und Demonstrationen.

Zu später Abendstunde versuchten mehrere Männer mit Axt und Brecheisen die schwere eichene Eingangspforte des Rathauses in der Turmstraße aufzubrechen. „Es gelang ihnen auch, die Tür aus den Angeln zu heben und zu Fall zu bringen. Auf die sich ihnen entgegenstellenden Wachtbeamten gaben sie Schüsse ab (...). Daraufhin erst schossen auch die Wächter und verletzten zwei der Angreifer. Der gleiche Versuch wurde in derselben Nacht noch zweimal gemacht, aber auch diese beiden Male ohne Erfolg." Das Rathaus war überdies Ziel zahlreicher Steinwürfe. Der Plünderungsversuch eines Waffenladens in der Nähe des Rathauses konnte noch rechtzeitig verhindert werden.

In der Nacht vom 18. auf den 19. September wurden die der Heiliggeiststiftung und der Stadt Freiburg gehörenden Rebgelände, der Kartäuser- und Schloßbergstraße zu gelegen, „fast vollständig ausgeplündert". Die „Freiburger Zeitung" berichtete: „Es war eine etwa 150köpfige Menge von jungen Burschen und Mädchen, allerdings unter dem Schutze von älteren Arbeitern, die die Augustinerreben fast vollkommen einherbstete und die zumteil erst halbreifen Früchte zentnerweise in Bütten und Eimern fortschaffte. (...) die Feldhüter wurden mit Totschlag bedroht und selbst seitens der Gewerkschaftsleitung war man nicht imstande, einen entsprechenden Einfluß auf die Plünderer auszuüben." Der Schaden gehe in viele Milliarden und das Heiliggeistspital als weltliche Ortsstiftung, die der ganzen städtischen Bevölkerung zugute komme, werde dadurch in seiner Existenz bedroht.

Am nächsten Tag versammelten sich die Generalstreikenden schon vormittags auf dem Münsterplatz. In den Abendstunden erließ das Staatsministerium für Freiburg und andere Amtsbezirke ein Versammlungs- und Demonstrationsverbot. Am 20. September nahmen viele Betriebe wieder ihre Arbeit auf. Ein auswärtiges Polizeiaufgebot räumte den Schwabentorplatz vor dem Gewerkschaftshaus von einer angeblich „bedrohlichen Menge" unter brutalem Einsatz des Gummiknüppels. Dabei gab es Verletzte und Verhaftungen von über 20 jungen Männern. Auch Personenansammlungen in anderen Straßen wurden durch die Sicherheitspolizei (Sipo) aufgelöst.

1923 CHRONIK

Im **Februar** wird städtisches Notgeld im Nennwert von 250 Millionen Mark hergestellt, im **August** werden 30 Milliarden Mark gedruckt und Ende **Oktober** 7 000 Billionen Mark.

Die Übergabe des Gewerkschaftshauses am Schwabentorplatz an die Arbeiterschaft erfolgt am **1. Mai**.

Mit Wirkung vom **1. Juli** erhebt Freiburg eine Wohnungs-Luxussteuer auf „entbehrlichen Wohnraum".

Ein Pfund Kartoffeln kostet am **10. Juli** 2 300 Mark, am **22. September** 520 000 Mark und am **25. Oktober** 195 Millionen Mark.

Vom **3. bis 10. August** tagt der 3. internationale demokratische Friedenskongress in Freiburg. Er bringt insbesondere die Bestrebungen des Friedensbundes Deutscher Katholiken zum Ausdruck, die Aussöhnung mit Frankreich voranzutreiben.

Wegen eines Streits zwischen Gästen in die Volksküche in der Weberstraße gerufen, dringt die Polizei am Abend des **21. September** mit großem Aufgebot und unverhältnismäßigem Gummiknüppeleinsatz in das Lokal ein.

*Ab **27. September** kostet der Einzelfahrschein für die Straßenbahn 5 Millionen Mark. Wegen ihrer außerordentlich schlechten wirtschaftlichen Lage verkehrt die Straßenbahn ab **1. Oktober** in der Innenstadt nur noch in viertelstündlicher Folge, nach den Vororten außerhalb der Hauptverkehrszeiten nur noch halbstündig.*

Der Eintrittspreis zur Land- und Hauswirtschaftlichen Ausstellung vom **17. bis 20. Oktober** in der Kunst- und Festhalle kann auch in Naturalien entrichtet werden. Er wird auf zwei Eier oder deren Wert (Richtpreis: 20 Millionen Mark) festgesetzt. Die eingehenden Eier sollen den Freiburger Wohlfahrtsanstalten (Krankenanstalten usw.) zugute kommen.

Ab **19. Oktober** gilt auch für Freiburg die freie Brotwirtschaft. Das bedeutet Wegfall der öffentlichen Versorgung und damit auch der bisherigen Reichszuschüsse und eine wesentliche Erhöhung des bisherigen Brotpreises. Für ein paar Tage beträgt der Preis für einen 3-Pfund-Laib aber noch günstige 360 Millionen Mark.

*Zur Bekämpfung von Preistreiberei und unerlaubtem Handel gibt es eigens eine „Wucherabteilung" bei der Freiburger Polizeidirektion. Von Ende **September** bis zum **26. Oktober** bearbeitet sie 101 Fälle, davon 47 Preistreibereien und 54 mal unerlaubten Handel.*

Das städtische Notgeld wird bis zum **15. Dezember** zum vollen Wert eingelöst.

Ab **8. Dezember** kostet der Einzelfahrschein für die Straßenbahn wieder 20 Pfennig. Allerdings ist dieser Preis mit dem jeweils gültigen Kleinhandelsmultiplikator, der zur Zeit 1 Billion beträgt, zu vervielfachen.

In der ersten **Dezemberwoche** sinken die Lebensmittelpreise in Freiburg erheblich.

1924 CHRONIK

In Haslach beträgt der Durchschnittsverdienst der Einwohner 80 bis 100 Mark monatlich, die Durchschnittsmiete liegt bei 35 bis 47 Mark. Manche Mieter sind mit ihrer Miete bis zu zwei Jahre im Rückstand.

Das badische Innenministerium lässt „historische Fasnachtsbräuche“ wieder zu. „Öffentliches Narrentreiben“ bleibt dagegen noch untersagt. In Freiburg sind Fasnachtsveranstaltungen und Kostümfeste in diesem Jahr verboten. Kinder unter 14 Jahren dürfen sich aber verkleiden.

Die Deutsche Reichsbahn-Betriebsinspektion gibt die Schließung der zum Stadtgebiet Freiburg gehörenden Haltepunkte Herdern, Freiburg-Baslerstraße, Uffhausen und Waldsee ab **1. Februar** bekannt.

Die Aufhebung der Haltestelle Hedern, wird von der Eisenbahnverwaltung wieder rückgängig gemacht.

Anfang **Februar** schließt die Volksküche Dreikönig für den allgemeinen Verkehr. Eine Schweizer Küche für Erwerbslose wird für unbestimmte Dauer an ihrer Stelle betrieben.

45 Goldmark erhält, wer eine Zweizimmer-Wohnung frei macht, indem er seinen Haushalt mit einem anderen zusammenlegt. Ab einer Wohnungsgröße von sechs Zimmern gibt's sogar 95 Goldmark Umzugsprämie.

325 Familien in Freiburg bieten hilfsbedürftigen Kindern einen kostenlosen Mittagstisch an.

Die Einweihung der vier Glocken namens „Bethlehem“, „Heimat“, „Wartburg“ und „Golgatha“ nimmt die Lutherkirche am **24. Februar** vor.

Anfang **April** kauft die Firma Oberpaur das Gebäude Ecke Kaiser- und Ringstraße, in dem sich das Café Eden befindet.

Im **April** gründet sich die Vereinigung „Badische Familienforschung“ im Landesverein „Badische Heimat“.

Bei der Reichstagswahl am **4. Mai** verliert die SPD überdurchschnittlich viele Stimmen. Die KPD erhält mehr als doppelt so viele Stimmen wie 1920.

Die Tuberkulose-Woche vom **22. bis 29. Juni** ergänzt eine Tuberkulose-Ausstellung in der Aula des Realgymnasiums, Zähringerstr. 15.

Seit dem **7. Juli** ist in Dreikönig eine Mittelstandsküche eingerichtet, die bedürftigen Personen des Mittelstands, vor allem den Kleinrentnern, ein billiges Mittagessen bietet.

Mitte **Juli** veranstalten die Haslacher Vereine ein Kinderfest auf dem Platz an der Opfinger Allee.

Am **11. August** findet auf dem Flugplatz ein Flugtag mit Fallschirmabsprüngen, Passagier- und Schauflügen statt.

Im **Dezember** wird das von seinem Erbauer Felix Thoma verkaufte Marienbad in der Marienstraße unter städtischer Regie neu eröffnet. Thoma erbaute das private Hallenbad um 1900.

Auch die katholische Pfarrkirche in Günterstal erhält kurz vor Jahresende neue Glocken.

Die Gutleutstraße (heute Carl-Kistner-Straße) in Haslach; Blick vom Standort St. Michaels-Kirche; rechts im Hintergrund der Kamin des Kesselhauses von Firma Fortschritt (Foto: Walter Lauterer)

Parkhotel Hecht an Caritasverband verkauft

Ein besonders großer Verlust im Freiburger Übernachtungsangebot

Eines der ersten, größeren und angesehensten Hotels der Stadt schloss am 1. Mai seine Pforten. Der letzte Eigentümer, Gustav Hecht, veräußerte sein Parkhotel, Ecke Werder- und Belfortstraße, an den Caritasverband. Er hatte das Haus 1891 vom damaligen Eigentümer, Stadtrat Thomann, zunächst gepachtet und wenige Jahre später gekauft. Durch Erwerb des Nachbarhauses konnte das Hotel eine großzügige Erweiterung erfahren. Zuletzt standen 80 Betten zur Verfügung. Das Wirtsehepaar zog sich aus Altersgründen aus dem Geschäftsleben zurück. Der Verlust dieses renommierten Hauses musste die Freiburger aufschrecken. In den vergangenen zehn Jahren waren bereits 25 Hotels, Gasthöfe und Pensionen aufgegeben worden. Darunter große Einrichtungen wie das Hotel National mit 50 Betten, die Pension Goethestr. 45a mit 45 Betten, das Domhotel Geist mit 38 Betten sowie das Bahnhofhotel und der Württemberger Hof mit jeweils 30 Betten. Freiburg hatte somit insgesamt 543 Betten für den Fremdenverkehr verloren. Überkommene, aus der Inflationszeit herrührende Steuern sahen die Interessenvertreter des Gewerbes als Ursache des Hotelsterbens.

Ein gefledderter 1. Mai

Versammlungen unter freiem Himmel waren verboten. Umzüge auf öffentlichen Straßen konnten nur von den vereinigten Gewerkschaften durchgeführt werden, wenn damit kein parteipolitischer Missbrauch getrieben wurde. Politische Parteien hatten grundsätzlich keine Chance, in diesem Jahr eine Genehmigung für Umzüge zu erhalten. Da der 1. Mai als Feiertag vom badischen Staatsministerium mit Erlass vom 17. März des Jahres aufgehoben worden war, musste jeder, der an einer Veranstaltung teilnehmen wollte, rechtzeitig seine Dienstbefreiung beim Arbeitgeber beantragen und mit diesem über einen Ausgleich für die ausfallende Arbeitszeit verhandeln.

Eine Kutsche mit vom Kostümierungsverbot ausgenommenen Kindern vor dem Gasthaus Peterhof (Foto: Familie Brenneisen, Ebringen)

Das Historische Kaufhaus am südlichen Münsterplatz (Foto: Wartberg Verlag)

Die Reichspräsidentenwahl

Die Ergebnisse in Freiburg

Am 29. März beteiligten sich knapp 70 % der Wahlberechtigten an der Reichspräsidentenwahl (erster Wahlgang). Sie stimmten mehrheitlich für Wilhelm Marx (Zentrum), mit Abstand gefolgt von Dr. Karl Jarres (Reichsblock) und an dritter Stelle Otto Braun (SPD). Der Vortag des zweiten Wahlgangs war gekennzeichnet durch eifrige Werbetätigkeit für die verschiedenen Kandidaten. Erstmals warfen über der Stadt kreisende Flugzeuge bündelweise Flugblätter ab. Nach Einbruch der Dunkelheit bewegte sich ein langer Fackelzug durch die belebten Straßen, veranstaltet vom Reichsbanner Schwarz-Rot-Gold, der für den Kandidaten Wilhelm Marx warb. Zu Auseinandersetzungen zwischen den politischen Lagern kam es nicht.
Beim zweiten Gang zur Reichspräsidentenwahl am 26. April entschieden sich die Freiburger mit absoluter Mehrheit für Wilhelm Marx (republikanischer Volksblock mit Zentrum und SPD, 30467 Stimmen), für v. Hindenburg (Reichsblock mit Nationalsozialisten) votierten 14183 und für Ernst Thälmann (KPD) 1129 Wähler.

„Bahnfrei" am Bertoldsbrunnen

Der für möglichst reibungslosen Verkehrsfluss am verkehrsreichsten Punkt der Stadt, der Straßenkreuzung am Bertoldsbrunnen, verantwortliche Polizist wurde im Januar mit einem Signalstab namens „Bahnfrei" ausgerüstet. Der Stab aus Metall mündete in eine herzförmige Spitze, in der elektrisches Licht angeschaltet werden konnte, damit die Weisungsgebungen des Schutzmanns auch nach Eintritt der Dunkelheit noch zu ver- und befolgen waren.

Das Denkmal für die gefallenen 113er am Stadtgarten (Foto: Erika Schreiber)

Kasperle in Freiburg

Die Freiburger Kinder durften sich zweier Handpuppentheater erfreuen. Einmal die jüngere „Freiburger Kasperlbühne", eine Jugendwanderbühne, die unter Leitung eines Herrn Reichmann seit zwei Jahren durch Deutschland und angrenzende Länder tourte. Deren Lehrmeister war der seit über zehn Jahren aktive Theodor Schück, der mit seinem „Kasperl Larifari" alljährlich um die Weihnachtszeit Jung und Alt in Freiburg begeisterte. Bis zum 11. Januar waren Schücks und seines Partners Vanoli Spielkünste im Realgymnasium mit dem neuen Stück „Kasperl im Orient" von Alexander Pevusch zu bewundern. Im Gegensatz zu den älteren Figuren, deren Köpfe aus einer plastischen, später erhärtenden Masse im Gipsverfahren hergestellt wurden, waren die Gesichtszüge der Charaktere des neuen Stücks aus Holz geschnitzt und einfach, aber kraftvoll bemalt. L. Schücks eigens gefertigte Gewänder vermittelten gekonnt orientalische Pracht.

1925

Chronik

Der Stadtrat genehmigt die Erweiterung des Faulerbads. Die Herrenabteilung soll wesentlich vergrößert, eine Damenabteilung neu geschaffen werden.

Wie in Vorkriegszeiten spielt sich das öffentliche Faschingstreiben im Wesentlichen auf der Kaiserstraße zwischen Martinstor und Siegesdenkmal ab. Auffallend viele als Herren verkleidete Damen sind zu sehen.

Die neue Pfarrkuratie St. Konrad nimmt sich der Katholiken der Nordstadt an. Bis zur Erstellung einer eigenen Kirche steht die St. Magdalenenkapelle auf dem Hauptfriedhof zur Verfügung.

Aus Anlass des Todes von Reichspräsident Friedrich Ebert verfügt der Stadtrat ein Verbot aller öffentlichen „Musik- und Lustbarkeitsveranstaltungen einschl. Theater- und Lichtspielvorführungen" für den **28. Februar** und **1. März**.

Ab **7. März** fährt die Straßenbahn bis Littenweiler. Bis zum Tierasyl geht's zweigleisig, ab da bis zur Endstation an der Wirtschaft zur Lindenmatte nur noch eingleisig Mit dem ab **10. April** geltenden Sommerfahrplan der Straßenbahn kommt die Einführung des 5-Minuten-Betriebs für das bebaute Stadtgebiet.

An Ostern erhält die evangelisch-lutherische Kirche in der Stadtstraße am alten Friedhof den Namen „Erlöserkirche".

Am **20. April** versammeln sich über 20 Vertreter der Jugendbewegung aus dem gesamten Spektrum von links nach rechts im „Goldenen Apfel" und beschließen die Neubildung des Jugendrings.

Vom **1. bis 7. Mai** findet die „Edeka-Ausstellung" (Lebens- und Genussmittel, Haus- und Küchengeräte sowie Bürobedarfsartikel) in der Kunstund Festhalle statt.

*Die Enthüllung des Gefallenendenkmals für das Infanterie-Regiment 113 im Südwesteck des Stadtgartens erfolgt am **10. Mai**.*

Anfang **Juni** bricht im Baugewerbe der Streik aus, unter anderem wegen der Forderung nach längerer Arbeitszeit seitens der Arbeitgeber. Die Betriebe reagieren mit Aussperrung der gesamten Belegschaft. Erst im September wird nach einem Teilerfolg die Arbeit wieder aufgenommen.

Beim Gefallenendenkmal für das Prinz Karl Dragoner-Regiment vor dem Kunstvereinsgebäude fallen am **7. Juni** die Hüllen.

Veranstaltet vom Breisgauverein für Luftfahrt findet am **14. Juli** der erste Flugtag nach dem Ersten Weltkrieg statt.

Der erste ADAC-Bergrekord auf den Schauinsland beginnt am frühen Morgen des **16. August** mit dem wegen Nebel etwas verzögerten Start.

Die Zahl der neuerrichteten Wohnungen sinkt mit 158 auf den niedrigsten Stand der Nachkriegszeit.

Mitte **September** zeigt sich das Historische Kaufhaus in neuem Gewand.

1926
CHRONIK

Anfang des Jahres sind in der Stadt 1813 Personen erwerbslos, das entspricht einer Quote von 4 %.

Die Fürsorgeausgaben der Stadt sind auf über 31 Reichsmark pro Kopf der Bevölkerung angewachsen (gegenüber etwas über 3 Mark 1913). 70 % der direkten Gemeindesteuern müssen für Fürsorgeausgaben aufgewendet werden (1913: 8 %).

Mit Wirkung vom **8. Januar** sinkt der Preis für einen Liter Vollmilch von 32 auf 30 Pfennig.

Alle schmalen Querstraßen der Kaiserstraße zwischen Siegesdenkmal und Martinstor werden zu Einbahnstraßen erklärt, d. h. sie sind nur noch zur Abfahrt aus der Kaiserstraße benutzbar.

Die Evangelische Stadtmission gibt im **Februar** die Wiedereröffnung des Brockenhauses, früher Gerberau 10, nun Adelhauserstr. 27, bekannt. In dieser Einrichtung sollen Bedürftige Ungenutztes oder Entbehrliches aus besser situierten Haushalten günstig erwerben können.

Eine öffentliche Versammlung des „Bezirksverbands gegen den Alkoholmißbrauch" im Katholischen Vereinshaus am **12. Februar** muss wegen tumultartiger Zustände schon während des Eingangsreferats von Pfarrer Bürck aus Karlsruhe vorzeitig beendet werden.

Im Mitte ***Februar*** *verlesenen Hirtenbrief von Erzbischof Dr. Karl Fritz spricht er sich unter anderem gegen die „wenig sittsamen Frauenmoden der Jetztzeit" aus.*

Am **26. März** stirbt der frühere Reichskanzler, Altstadtrat und Ehrenbürger der Stadt Freiburg, Rechtsanwalt Konstantin Fehrenbach, und wird am **29. März** im Beisein von Mitgliedern der badischen und der Reichsregierung auf dem Hauptfriedhof beerdigt.

Ab **1. Mai** bringt die Post mit sieben Hansa-Loyd-Elektroautomobilen die Pakete in Freiburgs Haushalte. Der alte Postillion mit seiner pferdegezogenen Paketkutsche vollendet am **30. April** seine letzte Fahrt und verschwindet danach für immer aus dem Straßenbild.

Man macht sich Gedanken über die Errichtung von Autoparkplätzen und liebäugelt hierfür in erster Linie mit dem Karlsplatz. Auch den Kartoffelmarkt hält man für geeignet.

Am Nachmittag des **22. Juni** tobt ein schweres Gewitter mit Wolkenbruch und Hagel über der Stadt. Große Schäden entstehen vor allem in den Gärten von Herdern und Haslach. Etliche Keller stehen unter Wasser. Die sonst so gemächliche Dreisam gebärdet sich als reißender Strom.

Am **8. und 9. Oktober** feiert die Öffentliche oder Städtische Sparkasse ihr 100-jähriges Bestehen.

Am letzten Tag der Herbstmesse (**25. Oktober**) bringt ein plötzlicher, gewaltiger Sturm die elektrische Rutschbahn zum Einsturz. Ein 16-jähriger Junge wird getötet, sieben weitere Personen zum Teil schwer verletzt.

Ein ausgiebiges Fest begleitet die Grundsteinlegung der neuen Universitätskliniken am **6. November**.

Seit 120 Jahren heißt dieser Platz Unterlinden; Blick in östliche Richtung zum Eingang der Schiffstraße. (Foto: Erika Schreiber)

Hallo, hier Freiburg im Breisgau, Welle 577!

Die Stadt erhält einen eigenen Radiosender

Der Freiburger Rundfunksender ging ab 28. November auf Empfang. Aus Raummangel konnten Sende- und Besprechungsanlage im Zentrum der Stadt nicht zusammen untergebracht werden. Da aber eine zentrale Lage aus empfangstechnischen Gründen erforderlich war, entschloss man sich zur Aufteilung: Der Sender kam in der Städtischen Gewerbeschule in der Kirchstraße unter, die Besprechungsanlage mit Verstärker im ehemaligen Proviantamt am Westrand der Stadt. Während sich am Eröffnungstag vor einem Großlautsprecher am Karlsplatz und kleineren Lautsprechern an einzelnen Radiogeschäften das gemeine Volk sammelte, scharten sich die Honoratioren im Kaufhaussaal zum Festakt. Pünktlich um 11.15 Uhr ertönte aus Stuttgart die Programmansage. Die Freiburger meldeten sich erstmals um 11.46 Uhr zu Wort. Die badische Landesregierung, vielleicht etwas verschnupft, weil das sich ebenfalls bewerbende Karlsruhe den Zuschlag nicht erhalten hatte, räsonierte, dass nun ausgerechnet in „der linksradikalsten Ecke des ganzen Badener Landes" ein eigener Sender installiert sei.

Der Freiburger Flugplatz entlang der Breisacher Bahnlinie (Foto: Kreisarchiv Breisgau-Hochschwarzwald)

Die Kur- und Kneippanstalt St. Urban der Barmherzigen Brüder oberhalb Herderns, Aufnahme um 1930 (Foto: Hans Sigmund)

Eine Weltstadt-Sensation in der Provinzstadt

Circus Krone gastiert in Freiburg

Noch nie sei „eine Schau von solchen äußeren Ausmaßen und solcher Erlebnisfülle" in der Stadt gewesen, jubelte die Lokalpresse. Auf dem „Exi", dem Flugplatz, entstand in wenigen Stunden eine eigene Siedlung für nur sechs Tage: die Krone-Zeltstadt. Am Abend des 12. August war die glanzvolle Eröffnungsvorstellung von „Europas gewaltigstem Circus". Zu Preisen zwischen 80 Pfennig und 8 Mark drängten die Freiburger in das fast 100 Meter lange und 60 Meter breite Viermastzelt. Fast 100 Programmpunkte wurden ihnen geboten: von der Tierdressur über Ballet bis zu artistischen Leistungen. Angereichert mit exotischen Vorführungen, wie etwa einer Wildwestszene mit echten Irokesen, blieb dieses außergewöhnliche Ereignis dem begeisterten Publikum lange in Erinnerung. Auch die Tierschau übertrumpfte mit ihren 38 Löwen, 45 Tigern, 24 Elefanten, 30 Bären, etwa 230 Rassepferden und zahlreichen weiteren Tierarten alles bis dahin in Freiburg Gesehene.

Ein mystisches Zeichen am Himmel über Freiburg

In den Abendstunden des 28. Mai erblickten zahlreiche Beobachter ein merkwürdiges Zeichen am Himmel, in dem Fachkundige alsbald ein riesiges Fragezeichen erkannten. Es war das Werk eines Flugzeuges, das im Auftrag der Düsseldorfer Firma Henkel & Co. mittels Rauchzeichen Werbebotschaften ans Firmament zaubern sollte. Über Freiburg hatte es allerdings nur zu diesem Fragment gereicht, da vom Rheintal her aufziehende Wolken die ursprüngliche Absicht vereitelten. Nach Auskunft des Piloten habe er in 5 000 Meter Höhe angesetzt und dann im Steilflug nach unten das 1 000 Meter lange Zeichen „geschrieben". Wegen der Entfernung war der ausführende Flieger fast unbemerkt geblieben und hatte mit seiner Aktion zunächst verwundertes Erstaunen bei der Bevölkerung ausgelöst.

Die blauen Kreuze auf dem Hauptfriedhof

Anfang Januar fiel die Zunahme blauer Kreuze auf verschiedenen Gräbern auf. Wollte das städtische Gartenamt vielleicht die Tristheit der Begräbnisstätte etwas auflockern? Manche erinnerten sich an gewisse rote Pfähle, die vor längerer Zeit schon einmal Aufmerksamkeit erregt hatten. Damals wurden damit „verfallene" Gräber gekennzeichnet. Die besonders preisgünstigen und dafür umso schlichter gehaltenen blauen Kreuze waren nun aber zu einer sozialen Stigmatisierung geeignet, weil sie überwiegend von weniger bemittelten Hinterbliebenen benutzt wurden.

Das neue Verwaltungsgebäude der Handwerkskammer in der Bahnhofstraße (Zeichnung aus der Freiburger Zeitung vom 16.1.1927)

1927 Chronik

Mitte **Januar** erprobt die Polizei die Verwendung einer Sirene bei beschleunigten Einsätzen. Die Freiburger sollen sich daran gewöhnen, dass künftig bei Erklingen dieses Signals dem Polizeiwagen sofort freie Bahn zu verschaffen ist.

Die Handwerkskammer verlässt das zu klein gewordene Haus in der Sedanstraße und bezieht das neue Verwaltungsgebäude in der Bahnhofstraße. Die Einweihung ist am **16. Januar**.

Im **Februar** bricht im Schlachthof die Maul- und Klauenseuche aus.

Der Stadtrat genehmigt Anfang **März** die Erbauung einer neuen Straßenbahnwagenhalle zwischen Komtur-, Eichstetter- und Kandelstraße.

Die feierliche Einweihung der fünf neuen Münsterglocken St. Alexander und Lambert, Schutzengelglocke, St. Konrad, St. Michael und Vesperglocke ist am **3. April**.

Zwanzig neue Straßenbahnwagen, moderner, größer und mit zwei Längsbänken ausgerüstet, werden **Mitte April** in Dienst gestellt.

*Am Ostermontag (**18. April**) wird der Flugverkehr nach Stuttgart wieder aufgenommen. Je nach Wetterlage dauert der Flug angeblich zwischen 22 und 60 Minuten. Der Preis von 20 Mark für die einfache Strecke entspricht dem Fahrpreis zweiter Klasse mit der Eisenbahn.*

Die Jahrhundertfeier der Erzdiözese Freiburg findet vom **14. bis 16. Mai** statt.

Am **24. Mai** beginnt der Bau der Universitätssportstätte.

Im **Sommer** schwebt erstmals ein von Mitgliedern des Breisgau-Vereins für Luftfahrt gebautes Segelflugzeug über der Stadt.

Mit zahlreichen Attraktionen, wie Fallschirmabsprung, Kunstflügen und Luftakrobatik, begeistert der Freiburger Großflugtag **Mitte Juli** das Publikum.

Die Harmonie-Lichtspiele in der Grünwälderstraße eröffnen am **22. Oktober** mit dem Hans-Sachs-Film „Der Meister von Nürnberg".

Ein ansehnliches Missions-Studienhaus wächst hinter dem botanischen Garten in Herdern empor. Das fertig gestellte erste Drittel des Gebäudekomplexes der Genossenschaft der Herz-Jesu-Priester (heute Herz-Jesu-Kloster) wird eingeweiht.

Auf dem ehemaligen Görger'schen Anwesen oberhalb Herderns entsteht das Kurhaus und Kneippbad St. Urban der Barmherzigen Brüder in Trier.

Anfang **November** kehren zwei neue Glocken nach St. Martin zurück.

Im Sutterbräu wird am **11. November** Prinz Karneval in Form der „Freiburger Großen Karnevals-Gesellschaft" zu neuem Leben erweckt.

Am **17. November** entschließt sich der in Basel tagende Aufsichtsrat der Deutschen Acetat-Kunstseiden-AG Rhodiaseta einmütig für die Errichtung der Fabrikanlagen in Freiburg.

1928
CHRONIK

Beim Oberdeutschen Narrentreffen am **28. Januar** in Freiburg kommt erstmals das Brauchtum der schwäbisch-alemannischen Fasnacht in großem Rahmen zur Vorstellung.

Anlässlich einer Kundgebung des badischen Landesverbands der Friedensgesellschaft im Stadttheater am **11. März** werden die beiden Friedensnobelpreisträger Ludwig Quidde, Historiker und Vorsitzender der Friedensgesellschaft, und Ferdinand Buisson, französischer Pädagoge und Politiker, unter anderem von Oberbürgermeister Bender geehrt.

Aus Anlass seines 100-jährigen Bestehens zeigt der Kunstverein Freiburg im **Mai** die Ausstellung „Oberbadische Malerei im 19. Jahrhundert".

Seit **September** gibt es eine Fahrradbewachungsstelle am Friedrich-Ebert-Platz (heute Holzmarktplatz). Für 10 Pfennig kann man sein Fahrrad bzw. für 20 Pfennig sein Motorrad zwischen 8 und 19.30 Uhr diebstahlsicher unterbringen. Angeblich sei stadtnäher kein entsprechender Platz zu finden gewesen.

In einer Rede auf der Zimmermeistertagung vom **6. bis 8. Oktober** sieht der Freiburger Architekt C. A. Meckel im Bauen auch eine Rassenfrage.

*Im **Oktober** ist Freiburgs Flugplatz ernsthaft im Gespräch als zentraler Luftschiffhafen im Weltluftverkehr. Doch die Reichsregierung entscheidet sich letztlich für Berlin.*

Im Stühlinger, am rechten Dreisamufer unterhalb der Ochsenbrücke in der Weißstraße, ist eine neue Wohnkolonie für Minderbemittelte mit zwölf einstöckigen Reihenhäusern mit 72 Wohnungen fertig gestellt.

Am **27. Oktober** ist Einweihung des Marienhaus-Neubaus in der Scheffelstraße. Vor allem Kleinrentner sollen in das Haus einziehen.

Am **10. November** eröffnet das Warenhaus Knopf seinen Erweiterungsbau Ecke Kaiserstraße und Franziskanergasse. Mittels einer Überbrückung dieser Gasse wird der Neubau mit dem bisherigen Geschäftshaus verbunden. In den neuen Räumen werden Damen- und Kinderkonfektion, Putz- und Modewaren sowie die Teppich- und Gardinenabteilung Platz finden. Architekt war Ph. Walther, Freiburg.

Die Kunstseidefabrik Rhodiaseta verlangt neben den üblichen Unterlagen auch ein Leumundszeugnis von ihren Bewerbern um eine Arbeitsstelle.

Der Stadtrat beschließt am **21. November** den Erwerb des der Waisenhausstiftung gehörenden Anwesens Münsterplatz 25 und Engelstraße 10 (Stadtschulamt und Volksbibliothek) für 160 000 Mark. Der Bürgerausschuss stimmt zu.

Der **24. November** ist der Tag der Eröffnung einer Autobuslinie zum Vorort Haslach. Sie führt von der Johanneskirche durch die Basler-, Gutleut- und Fichtestraße zum Englerplatz. Der Bus fasst einschließlich Stehplätzen 40 Personen.

Im **Dezember** beginnt der Bau der Seilschwebebahn auf den Schauinsland.

Der „Carlsbau" in Haslach von Westen (Foto: Walter Lauterer)

Der Carlsbau in Freiburg-Haslach

Zu Ehren des katholischen Haslacher Pfarrers Carl Kistner nach seinem Vornamen benannt, wurde am 22. April ein Bauwerk am Rande Althaslachs der Öffentlichkeit übergeben, das als sozialer Mittelpunkt des Vororts bestimmt war. Das Gebäude beherbergte zwei Fröbel-Kindergärten mit Nebeneinrichtungen wie Kinderspeisesaal und Liegehalle, Räumlichkeiten für eine Haushaltungsschule und die Abhaltung von Abendkursen, eine ambulante Krankenpflegestation sowie Wohnungen für Kindergärtnerinnen und Lehrerinnen im Dachgeschoss. Ein geräumiger Festsaal mit Bühne war im lang gestreckten Anbau untergebracht. Der Außenbereich des Anwesens bot Raum für sieben kleine und einen sehr großen Spielplatz sowie für Gartenanlagen. Nach Plänen von Oberbaurat Dr. Schlippe verwirklichte Architekt Viktor Blümmel den Neubau.

Antisemitismus unter Verbindungsstudenten

Eklat bei der Langemarck-Feier

Am 26. November fand am Gefallenendenkmal vor der Uni eine Feier der Freiburger Studentenschaft zur Erinnerung an die bei Langemarck gefallenen deutschen Kommilitonen statt. Der AStA als Vertretung der gesamten Studenten war nicht durch seine drei ersten Vorstandsmitglieder vertreten. Der zweite Vorsitzende, Angehöriger der rechts gerichteten AStA-Fraktion und Mitglied der Saxo-Silesia, wollte nicht mit dem jüdischen dritten Vorsitzenden zusammen chargieren. Der von der katholischen Fraktion gestellte erste Vorsitzende, Mitglied der Arminia, schloss sich dieser Auffassung an. Ein Vermittlungsversuch der akademischen Behörden blieb erfolglos.

Der Antisemitismus der Verbindungsstudenten ging so weit, dass sie Gasthäuser boykottierten, in denen israelitische Verbindungen offiziell verkehrten. Aus gleichen Gründen mieden sie auch andere Geschäfte, wie Konditoreien und Friseure.

Die Freiburger Große Karnevalsgesellschaft macht mobil mit einem Kappenabend am 8. Februar in der Festhalle, einem karnevalistischen Festzug am Rosenmontag (20. Februar) und einem Rosenmontagsball in der Festhalle.

Vom 28. Januar bis Fasnachtsdienstag laufen über 70 närrische Veranstaltungen in der Stadt.

Ein Fasnachtswagen auf der Kronenbrücke (Foto: Hans Sigmund)

Die Ludwigskirche an der heutigen Habsburgerstraße (Foto: Hans Sigmund)

Die Jahrhundertfeier der Ludwigskirche

Am 6. Oktober feierte die evangelische Ludwigsgemeinde – wegen der Sommerferien etwas verschoben – die hundertjährige Wiederkehr des Tages der Grundsteinlegung. Eine evangelische Pfarrei gab es bereits seit 1807. Ihre Gottesdienste durfte sie in der Kapelle des Allerheiligenklosters oder Märgener Hofs, Ecke Herren- und Burgstraße (heutige Schoferstraße), abhalten. Erst ein vom Freiburger Magistrat zur Verfügung gestellter Anfangsfonds von 15 000 Gulden brachte die Realisierung einer eigenen Kirche in Gang. Die Fundamente lieferten die Steinbrüche des Loretto- und Schönbergs, der Bau selbst entstand aus den Steinen der langsam verfallenden Klosterkirche in Tennenbach. Doch zwischen der Grundsteinlegung am 25. August 1829 und der Einweihung der Kirche am 26. Juli 1839 lagen noch einmal runde zehn Jahre. Die evangelische Gemeinde empfand die Grundsteinlegung als das wichtigere Datum, nämlich als Anfang des Sesshaftwerdens in der Stadt. Anlässlich des Jubiläums beschloss der Stadtrat die Stiftung eines Bauplatzes für eine Kirche zwischen Hindenburg- und Runzstraße. Die Schenkung wurde allerdings nie vollzogen und ein Bau demnach nie verwirklicht.

Der 1. Mai

Hätte sich nicht ein kleiner Demonstrationszug der Kommunisten unter roten Fahnen durch die Straßen der Innenstadt bewegt und wäre nicht eine sehr gut besuchte Maifeier der Sozialdemokraten im Gewerkschaftshaus abgehalten worden, so hätte kaum jemand diesen Werktag von einem anderen unterscheiden können.

Die Stadt erhebt Parkgebühren für Autos auf dem Friedrich-Ebert-Platz (heute Holzmarktplatz): 30 Pfennig pro Stunde, ab der fünften Stunde 20 Pfennig.

Am **16. Januar** nimmt das Lichtspielhaus Wiehre (Li Wi) in der Schützenallee 7 seinen Betrieb auf. Das Kino bietet 250 Personen Platz.

In diesem Jahr gibt es keinen Karnevalsumzug. Statt dessen stürmen am Rosenmontag ***(11. Februar)*** *die Ranzengarde und die Funkenartillerie die Bobbelesburg vor dem Faulerbad an der Dreisam.*

Am **9. März** eröffnet das Automatenrestaurant „Central-Automat" in der Kaiserstr. 37. Das Selbstbedienungslokal bietet sowohl hohe Stehtische für den eiligen Besucher als auch Sitzgelegenheiten zum längeren Verweilen.

Am **19. März** findet die feierliche Eröffnung der St. Urban Kur- und Kneippanstalt der Barmherzigen Brüder am Schlangenweg (heute Sebastian-Kneipp-Straße) oberhalb Herderns statt.

Mit der Fertigstellung einer Ausstellungshalle Ende **März** ist das moderne Autohaus der Firma Karl Sprich in der Talstraße vervollständigt. Eine tief liegende Halle bietet sogar Parkraum für 200 Autos.

Im **April** nimmt die Rhodiaseta ihre Produktion auf.

Mitte **April** entsteht auf dem künftigen Meßplatz an der Schwarzwaldstraße eine neue Festhalle in Form einer 7 000 Quadratmeter überdeckenden Zeltkonstruktion. Sie bietet 13 600 Sitz- und Stehplätze.

Vom **20. bis 29. April** finden zum letzten Mal die Verkaufsmesse auf dem Rottecksplatz und die Schaumesse auf dem Stühlinger Kirchplatz statt.

Der im Jahr 1889 erstellte zweigeschossige Männerbau der Blindenversorgungsanstalt in Herdern zeigt sich Ende **April** in umgebauter und erweiterter Form.

Nach umfangreichen Erneuerungsarbeiten steht das Lorettokrankenhaus Anfang **Mai** wieder zur Verfügung.

Vom **18. bis 20. Mai** treffen sich sangesfreudige Menschen zum 10. Badischen Bundessängerfest auf dem neuen Festplatz an der Schwarzwaldstraße.

Zwei oder drei Männer gründen Anfang **Juni** die Freiburger SS. Im September sind sie auf fünf Köpfe angewachsen.

Mit Fackellauf, Gottesdiensten und sportlichen Wettkämpfen werden die neuen Sportanlagen der Universität am Sandfang eingeweiht. Der **25. und 26. Juni** stehen im Zeichen dieses Ereignisses.

Der päpstliche Nuntius Pacelli eröffnet am **28. August** den 68. Deutschen Katholikentag, der am **1. September** mit einer öffentlichen Schlussversammlung in der Schwarzwaldhalle, an der fast 50 000 Personen teilnehmen, endet.

Passend zum Allerheiligentag wird am **1. November** auf dem Hauptfriedhof das Ehrendenkmal für die Gefallenen (laut Inschrift „die Helden") des Ersten Weltkriegs eingeweiht.

1930
CHRONIK

Erzbischof Dr. Fritz weiht am **2. Februar** die neue Orgel im Münster ein. 150 000 Mark hat sie gekostet.

Der erste Freiburger Weinmarkt findet am **26. Februar** im Kornhaus auf dem Münsterplatz statt.

Mitte **März** eröffnet die Kraftwagenlinie von Freiburg nach St. Georgen.

Eine Erweiterung des Flugverkehrs bringt die Einrichtung der Fluglinie Freiburg–Villingen–Konstanz.

Anfang **August** beschließt der Stadtrat die Verpachtung eines etwa 200 qm großen Grundstücks zwischen Schwarzwald- und Talstraße, westlich der Einmündung der Sternwaldstraße, zur Erstellung einer Großtankanlage an die Deutsche Gasolin AG für zunächst 15 Jahre.

Eines Morgens Ende **August** beschreibt „Graf Zeppelin" eine Schleife über der Stadt. Von Donaueschingen und dem Höllental kommend, fliegt das Luftschiff Richtung Basel nach Süden weiter.

Am **6. September** veranstalten die Sozialdemokratische Partei, die Gewerkschaften sowie die Arbeitersport- und Kulturorganisationen eine Wahlkundgebung. Treffen ist auf dem Karlsplatz. Von dort zieht ein Demonstrationszug mit Tausenden von Teilnehmern durch die Straßen der Innenstadt bis zum Münsterplatz.

Die Eröffnungsfeier des neu gegründeten Musikseminars (mit staatlicher Anerkennung) findet am **4. Oktober** im Kaufhaussaal statt. Es ist aus einem seit 1925 bestehenden Privatseminar entstanden.

Das städtische Haus Marchstr. 19, in dem bisher das Krüppelheim untergebracht war, wird zu Wohnungen umgebaut.

Als einzige Ausnahme wird Ende ***Oktober*** *die Waldfahrstraße Kartaus–St. Ottilien für den Verkehr mit Personenkraftwagen freigegeben. Die Höchstgeschwindigkeit ist auf 20 km/h begrenzt.*

Das neue Gemeindeparlament (d. h. geschlossen das Zentrum, die Wirtschaftspartei und die Bürgerliche Sammelliste) beschließt mit 53 gegen 43 Stimmen die so genannte „Negersteuer", eine Bürgersteuer zur Deckung erhöhter Fürsorgeausgaben. Sie betrifft jede Person über 20 Jahre. Selbst einkommensteuerfreie Personen, also die Ärmsten, müssen noch drei Mark bezahlen.

Am **6. Dezember** ist die 25-Jahr-Feier der Deutschen Friedensgesellschaft, Ortsgruppe Freiburg, im Saal des Kaffeehauses Kopf mit der Gründerin der Freiburger Ortsgruppe, Fräulein Adinda Flemmich. Für sie war eine Rede von Bertha von Suttner beim Weltfriedenskongress in Luzern 1905 Auslöser für die Entscheidung die Freiburger Ortsgruppe zu gründen.

Infolge der Wirtschaftskrise entlässt die Rhodiaseta Ende des Jahres einige 100 Arbeiterinnen und Arbeiter.

Mit 881 neu gebauten Wohnungen wird ein Nachkriegsrekord erzielt. Davon entfallen 307 Neubauten auf gemeinnützige Bauvereinigungen und 269 auf öffentliche Körperschaften.

Ecke Bertold- und Rotteckstraße um 1930 (Foto: Erika Schreiber)

Überfall im Fürsorgeamt

Eine Verzweiflungstat mit tragischem Ende

Am 30. Dezember überfiel der 22-jährige, ehemalige Taglöhner und Hilfsarbeiter Vollmer den Vorstand des Freiburger Fürsorgeamts, Verwaltungsdirektor Kopp, in seinem Amtszimmer und schlug ihn mit dem Telefonhörer und anderen Gegenständen zu Boden. Der Angegriffene erlitt Verletzungen am Kopf und im Gesicht. Der Täter gab nach seiner Verhaftung zu Protokoll, er habe die Tat aus Wut über die geringe Unterstützung begangen, die er als Unterstützungsempfänger erhalte. Ein allein stehender Unterstützungsempfänger bekam 10 bis 12 Mark wöchentlich, dazu vielleicht 3 oder 4 Essensmarken und einen kleinen Mietzuschuss. Auf Dauer reichte dies zum Leben nicht aus. Dazu kam, dass die ausbezahlten Unterstützungen von den arbeitsfähigen Empfängern wieder durch Pflichtarbeit abverdient werden mussten. Für die Höhe des Fürsorge-Etats waren der Stadtrat, der Oberbürgermeister und der Bürgerausschuss verantwortlich. Der zu 10 Wochen Gefängnis verurteilte Vollmer erhängte sich bald nach Strafantritt in seiner Zelle.

Die Einweihung der Seilschwebebahn auf den Schauinsland erfolgt am 17. Juli. Nach kaum einjähriger Bauzeit geht die erste Personen-Drahtseilbahn der Welt mit Wagenrundlauf durch endlose Zugseile in Betrieb. Das Foto zeigt die Einfahrt einer Kabine in die Talstation. (Foto: Kreisarchiv Breisgau-Hochschwarzwald)

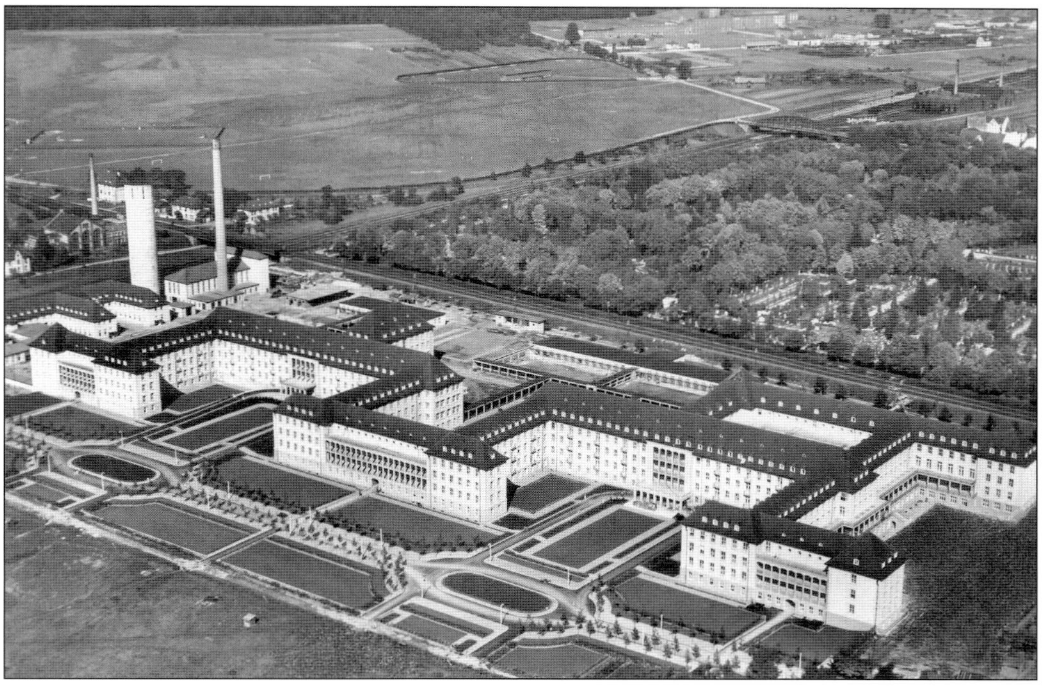

Die neuen Universitätskliniken aus der Vogelperspektive (Foto: Wartberg Verlag)

Einweihung der neuen Universitätskliniken

Am 1. Dezember fand die Einweihung der neuen Universitätskliniken statt. Fertig gestellt waren bis dahin die Medizinische und die Chirurgische Klinik, die Tuberkulosestation, das Nebengebäude I. und II. Klasse der Chirurgischen Klinik und das Betriebs- und Wirtschaftsgebäude. Der Erbauung harrten noch die Frauenklinik, die Hals-, Nasen- und Ohrenklinik sowie das Verwaltungsgebäude. Am 7. und 8. Dezember erfolgte der Umzug der Medizinischen und Chirurgischen Kliniken aus der oberen Albertstraße in die neuen Gebäude. Über die Verwendung der bisherigen Gebäude gab es noch keine Beschlüsse der Stadtverwaltung.

Der Schneeräumdienst im Einsatz in der Kaiserstraße (Foto: Kreisarchiv Breisgau-Hochschwarzwald)

Gotteslästerung bei der Sonnwendfeier?

Ein polizeiliches Verbot sollte die Sonnwendfeier der Freiburger Ortsgruppe des Verbands proletarischer Freidenker am 18. Januar im Feierlingsaal verhindern. Als die Versammlung dessen ungeachtet stattfand, wurde sie polizeilich aufgelöst und der Saal geräumt. Angeblich waren der Grund hierfür drei kleine Theaterstücke im Programm mit den Titeln „Pfaffen in Berlin", „Der leibhaftige Gott" und „Das Konkordat", die den Tatbestand der Gotteslästerung und der Beschimpfung von Kirchen und Religionsgemeinschaften erfüllt haben sollen.

1931 CHRONIK

Um den **11. Januar** wird der politisch links stehende Schauspieler Theo Martin in der Nähe des Gewerkschaftshauses von vier rechtsradikalen Männern überfallen und verprügelt.

Am **13. Januar** findet die Wiedereröffnung der Harmonie-Lichtspiele statt. Besitzer Ihli stellt die neue „Kinoton-Lichtton-Apparatur" vor, ein Wiedergabesystem, das sich durch besondere Reinheit des Tones auszeichnet.

Der Freiburger Stadtrat beschließt in seiner Sitzung vom **21. Januar** die Erweiterung des Faulerbads. Die Errichtung eines großen Freibads (Strandbad) an der Dreisam wird aus Kostengründen vorläufig abgelehnt.

Zum siebenjährigen Bestehen der republikanischen Schutzgarde veranstaltet das Freiburger Reichsbanner Schwarz-Rot-Gold am **21. Februar** eine große Kundgebung in der Festhalle, die insbesondere dem Kampf gegen den Faschismus gewidmet ist. Etwa 2000 Personen nehmen teil.

*Ungewöhnlich stark schneit es in den Tagen vom **7. bis 10. März**, was zu Schneemassen auf Straßen und Plätzen führt, wodurch sich der Autoverkehr stark verringert. Manche nutzen jetzt Skier, um zu ihrer Arbeitsstätte zu gelangen.*

An der Ecke Breisacherstraße, mit der Hauptfront gegen die Hohenzollernstraße, bringt die Gemeinnützige Heimstätten AG Freiburg einen fünfgeschossigen Neubau mit 54 Wohnungen „unter Dach".

Am **6. April** wird die neue Tonfilmanlage der Union-Lichtspiele in der Oberwiehre mit dem Film „Liebeswalzer" in Betrieb genommen.

Neben der Strecke Freiburg–Stuttgart erhält Freiburg in diesem Jahr erstmalig Anschluss an die Fluglinie Frankfurt–Konstanz. Den Flugbetrieb in Freiburg leitet die Deutsche Lufthansa.

Im Haus Kaiserstr. 77, Ecke Schusterstraße, eröffnet Mitte **Oktober** das Café Steinmetz. Karl Steinmetz aus Pirmasens hat das Haus (früher: Wolfinger) gekauft, umbauen und neu ausstatten (Architekt Wildmann) lassen.

Im **Oktober** erhebt sich ein zwölf Meter hohes Kreuz aus Beton auf einer Anhöhe über Zähringen. Es ist den Gefallenen des letzten Krieges gewidmet. Die Kosten von 6000 bis 8000 Mark hofft man über freiwillige Spenden decken zu können. Es gibt Überlegungen, ob so viel Geld in der Winternothilfe nicht mehr Nutzen bringen würde.

Für den Zentner gelbe Speisekartoffeln werden 3,50 Mark verlangt. Es wird angenommen, dass die Bauern Kartoffeln absichtlich zurückhalten, um höhere Preise zu erzielen.

Am **30. Oktober** weiht die Universität ihren Erweiterungsbau zum Chemisch-Physikalischen Institut ein.

Die nationalsozialistische Parteizeitung „Der Alemanne" erscheint am **1. November** erstmals. Die Nummer eins wird gleich beschlagnahmt wegen einer dummdreist erfundenen Geschichte mit dem Titel „Freiburger Schutzleute als Obstdiebe".

1932 CHRONIK

Die Gemeinnützige Siedlungsgesellschaft GmbH senkt die Mieten in sämtlichen Neubauten um 10 %, in zahlreichen Einzelfällen sogar um 15 %.

Ende **Januar** gelingt der Durchstoß des ersten Stollens des 210 Meter langen Sternwaldtunnels für die Höllentalbahn. Dabei werden Spuren früheren Bergbaus gefunden.

Ruth Behnen aus Freiburg-Zähringen ist Miss Germany 1932. Zur Miss Europa reicht's dann aber doch nicht.

Bei einer Kundgebung von Eiserner Front und Reichsbanner begründen die Sozialdemokraten ihre Entscheidung für Hindenburg und gegen Hitler bei der anstehenden Reichspräsidentenwahl.

Die Schluss-Sammelwoche der Freiburger Winternothilfe vom **27. Februar bis 6. März** bringt ein Barergebnis von 4 173 Reichsmark.

Der Stadtrat beschließt die Errichtung eines Schlachtviehmarkts für Großvieh.

Bei der Reichspräsidentenwahl am **13. März** entscheiden sich 11 797 Freiburger (von 69 432 Wahlberechtigten) für Adolf Hitler. Hindenburg erhält 38 830 und Ernst Thälmann (KPD) 4 750 Stimmen.

Beim zweiten Wahlgang zur Reichspräsidentenwahl am **10. April** erhält Hitler über 2 000 Stimmen dazu, Hindenburg rund 800 und Thälmann verliert 1 200 Wähler.

Der vormalige Bischof von Meißen, Dr. Conrad Gröber, wird im **Mai** vom Papst zum Erzbischof der Diözese Freiburg ernannt.

Rechtzeitig zum Beginn der Badesaison ergeht das polizeiliche Verbot über das öffentliche Baden in der Dreisam von der Brücke in Ebnet bis zu jener in Lehen, in den Gewerbebächen und in den Weihern an der Merzhauserstraße.

Nach nur zwei Monaten Umbauzeit präsentiert sich der 1927 vom Warenhaus Knopf erworbene Erweiterungsbau Ecke Franziskaner–Kaiserstraße in neuem Gewand. Die ehemalige Jugenstilfassade ist nun dem Charakter des Haupthauses angepasst.

Am **18. Juli** spricht der ehemalige Reichskanzler Brüning vom Zentrum im St. Bernhardus-Stadion vor annähernd 30 000 Zuhörern.

Am Abend des **29. Juli** besucht Adolf Hitler auf seinem Wahlpropagandaflug zum ersten Mal Freiburg. Gerade mal zehn Minuten spricht er im Stadion des FFC vor mehr als 50 000 Menschen („Der Alemanne" schreibt von 70 000 Zuhörern). Danach begibt er sich sofort zum Flugplatz, von wo ihn eine Maschine nach Radolfzell bringt.

Ende **August** wird die polizeiliche Zwangsräumung einer Wohnung in Haslach wegen ausstehender Mietzahlungen von einer empörten Menge mit lautstarken Beschimpfungen begleitet.

Bei den Reichstagswahlen am **6. November** erzielt die KPD 12 % (Zugewinn von über 2 000 Wählern gegenüber 31. Juli), die SPD 15,5 % der Stimmen (Verlust von 400 Wählern). Zentrum, noch stärkste Partei, verliert 2 300 Stimmen und die NSDAP, als zweitstärkste Partei, büßt fast 5 000 Stimmen ein.

Luftaufnahme von der Innenstadt im Sommer 1932 (Foto: Kreisarchiv Breisgau-Hochschwarzwald)

Abbrucharbeiten beim Hauptbahnhof

Im Januar wurden die Abbrucharbeiten beim Hauptbahnhof entlang der Wentzingerstraße nach neunwöchiger Dauer beendet. Ihnen fielen südlich der Stühlinger Brücke zwei Maschinenhäuser und ein hoch gemauerter Schornstein zum Opfer. Nördlich der Brücke verschwanden die alten Betriebswerkstätten, wozu die Lokomotiv-Montagehalle, die Schmiede, die Dreherei, Kupferschmiede, Gießerei und Lackiererei gehörten. Dadurch entstand ein freies Blickfeld vom Stühlinger Richtung Innenstadt. Das Abfallholz wurde der Bevölkerung als kostenloses Brennmaterial überlassen. Zu Dutzenden kamen die Leute täglich mit kleinen Handwagen, um die Spende heimzuführen.

Versammlungsverbote und Überwachung

Wegen „Gefährdung der öffentlichen Sicherheit und Ordnung" wurden eine Versammlung der NSDAP im Hirschen in Haslach und eine Versammlung der KPD in der Festhalle verboten. Bei einer Veranstaltung der NSDAP am 22. Januar in der Festhalle erhielt der Redner wegen „aufreizender Ausführungen" eine Verwarnung. Gegen den Redner einer nationalsozialistischen Versammlung am gleichen Tag in Uffhausen wurde sogar Strafanzeige erstattet.
Weil Mitglieder der NSDAP eine Zentrumsversammlung am 12. Februar systematisch gestört und grobe Ausschreitungen verübt hatten, wurden die drei Tage später angesetzten Veranstaltungen der NSDAP in der Festhalle und im Feierlingsaal polizeilich verboten.

Am 1. Mai zeigt sich die Kaiserstraße im Fahnenschmuck (Foto: Kreisarchiv Breisgau- Hochschwarzwald)

Am 1. Mai 1933 marschiert eine SA-Formation am Bertoldsbrunnen vorbei. (Foto: Kreisarchiv Breisgau-Hochschwarzwald)

Radikaler Umbruch auf allen Ebenen

Die politische Gleichschaltung ist im Sommer abgeschlossen

Die Zersetzung des politischen Spektrums hatte mit dem Verbot von SPD und KPD begonnen. Die bürgerliche Deutsche Volkspartei löste sich am 24. März auf, wenige Tage später folgte die Wirtschaftspartei, Anfang Mai die Ortsgruppe der Staatspartei und Anfang Juni die Deutschnationale Volkspartei sowie das Zentrum. Anfang April erfolgten Straßenumbenennungen nach Adolf Hitler, Horst Wessel und Albert Schlageter. Im Mai erhielten Hindenburg, Hitler sowie Reichsstatthalter und Gauleiter Robert Wagner die Ehrenbürgerrechte.

Am 9. April wurde Oberbürgermeister Bender zum Rücktritt gezwungen. Zwei Tage später setzte die badische Regierung den NSDAP-Kreisleiter Dr. Franz Kerber an seine Stelle, kommissarisch, bis zu seiner endgültigen „Wahl“ am 19. Mai. Dem neu gebildeten Stadtrat gehörten neben zehn Nationalsozialisten nur noch ein ehemaliger Deutschnationaler und ein früheres Zentrumsmitglied an. Noch nicht einmal eine Woche im Amt, trat der Rektor der Albert-Ludwigs-Universität, Prof. Dr. Wilhelm von Moellendorff, am 21. April „freiwillig“ zurück und überließ seinen Platz dem Philosophen Martin Heidegger. Die Handwerkskammer wurde am 19. April aufgehoben.
Im Sommer stellten die völkischem Gedankengut nahe stehenden Deutschen Christen die Mehrheit im Freiburger Kirchengemeinderat der evangelischen Kirche.

Am 1. Mai 1933 marschiert die „Deutsche Arbeitsfront, Betriebszelle MEZ AG“ durch die Werderstraße. (Foto: Walter Ehling, Denzlingen)

Polizistenmord wird zum Fanal

Beim Versuch, seine Wohnung zu durchsuchen, erschoss der SPD-Landtagsabgeordnete Daniel Nußbaum am 17. März zwei Polizisten. Die Behörden sahen in der Tat Nußbaums, da dieser sich in psychiatrischer Behandlung befunden hatte, keinen unmittelbaren Akt des politischen Widerstands. Dennoch wurde dieser Vorfall zu einem schärferen Vorgehen gegen die Arbeiterparteien genutzt. Die NSDAP veranstaltete auf dem Münsterplatz eine „Kundgebung gegen den Marxismus“. Alle Freiburger Stadträte und Stadtverordneten der SPD kamen in „Schutzhaft“. Ein Verbot traf alle zur SPD gehörenden Zeitungen, ebenso die Wehr- und Jugendverbände der Partei. Für die Stadt Freiburg wurden sogar die Parteiorganisationen von SPD und KPD aufgelöst (das landesweite Verbot der beiden Parteien erfolgte erst am 23. Juni).

1933 Chronik

Die Arbeitslosenquote beträgt 18,1 % der erwerbsfähigen Bevölkerung. Mehr als 8 000 Bürger haben keinen Arbeitsplatz mehr. Unter Einbezug der Familienangehörigen leiden rund 25 000 Menschen unmittelbar unter der Erwerbslosigkeit.

Bei der Reichsgründungsfeier am **18. Januar** im Paulussaal beschwört der deutschnationale badische Landtagsabgeordnete Dr. Schmitthenner aus Heidelberg die alte militärische Stärke Deutschlands. Er fordert die Stärkung des Wehrgedankens im Glauben „an ein kommendes großes Deutsches Reich, das die deutschen Kräfte nützt und die Schwächen ausmerzt, Kapital und Arbeit versöhnt, ein irdisches Reich ist der Pracht und der Herrlichkeit“.

Die Nazis feiern Hitlers Ernennung zum Reichskanzler am **30. Januar** *mit einem Fackelzug durch die Innenstadt. Vor etwa 8 000 Zuhörern spricht Kreisleiter Kerber auf dem Karlsplatz. Lediglich die KPD veranstaltet eine Gegendemonstration mit etwa 300 Teilnehmern.*

Am **5. Februar** veranstaltet die „Eiserne Front“ (ein Zusammenschluss von SPD, Freien Gewerkschaften, Arbeitersportverbänden und Reichsbanner) eine Protestkundgebung auf dem Friedrich-Ebert-Platz (heute Holzmarktplatz) mit 2 000 bis 3 000 Teilnehmern. Bei der anschließenden Demonstration kommt es zu von einem SA-Mann provozierten Zwischenfällen.

Bei der Reichstagswahl am **5. März** *fällt die KPD auf 7,9 % zurück, die SPD erreicht noch 14,2 %, das Zentrum 29,4 %. Die NSDAP wird mit 35,8 % stärkste Partei in Freiburg, bleibt damit dennoch weit unter Landes- und Reichsdurchschnitt. Am nächsten Tag hissen SA-Leute die Hakenkreuzfahne auf dem Rathaus gegen den Willen von Oberbürgermeister Dr. Bender. Am übernächsten Tag verschwinden bereits 32 Kommunisten in „Schutzhaft“.*

Am **9. März** erfolgt die polizeiliche Schließung des Gewerkschaftshauses wegen Waffenfunden: ein verrosteter Säbel, ein funktionsunfähiger Revolver und Teile eines weiteren Revolvers. Die Sozialdemokraten Stefan Meier und Heinrich Seger werden angeklagt, Letzterer zu drei Monaten Gefängnis verurteilt.

Anfang **Mai** treten die ersten 300 Studenten zum Wehrsport im Universitätsstadion an.

Ab **2. Juni** dürfen an Kommunisten, Angehörige der Badnerwacht und des Reichsbanners vom Fürsorgeamt bis auf weiteres keine Kleidungsstücke mehr abgegeben werden.

Ab **7. Juni** erhalten als Kommunisten bekannte Familien vom Fürsorgeamt keinerlei Unterstützung mehr.

Im **Sommer** sinkt die Miete für 1 100 stadteigene Wohnungen, Strom und Gas sollen billiger werden, Arbeitsbeschaffungsmaßnahmen werden beschlossen und im **Herbst** kostet das Brot weniger.

Beim Eröffnungsakt am **13. Januar** zur Funkausstellung in der Festhalle bezeichnet der Vertreter der Reichsrundfunkkammer aus Berlin den Rundfunk als „Mittler des Willens des Führers an die Bevölkerung“.

Der Mutterbrunnen an der Schützenallee gegenüber der Maria-Hilf-Kirche ist im **April** fertiggestellt.

Das Hut-, Mode- und Sportgeschäft Glockner, Ecke Kaiser- und Schusterstraße, feiert Mitte **April** sein 140-jähriges Jubiläum.

Im **April** ziehen die ersten Kinder und Jugendlichen in den neuen Reichsbahnwaisenhort ein. Die Einweihung ist erst am **17. Mai**.

Beim „Tag der nationalen Arbeit“ zieht ein langer Festzug zum Meßplatz, wo sich geschätzte 50 000 Menschen versammeln.

Am **6. Mai** ist Grundsteinlegung des Kriegsgefangenen-Ehrenmals auf dem Schlossberg. Im Rahmen des 5. Gautags der Reichsvereinigung ehemaliger Kriegsgefangener wird es am **17. Juni** enthüllt.

Der Reichspropagandaminister Joseph Goebbels spricht bei einer Kundgebung am ***16. Juni*** *auf dem Meßplatz in Freiburg vor 80 000 Zuhörern.*

Am **10. Juli** zerstört ein Brand den Dachstuhl des universitären Kollegiengebäudes.

Die Gruftkapelle in St. Ottilien hat ein neues Deckengemälde erhalten, ausgeführt vom Freiburger Kunstmaler August Goebel.

Im Arbeitsamtsbezirk Freiburg werden am **15. September** 2 191 Unterstützungsempfänger gezählt, ein Jahr zuvor waren es noch 3 425 und am gleichen Tag 1932 gar 5 384.

Ende **September** weilt Hitlers Stellvertreter Rudolf Heß für zwei Tage in Freiburg. Eine große Menschenmenge sammelt sich vor dem „Römischen Kaiser“, wo er Quartier bezogen hat.

Ein Erweiterungsbau (Südflügel) der Pestalozzischule in Haslach wird am **3. Oktober** eingeweiht.

Der östliche Teil der Eisenbahnstraße zwischen Rotteckplatz und Kaiserstraße wird in „Rathausgasse“ umbenannt.

Der bekannte Schauspieler Heinz Rühmann spielt am **3. November** die Titelrolle des Schwanks „Der Mustergatte“ im Stadttheater.

Der erste Zug fährt am **8. November** auf der Neubaustrecke der Höllentalbahn und durch den neuen Bahnhof Freiburg-Wiehre.

In aller Stille vereinigen sich die Große Karnevalsgesellschaft und der Carnevalsverein von 1887 zur Breisgauer Narrenzunft und treten am **17. November** erstmals an die Öffentlichkeit.

Am **22. Dezember** wird der Personenaufzug auf den Münsterturm eingeweiht.

Ein Städtisches Siedlungsamt nimmt am **28. Dezember** seine Tätigkeit auf.

Ende des Jahres nehmen die Zwangsräumungen wegen hoher Mietrückstände erheblich zu.

Die städtischen Investitionen steigen auf knapp 4 Millionen Reichsmark und dienen zur Ankurbelung der Wirtschaft.

Das Strandbad eröffnet am 9. August.

Der zweite Bauabschnitt des Freiburger Arbeitsprogramms

Der letzte arbeitsfähige Erwerbslose wird beschäftigt

Nach einer außerordentlichen Sitzung des Stadtrats am 2. November wurde der zweite Bauabschnitt mit dem ersten Spatenstich durch Kultusminister Wacker am Hebsack eingeleitet. Kernstück dieses zweiten Abschnitts war die Verlängerung der Stadtstraße um 2,5 Kilometer bis nach Zähringen. Dies markierte den Beginn der Hangbebauung oberhalb von Herdern. Weitere 500 Siedlungseinheiten waren überdies im Mooswald geplant. Des Weiteren sollte eine Restaurierung des nördlichen Münsterplatzes unter Leitung von Oberbaurat Dr. Schlippe vorgenommen werden. Der Bau einer großen Landwirtschaftshalle auf der Kronenmatte, auch als 12 000 Personen fassendes Versammlungslokal zu nutzen, stand ebenfalls auf dem Plan. Schließlich waren 60 000 bis 70 000 Reichsmark für die künstlerische Ausschmückung von Bauwerken und Einrichtungen wie dem Strandbad vorgesehen.

Ab 2. November nahmen insgesamt 800 „Wohlfahrtserwerbslose“ an 20 verschiedenen Punkten der Stadt ihre Arbeit auf. Als Ende der Maßnahme war Anfang Juni 1935 anvisiert.

Die Rennwagen rollen an zum Schauinsland-Bergrekord. (Foto: Kreisarchiv Breisgau-Hochschwarzwald)

Blick von der Lutherkirche über den Hohenzollernplatz nach Osten (Foto: Hans Sigmund)

Freiburger Kinderspiele

Wenn die ersten wärmeren Sonnenstrahlen zum Aufenthalt im Freien verlockten, holten die Kinder verschiedene Gegenstände aus der Spielkiste und wetteiferten damit auf den Straßen, in Hinterhöfen und auf Spielplätzen. Vielgeliebt waren die Tanzknöpfe, auf ihrer Spitze sich drehende Kegel, die mittels einer Peitsche am Laufen gehalten wurden. In Freiburg hießen sie vor allem „Hurrlebue" oder „Driller", wobei noch zu unterscheiden war in „Männli", „Wiebli" und „Steihöpperle" oder „Steihopser". Gleichermaßen angetan waren die Kinder vom Spiel mit den „Ribbling", auch „Glicker", „Böhler", „Warfeln" oder „Märbele" genannt, kleinen bunten Kugeln aus Stein oder Ton. Insbesondere die Mädchen vergnügten sich mit Hüpfspielen wie „Himmel und Hölle" oder dem „Zitronenspiel", daneben auch mit Seilschlagen und Seilhopsen. Sand oder wenigstens lockere Erde boten Gelegenheit zum Burgenbau, Graben von Löchern und Stollen sowie zum „Kuchenbacken". Hin und wieder versuchte auch ein Kind einen Holzreif, mit einem Stöckchen angetrieben, in Bewegung zu halten.

Das fahrende Anschlussgleis

oder Eisenbahnwagen auf der Straße

Eine kleine Sensation erlebten die Freiburger am 5. Juni, als das neueste Verkehrsmittel der Reichsbahn – ein Straßenfahrzeug für Eisenbahnwagen – als Erstes im Bezirk der Reichsbahndirektion Karlsruhe zum Einsatz kam. Das Gefährt, mit 16 Rädern und luftgefüllten Gummireifen, ersetzte ein fehlendes Anschlussgleis. Auf ihm wurden – auf Schienen stehend – Güterwagen von einer Laderampe im Bahnhof über die Straße zum Werk des Frachtempfängers transportiert. Bei zwei Rundfahrten, vom Wiehrebahnhof ausgehend durch die Stadt, konnte das Publikum das technische Meisterwerk gebührend bestaunen. In den Genuss des modernen Service kamen als erste die Ganter-Brauerei und die Mez AG.

Der Georgsbrunnen an der Südwestecke des Münsterplatzes; im Hintergrund der Eingang in die Münsterstraße (Foto: Erika Schreiber)

1935 CHRONIK

Reichsminister Dr. Goebbels besucht am **Neujahrstag** die Aufführung der Operette „Elivia" im Stadttheater.

Das Ergebnis der Abstimmung im Saargebiet Mitte **Januar** veranlasst auch die Freiburger zum Feiern: Glockengeläute von sämtlichen Kirchtürmen, Großkundgebung auf dem Münsterplatz und Fackelzug durch die Stadt.

Wegen Grippe bleiben die Freiburger Schulen von Ende **Januar** bis **10. Februar** geschlossen.

Militärisch geprägt bewegt sich am Rosenmontag (**4. März**) ein kleiner Fasnachtsumzug durch die Innenstadt.

Am **27. März** findet die letzte Sitzung des nach der alten Gemeindeordnung amtierenden Stadtrats statt.

*Anfang **April** erhält Günterstal endlich auch ein Telefonhäuschen.*

Hermann Göring (preußischer Ministerpräsident und General der Flieger) spricht am **10. Mai** auf einer Kundgebung in der Festhalle. Mit einem Spalier vom Komturplatz bis zum Rathaus wird er begrüßt.

Das erste Freiburger Musikfest mit Werken von Bruckner und gleichzeitig 5. Internationales Bruckner-Fest findet vom **25. Mai bis 2. Juni** statt.

Die Mez AG feiert Anfang **Juni** ihr 150-jähriges Bestehen.

Über Pfingsten treffen sich mehr als 40 Vereine mit ungefähr 800 Spielern zum Alemannischen Handharmonika-Volksmusikfest.

Die feierliche Übergabe des Hirzbergstegs in Verlängerung der Bleichestraße nach der Kartäuserstraße über die Dreisam nimmt am **23. September** Oberbürgermeister Dr. Kerber vor.

In zwei Räumen der Lessing-Schule wird eine jüdische Volksschule eingerichtet, die man später ins Gemeindehaus neben der Synagoge verlegt.

*Am **18. Oktober** verkauft der jüdische Geschäftsmann Max Mayer aufgrund des wachsenden Drucks dem Angestellten Eugen Rees seine Lederhandlung in der Schusterstr. 23. Diese Geschäftsübergabe erfolgt unter fairen Bedingungen – und ist damit eine Ausnahme. In der Regel vollzieht sich die „Arisierung" wesentlich erniedrigender und mit erheblichen Vermögensverlusten für die Juden.*

Am **28. Oktober** wird beim Wohlfahrtsamt eine Krüppelfürsorgestelle errichtet.

Die feierliche Verpflichtung und Einführung der Ratsherren nach der neuen Gemeindeordnung erfolgt am **30. Oktober**. Dem Oberbürgermeister stehen vier Beigeordnete und 18 Ratsherren zur Seite.

*Die Aufstellung des neuen St. Georgsbrunnens vor dem Münster ist am **15. November** beendet.*

Das neu ernannte Ratsherrenkollegium tagt erstmals am **28. November**. Der Oberbürgermeister berichtet über das Freiburger Programm gegen Arbeitslosigkeit und die Zukunftspläne der Stadt.

1936
CHRONIK

Am **4. Januar** trifft die erste elektrische Lokomotive in Freiburg ein und unternimmt Probefahrten auf der Höllentalbahn.

In der Brauerei Feierling explodiert **Anfang des Jahres** ein 300-Hektoliter-Fass beim Pechen und tötet einen Arbeiter.

Stadt und Universität geben am **19. Januar** im Kaufhaussaal eine Feier zu Ehren des Nobelpreisträgers für Medizin, Geheimrat Dr. Hans Spemann.

Mit großem „Bahnhof" empfängt die Stadt am **18. Februar** die Olympiasiegerin im Abfahrtsslalom der Damen, Christel Cranz, die „beste Skiläuferin der Welt".

Bei der Reichstagswahl „bekennen" sich 96 % der Freiburger zum Führer Adolf Hitler.

Ab **29. März** führen die Günterstalstraße von der Holbeinstraße bis zur Dreisam, die Kaiserstraße sowie die Zähringerstraße von der Ludwig-/Albertstraße bis zur Bahnunterführung an der Okenstraße die Bezeichnung „Adolf-Hitler-Straße".

Ab **April** gibt es auf dem Freiburger Flugplatz wieder militärische Einrichtungen und Dienststellen der neuen Luftwaffe.

Am **18. April** kommen fünf Jugendliche einer englischen Schülergruppe unterhalb des Schauinslandgipfels während eines Schneesturms ums Leben.

*Ab **18. Juni** fahren die ersten fahrplanmäßigen Züge mit elektrischen Lokomotiven auf der Höllentalbahn, doch erst am 4. November ist die offizielle Eröffnung.*

Am **17. Juli** wird die neue „Breisgau-Milchzentrale" neben der alten Badeniafabrik in Betrieb genommen.

Mindestens zehn Freiburger Antifaschisten kämpfen in Spanien in den „Internationalen Brigaden" auf republikanischer Seite.

Gleichzeitig zwei Sommernachtsfeste steigen am **8. August**: eines im Stadtgarten sowie in der Festhalle und das andere am Waldsee.

Vom **26. bis 29. Oktober** weilt Reichsjugendführer Baldur von Schirach im Rahmen einer HJ-Gebietsführertagung im „Jägerhäusle" in der Stadt. In diese Zeit fällt auch eine HJ-Massenkundgebung auf dem Münsterplatz.

SA-Männer verprügeln in einem Café vier junge Jazz-Musiker.

Nach Teilverdunkelungsübungen in den einzelnen Stadtteilen versinken die gesamte Stadt und der Amtsbezirk Freiburg am **25. November** zwischen 19 und 21 Uhr erstmals in völliger Dunkelheit.

Der Erlass einer Preisstoppverordnung am **26. November** soll ein weiteres Ansteigen der Grundstückspreise verhindern.

Das erste Rugbyspiel in Freiburg wird am **29. November** im Universitätsstadion ausgetragen. Die Zuschauer erhalten kurz gefasste Spielerklärungen.

Anfang **Dezember** wütet im Bursengang ein Großfeuer. Es kommen keine Personen zu Schaden.

Am 26. März eröffnet die Auto-Union (ein Zusammenschluss der Werke Horch, DKW, Audi und Wanderer) eine Filiale in der Hummelstr. 5 mit Reparaturwerkstätte, Wagenwäscherei und Ausstellungsräumen. (Foto: Wartberg Verlag)

Kaufhaus Modern und das Haus der Freimaurerloge

Zwei Beispiele unfreiwilligen Eigentümerwechsels

Das Emil Rawitscher gehörende Kaufhaus Modern, Ecke Kaiserstraße und Rathausgasse, betrieb Mitte Februar „Totalausverkauf wegen Geschäftsaufgabe". Sehr zum Verdruss der Nazis strömte das Volk in hellen Scharen in das Geschäft, so dass aus „Sicherheitsgründen" das Haus von der Polizei geschlossen wurde. Davor hatten organisierte Sprechchöre der Nazis vergeblich versucht, die Käufer fernzuhalten. „Der Alemanne" widmete den Vorgängen am 17. Februar einen hasserfüllten Artikel mit der Überschrift „Judenladen verschleudert seinen Ramsch" und meinte ein „ernstes Mahnwort" vor allem an die Volksgenossinnen vom Land richten zu müssen. Das Geschäft ging schließlich an den „arischen" Besitzer Kurt Oberpaur über.

Innerhalb weniger Wochen wurde das von der zwischenzeitlich verbotenen Freimaurerloge beschlagnahmte Haus in der Sedanstraße zum neuen Kammerspielhaus mit angefügtem Bühnenhaus hergerichtet. Am 11. Juli fand das Richtfest statt.

Freiburg ist wieder Garnisonsstadt

Am „Heldengedenktag" (8. März) zogen Soldaten des Infanterieregiments Nr. 75 und Einheiten der I. Abteilung des Artillerie-Regiments Nr. 5 in Freiburg ein. Damit wurde Freiburg nach über 17 Jahren wieder Garnisonsstadt der neuen Wehrmacht. Zehntausende von Freiburgern säumten die Straßen zum Willkommensgruß.

Einzug von Militär in die Stadt am 8. März in der Adolf-Hitler-Straße beim Siegesdenkmal (Foto: Stadtplanungsamt Freiburg)

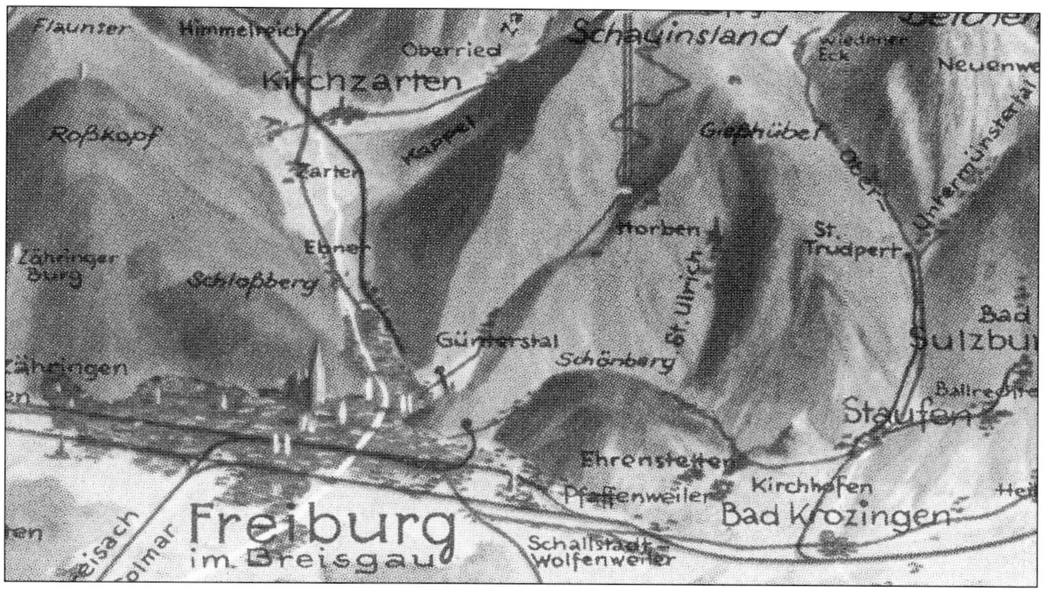

Schauinsland: Berg-Rennstrecke soll ausgebaut werden. (Foto: Wartberg Verlag)

Hochfahrende Pläne

Ausbau der Schauinslandrennstrecke bis zum Feldberg

Oberbürgermeister Dr. Kerber hatte mit Unterstützung der Ratsherren den Baubeginn für einen umfassenden Ausbau der 12 Kilometer langen Rennstrecke auf den Schauinsland noch innerhalb dieses Jahres festgelegt. Dazu gehörten die Verbreiterung der Geraden auf über sieben Meter sowie Ausbau und Überhöhung sämtlicher Kurven. Sein Vorschlag, die Rennstrecke über den Stübenwasen bis zum Feldberg fortzuführen, fand Zustimmung bei Korpsführer Hühnlein und Reichsstatthalter Robert Wagner. Damit wäre Europas größte Bergrennstrecke über mehr als 30 Kilometer und mit über 1 000 Meter Höhendifferenz geschaffen.

Eine Müllsortieranlage auf dem Müllplatz am Schlierberg

Im Rahmen des Vierjahresplans sollte die restlose Müllsortierung und -verwertung zur Dauereinrichtung werden. Dies geschah im Hinblick auf das große Ziel der wirtschaftlichen Unabhängigkeit vom Ausland (Autarkie). Auch die städtische Müllabfuhr hatte zu diesem Zweck eine einfache Sortieranlage auf dem Freiburger Müllplatz am Schlierberg, einem ehemaligen Steinbruch, installiert. Fleißige Hände sortierten den von den Müllwagen aus Freiburgs Haushalten abgeholten Abfall und sorgten damit dafür, dass die Altmaterialien der Wiederverwertung zugeführt werden konnten.

Fliegeralarm in der Wiehre und in Littenweiler

Von der Polizeidirektion angekündigt war nur, dass innerhalb einer bestimmten Woche Fliegeralarm – zur Übung – gegeben werde. So kam das Startsignal in Form eines Böllerschusses, von Glockengeläute und Sirenengeheul am Nachmittag des 23. März völlig überraschend. Um die „betroffenen" Stadtteile Wiehre und Littenweiler wurde ein Absperrgürtel gezogen. Autofahrer mussten anhalten, Radfahrer absteigen und Straßenbahngäste aussteigen. Alle hatten sich auf schnellstem Weg in die nächsterreichbaren Sammel- oder Wohnschutzräume zu begeben. Innerhalb weniger Minuten waren die Straßen wie leer gefegt. Nur Luftschutzpersonal unternahm Kontrollfahrten.

Kaiser-(Joseph)-Straße etwa 1937 (Foto Wartberg Verlag)

1937

Chronik

„Eines jeden Ehrenpflicht" ist die Teilnahme an den Eintopf-Gemeinschaftsessen in der Festhalle am **10. Januar, 14. Februar und 14. März**.

„Kampf dem Verderb des Humors" lautet die Parole der diesjährigen Fasnet (nicht mehr Fasching!).

Am **16. Februar** ist Richtfest für die neuen Kasernenbauten (Schlageterkaserne) der Freiburger Garnison (heute Vaubangelände).

Wegen „fortgesetzten Vergehens gegen das Gesetz zum Schutze des deutschen Blutes (Rassenschande)" wird am **24. Februar** der Synagogendiener Hugo Lion verhaftet.

Der Schweizer Komponist Othmar Schoeck erhält im **März** den Erwin-von-Steinbach-Preis für die Vertonung von Liedern deutscher Komponisten. Er ist nach dem Dichter Emil Strauß der zweite Preisträger.

Im **März** stellt die Straßenbahn ihren ersten, selbst umgebauten Anhänger mit verglaster Plattform vor.

Einundzwanzig bis zu 80 Jahre alte Kastanienbäume fallen der Verbreiterung der Rotteckstraße zum Opfer.

Am **1. April** eröffnet anstelle des ehemaligen Warenhauses Knopf das „arisierte" Kaufhaus „Fritz Richter KG".

Am **23. April** ist feierliches Staatsbegräbnis des Ehrenbürgers und ehemaligen Generals der Artillerie, von Gallwitz, auf dem Hauptfriedhof.

Die Grundsteinlegung zum ersten von sieben geplanten Heimen für die Hitler-Jugend am Ende der Schenkendorfstraße in Haslach erfolgt am **3. Mai**.

Großfeuer im Industriegebiet. Ein großer Lagerbau der Rhodiaseta mit wertvollem Material brennt am **20. Mai** völlig nieder.

Das Thingsspiel „Heilige Stunde" von Wilhelm Fladt, Lokalchronist und Dichter, kommt am **20. Juli** im Stadttheater zur Aufführung. Anlass ist die Hundertjahrfeier der Gewerbeschule. Es wirken mit: Mitglieder der Städtischen Bühnen, Meister, Werkstattlehrer, 300 Schülerinnen und Schüler sowie SA, SS und HJ.

Zum 13. und vorläufig letzten Mal startet das Schauinsland-Rennen am **1. August**. Vor rund 150 000 Zuschauern siegt Hans Stuck auf Auto-Union mit 8,11 Minuten.

Die vorstädtische Kleinsiedlung an der Elsässerstraße erhält ein Gemeinschaftshaus „Am Schneckengraben". Die Einweihung erfolgt am **22. August**.

Nach Beendigung des 7. Immental-(Seifenkisten-)Rennens kommt es zu einem tödlichen Unfall. Oberbürgermeister Kerber verbietet daraufhin weitere Rennen dieser Art im Stadtgebiet.

Zum Abschluss der „Badischen Gaukulturwoche" drängen sich am **16. Oktober** Zehntausende auf dem Münsterplatz, um die Rede des Reichsleiters Alfred Rosenberg, des „ersten Vorkämpfers nationalsozialistischer Weltanschauung", zu hören.

1938 CHRONIK

Anfang des Jahres entsteht auf dem oberen Teil des Augustinerplatzes ein Autoparkplatz.

Mit dem Richtfest am **13. Januar** ist der wesentliche Schritt vom alten Hallenschwimmbad (Marienbad) zum sportgerechten „Stadtbad“ vollzogen.

Am **21. März** beginnt die Verlegung des Bertoldsbrunnens um sechs bis sieben Meter nach Norden.

*Mit dem **1. April** tritt das Eingemeindungsgesetz in Kraft. Danach wird die bisherige Landgemeinde St. Georgen der Stadt Freiburg zugeteilt. Die zwangsweise Eingliederung stößt bei der Dorfbevölkerung auf wenig Begeisterung.*

Anfang **April** wird die als Verkehrshindernis eingestufte öffentliche Waage Ecke Wilhelm-Gustloff-(Basler-) und Adolf-Hitler-Straße abgebrochen.

Fast alle Freiburger sagen bei der Volksabstimmung am **10. April** „Ja“ zum Führer und bewahren damit Freiburgs Ehrentitel als „Bollwerk des Nationalsozialismus an der deutschen Südwestecke“.

Der Ausbau öffentlicher Luftschutzräume in den Kellern staatlicher Dienstgebäude beginnt. Der erste öffentliche Sammel-Luftschutzraum Freiburgs wird im Felsenkeller unter dem Greifenegg-Schlössle gebaut.

Am **29. Juli** verlassen 1 100 Jugendliche vom Bann 113 der Hitler-Jugend Freiburg per Zug die Stadt zur zehntägigen „Fehde“ gegen Bann 111, Baden-Baden. Diese bisher größte Übung beinhaltet ein vormilitärisches Manöverspiel im Schwarzwald.

Bei einer Kundgebung der NSDAP-Kreisleitung am **28. August** in der Festhalle bezeichnet Kreisleiter Wilhelm Fritsch den Erzbischof Gröber öffentlich als „Schweinhund“ und „Lump“.

Der Reichsjugendführer Baldur von Schirach weiht am **12. Oktober** auf dem Schauinsland ein Denkmal für die am 17. April 1936 tödlich verunglückten Engländer ein.

Vom **17. bis 22. Oktober** findet die erste Forstliche Hochschulwoche Großdeutschlands in Freiburg statt.

Nach dem Attentat auf den deutschen Diplomaten vom Rath am **7. November** in Paris durch den polnischen Juden Herszel Grynszpan finden auch in Freiburg pogromhafte Ausschreitungen gegen Juden statt, organisiert und durchgeführt von Parteistellen und NSDAP-Mitgliedern.

Unter dem Eindruck der Pogromnacht findet sich im **Dezember** der „Freiburger Kreis“ zusammen, eine Oppositionsgruppe der evangelischen Bekennenden Kirche, an der sich Universitätsprofessoren wie Gerhard Ritter und Walter Eucken sowie Pfarrer beteiligen.

Am **23. November** beginnt der Abbau des gotischen oder ehemaligen Fischbrunnens in der Adolf-Hitler-Straße, auf Höhe der Münsterstraße.

Die 1870 erbaute Freiburger Synagoge vor ihrer Brandschatzung am 10. November (Foto: Stadtplanungsamt Freiburg)

Pogrom gegen die Juden

Die Zerstörung der Freiburger Synagoge am 10. November

Am frühen Morgen des 10. November legten die Nazis Feuer an die Synagoge neben dem Kollegiengebäude der Universität am Werthmannplatz (heute Werderring) und vernichteten das Gebäude völlig. Spätere Ermittlungen identifizierten den SS-Standartenführer Walter Gunst und den SA-Brigadeführer Joachim Weist als Leiter, den SA-Sanitätssturmführer Dr. Helmuth Hanke als einen der Haupttäter bei der Brandstiftung. Der Gestapo-Chef Karl Traub war gleichfalls in das Geschehen verwickelt. Kriminalpolizeiliche Ermittlungen wurden seinerzeit ebenso verhindert wie das Löschen durch die Feuerwehr und die strafrechtliche Verfolgung des Verbrechens durch den Oberstaatsanwalt. Den Rabbiner, den Kantor und den Vorsteher des Synagogenrats zwang die Gestapo dazu, dem Brand zuzusehen. Noch während die Synagoge brannte, liefen die Verhaftungen von Freiburger Juden an. 137 Menschen wurden „zu ihrer eigenen Sicherheit“ in „Schutzhaft“ genommen und am Abend mit der Eisenbahn ins KZ Dachau deportiert.

Mehrere hundert Zuschauer wohnten dem Schauspiel schweigend bei. Weder Ausdrücke von Freude noch des Protests waren erkennbar. Dies wurde als „Kritik im Schweigen“ interpretiert.

Auch den israelitischen Friedhof an der Elsässer Straße und jüdische Geschäfte in der Innenstadt verschonten die braunen Horden nicht.

Das Kaufhaus Knopf mit Fischbrunnen in der Kaiser-(Joseph-)Straße, um 1938

Kaufmann Sally Knopf erwarb 1898 das Gebäude, ließ es 1904 neu aufbauen und 1910 erweitern. Sein Sohn Arthur führte das Geschäft weiter. Als jüdischer Betrieb wurde Kaufhaus Knopf während der Nazi-Herrschaft boykottiert. Arthur Knopf sah sich 1938 zum Verkauf des Anwesens gezwungen und musste 1939 mit seiner Familie in die Schweiz fliehen. Das 1944 bis auf die Fassade zerstörte Gebäude galt als eines der charakteristischsten Bauwerke des Jugendstils.

Das Faulerbad bietet im Juni noch unbeschwerte Erholung – am 1. September beginnt der Krieg in Polen (Foto: Franz Kopp).

Zukunftspläne für Freiburg

In der Ratsherrensitzung vom 21. April wurden einige zukünftige Bauvorhaben bekannt gegeben. Die wesentlichen Projekte waren die Erstellung einer Landwirtschaftshalle in der Nähe der Kronenmatten, ein Schulhausneubau in Haslach und die Sanierung der Wohnverhältnisse in der Altstadt. Letzteres bezog sich insbesondere auf die Fischerau, die Turm- und die Konviktstraße. Vorrangig sollte die Häusergruppe der nördlichen Hälfte der Konviktstraße mit den Nummern 3 bis 13 in Angriff genommen werden, die ausnahmslos in schlechtem Zustand waren. Für diese Häuser kam größtenteils nur ein Abbruch und ein anschließender Neubau in Betracht. Für den Herbst verkündete der Oberbürgermeister den Baubeginn für einen neuen Hauptbahnhof an der Stelle des vorhandenen. Eine Korrektur dieser Aussage erfolgte bereits zwei Wochen später: Wegen Arbeiterknappheit sei in diesem Jahr doch noch nicht mit einem Baubeginn zu rechnen.

Neugestaltung des Zentraltheaters

Im Theatersaal der ehemaligen Wirtschaft „Storchen“ in der Schiffstr. 9 war im April 1908 der „Zentralkinematograph“ entstanden. Hier war auch der erste Tonfilm in Freiburg zu bestaunen. Die Ganterbrauerei erwarb 1937 das Grundstück und gab den Auftrag, das Kino nach neuestem technischen Stand herzurichten und zu einem Erstaufführungstheater zu erweitern. Im klimatisierten Zuschauerraum standen nun 540 Plätze zur Verfügung. Riesige Gewölbe konnten bei Luftgefahr alle Besucher aufnehmen. Mitte November eröffnete das völlig umgestaltete Haus mit der Erstaufführung des Ufa-Films „Die Geliebte“ mit Viktoria von Ballasko, Willy Fritsch, Grete Weiser und Lotte Betke.

Hier noch ein Fasnachtsumzug in der Hildastraße – schwere Zeiten kommen auf die Freiburger zu (Foto: Franz Kopp).

1939 CHRONIK

Am **8. Januar** ist die Einweihung des Freiburger Faschistenhauses in der Albertstr. 50. Es gehört der Auslandsorganisation „Casa d'Italia“ der faschistischen Partei Italiens.

In Freiburg leben noch 800 Menschen jüdischen Glaubens, das sind 0,73 % der Einwohner.

Eine „spontane Dank- und Freudenkundgebung“ findet am **19. März** auf dem Münsterplatz anlässlich des Protektorats über Böhmen und Mähren statt.

Am **1. April** hört der alte Landkreis Freiburg auf zu bestehen. An seine Stelle treten die neu zu bildenden Kreise Neustadt, Freiburg und Emmendingen.

Im **Frühjahr** wird eines der ältesten Häuser in der Hauptstraße in Herdern abgerissen, um die Verbindung der geplanten Urbanstraße mit der Sandstraße zu ermöglichen.

Ebenfalls im **Frühjahr** erhält Freiburg ein Pharmazeutisches Institut an der Katharinenstraße zwischen dem Pathologischen und dem Pharmakologischen Institut.

Vom **1. bis 5. August** findet die 8. Internationale Tagung für Parodontose-Forschung statt.

*Der Krieg mit Polen nimmt am **1. September** seinen Anfang. Am ersten Kriegstag wird das Ernährungs- und Wirtschaftsamt als neue städtische Dienststelle in der Rotteck-Oberrealschule in der Werderstraße eingerichtet, um die in Kraft getretenen Maßnahmen für die Lebensmittelrationierungen zu regeln. Anfang Dezember siedelt dieses Amt in die Hildaschule über.*

Bei Kriegsbeginn existieren 27 öffentliche Luftschutzräume, von denen sich neun noch im Bau befinden. Sie haben insgesamt Platz für 6371 Personen.

Nach den Sommerferien fällt der Schulunterricht aus. Auch der Lehrbetrieb an der Universität kommt zum Erliegen.

Eine Anordnung bestimmt die nächtliche Verdunkelung des Stadtgebiets als Dauermaßnahme während des Kriegs.

Am **1. Oktober** wird die jüdische Volksschule im Haus der Gemeinde, Rotteckstr. 9 Werthmannplatz, geschlossen.

Das am **13. Oktober** erstmals zusammengetretene Sondergericht Freiburg spricht ein Todesurteil wegen Plünderung aus. Das Sondergericht lässt keine Berufung und keine Revision zu.

Ende **Oktober** nehmen die höheren gewerblichen Handels- und Fachschulen ihren Unterricht wieder auf, sofern Luftschutzräume in den Kellergeschossen vorhanden sind.

Das Wohlfahrtsamt meldet die Beseitigung der Erwerbslosigkeit. Alle noch einsatzfähigen Arbeitskräfte waren zu den Westbefestigungen und sonstigen Bauvorhaben herangezogen worden.

Die „Luftschutzwarnzentrale Freiburg“ befindet sich im Keller des Hauptpostgebäudes in der Eisenbahnstraße.

Auf dem Lorettoberg wird die „Flugwache Hildaturm“ eingerichtet.

1940 CHRONIK

Am **8. Januar** beginnt der Lehrbetrieb an der Universität in vollem Umfang mit dem ersten Kriegs-Trimester.

Die zentrumsnahe „Freiburger Tagespost“ muss mangels Papierzuteilung zum **1. Februar** ihr Erscheinen einstellen. Ab **1. März** führt die „Freiburger Zeitung“ den Namen „Tagespost“ unter ihrem Titel.

Am **14. Februar** nehmen die Volksschulen den Unterricht wieder auf.

Beim ersten Generalappell am **18. Februar** in der Festhalle melden sich 1 200 junge Männer aus dem Kreis Freiburg freiwillig zum Eintritt in die Wehrmannschaften.

Die wieder eingeführte Sommerzeit beginnt am **1. April** um 2 Uhr morgens.

Anfang **April** konstatiert Oberbürgermeister Kerber einen Fehlbestand von 3 000 bis 4 000 Wohnungen in Freiburg.

In diesem Jahr finden keine offiziellen Feierlichkeiten am **1. Mai** statt.

Französischer Artilleriebeschuss bedroht erstmals am **11. Juni** die Stadt. Zwischen 2 und 7 Uhr schlagen mehrere Granaten südlich des Lorettobergs, in Merzhausen und in Günterstal in unbewohnte Gebiete ein.

Zwei Tage später beschießt französische Artillerie erneut die Gegend um den Flugplatz, die Firma Rhodiaseta und das Gaswerk.

Am Mittag des **25. Juni** läuten von 12 bis 12.15 Uhr zum ersten Mal seit Kriegsbeginn wieder die Kirchenglocken. Anlass ist die Unterzeichnung des Waffenstillstands mit Frankreich.

*In der ersten Hälfte des **Juli** ziehen wiederholt aus Frankreich zurückkehrende Truppenverbände durch die Stadt und werden von der Freiburger Bevölkerung unter großem Jubel begrüßt.*

Bei Fliegeralarm ertönen die Sirenen ab **10. Juli** „aus militärischen Gründen“ nur noch eine Minute lang.

Ab Mitte **August** sind öffentliche „Tanzlustbarkeiten“ bis auf weiteres verboten.

Zwischen dem **16. August** und dem **10. Oktober** gibt es mehrfach nächtliche Fliegeralarme ohne Bombenabwurf.

Anfang **Oktober** feiert die Universität die Immatrikulation von 117 Studentinnen und Studenten aus den eroberten Westgebieten Elsass, Luxemburg und Lothringen.

Ab **12. Oktober** gehört Freiburg nicht mehr zum Operationsgebiet.

Am **22./23. Oktober** werden etwa 360 noch in Freiburg verbliebene Juden nach Gurs in Südfrankreich verschleppt.

Nach der Deportation der jüdischen Familie Liefmann nach Gur zieht die Gestapo in deren Haus in der Goethestr. 33 ein.

Aufruf in der „Freiburger Zeitung“ im **November:** „Lumpen sind wichtig für die Textilwirtschaft. Laß sie nicht den Motten zum Fraß, gib sie an das nächste Schulkind weiter!“

Die katholische Mädchenschule St. Ursula wird geschlossen.

Die 2. Panzerdivision verlädt ihre Panzer am Wiehre-Bahnhof. (Foto: Franz Kopp)

Deutsche Flugzeuge bombardieren Freiburg

Ein Irrtum wird zur Rechtfertigung eigenen Terrors

Keine Alarmsirene kündete am Nachmittag des 10. Mai vom nahenden Verderben. Erst die Explosion abgeworfener Bomben veranlasste die Menschen zu Fluchtreaktionen. So auch eine größere Gruppe von Kindern, die aus dem umfriedeten Spielplatz an der Ecke Kolmarer-/Kreuzstraße dem schützenden Zuhause zustrebte. Doch kaum hatten die Kinder den Platz hinter sich gelassen, als unmittelbar vor ihnen eine Bombe in die Straße einschlug. Die heftige Splitterwirkung der so genannten Brisanzbombe brachte dreizehn Kindern den sofortigen Tod. Keines von ihnen hatte das zehnte Lebensjahr vollendet, das jüngste war gerade eineinhalb Jahre alt. Insgesamt kostete der Angriff 57 Menschen das Leben – 35 Erwachsenen (darunter elf Soldaten) und 22 Kindern –, Verletzungen trugen mehr als doppelt so viele davon. Obwohl an offiziellen Stellen schnell bekannt wurde, dass es drei deutsche Flugzeuge waren, die im Ganzen 69 Bomben abgeworfen hatten, nutzten die Machthaber die Tragödie als Rechtfertigung für Luftangriffe auf ausländische Städte, die sie als angebliche „Vergeltungsmaßnahmen“ deklarierten. Entgegen kursierender Gerüchte ergaben spätere Untersuchungen, dass die Bombardierung Freiburgs tatsächlich auf einem Irrtum der Flugzeugführer beruhte, die sich bereits über Frankreich wähnten.

Im Mai ziehen deutsche Truppen durch die Talstraße auf dem Weg nach Westen. (Foto: Franz Kopp)

Mit dieser Urkunde dankte der Reichsminister für Volksaufklärung und Propaganda für Kleiderspenden für die Soldaten an der Ostfront.

Jahresrückblick des Oberbürgermeisters

Wohnungs- und Straßenbau beschränkten sich auf notwendige Instandhaltungsarbeiten. Der bestehende Mangel an Wohnraum musste weiterhin in Kauf genommen werden. Als wesentliche Aufgabe der Stadt galt die Sicherstellung und Regelung der Versorgung mit Lebensgütern, die das Ernährungs- und Wirtschaftsamt übernahm. Die Beschäftigung von Hoch- und Tiefbauamt konzentrierte sich auf kriegswichtige Aufgaben wie beispielsweise die Umbauten der Hilfskrankenhäuser. Einen starken Aufschwung nahm jedoch die städtische Kulturarbeit, wenn auch in bescheidenerer Form als zu Friedenszeiten. Eine Vielzahl von Bühnenaufführungen und Konzerten sollte die Volksgenossen gelegentlich aus der rauen Wirklichkeit entführen, was diese auch in außergewöhnlichem Maße mit sich machen ließen. Speziell für die verwundeten Soldaten aus den Lazaretten wurden reichlich Veranstaltungen geboten.

Hotel Engel in der Engelstraße („Modernes Haus direkt am Münster") in besseren Zeiten (Foto: Wartberg Verlag)

Harte Strafen für „Wehrkraftzersetzung"

Der Umgang des Sondergerichts mit politisch anders Denkenden

Obwohl der Staatsanwalt einen minder schweren Fall konstatierte, verurteilte das Freiburger Sondergericht zwei Männer zu zehn Monaten bzw. einem Jahr Gefängnis. Dem 45-jährigen Gustav Banzer aus Freiburg und dem 41-jährigen Reinhard Straub aus Rheinfelden warf das Gericht vor, „während der Arbeit in kleinem Kreis ihre Meinung über die Politik der Regierung, über die Entstehung und das Ende des Krieges in einer gehässigen Weise geäußert" zu haben. Die beiden Angeklagten waren früher Angehörige von Linksparteien. Sie hätten versucht, „ihre abwegige politische Meinung anderen Arbeitskameraden aufzuzwingen", so dass die Gefahr der Bildung einer „Zersetzungszelle" bestand. Stefan Meier, der bis 1933 Reichstagsabgeordneter der SPD war, wurde am 21. Oktober vom Sondergericht ebenfalls wegen „Wehrkraftzersetzung" gar zu drei Jahren Zuchthaus verurteilt.

1941
Chronik

Anlässlich seines 75. Geburtstags am **10. Januar** wird Geheimrat Dr. Ludwig Aschoff zum „Ehrenbürger der Universität" ernannt.

Die Weihnachtsferien für Schüler und Lehrer enden mit dem ersten Schultag am **20. Januar**. Zukünftig beginnt das neue Schuljahr im Herbst.

Nur zögernd fragen die Freiburger in den Bäckereien das als wertvolle Ernährungsgrundlage beworbene Vollkornbrot nach, das im neuen Zuteilungsabschnitt erstmalig mit der so genannten Kuchenkarte zu erhalten ist.

Das Freiburger Sondergericht verurteilt erstmals einen „Zeugen Jehovas" wegen Weitergabe verbotener Zeitschriften zu einem Jahr Gefängnis und zur Übernahme der Gerichtskosten.

Willy Reichert, der schwäbische Humorist, gastiert am **19. Februar** mit seinem Ensemble vor ausverkauftem Haus im Stadttheater.

Das erste Heim der Freiburger Hitler-Jugend am Westende der Schenkendorfstraße in Haslach ist Ende März fertig gestellt.

Die volksdeutschen Umsiedler aus Bessarabien und Rumänien haben Unterkunft in der Kreispflegeanstalt gefunden.

Mitte **April** trainiert die deutsche Fußballnationalmannschaft im Universitätsstadion vor dem 25. Länderspiel gegen die Schweiz in Bern.

Vom **7. bis 15. Juni** findet die italienische Theaterwoche statt mit einigen Highlights wie beispielsweise der reichsdeutschen Erstaufführung der italienischen Oper „Die widerspenstige Braut" unter Anwesenheit des Komponisten Mario Persico.

*Das Freiburger Sondergericht fällt am **20. Juni** das zweite Todesurteil über den „Volksschädling" August Ullmann, unter anderem wegen schweren Diebstahls im Augustinermuseum.*

Das erste prominente Freiburger Opfer des Russlandfeldzugs ist der erfolgreiche Skisportler Rudi Cranz, der Bruder der Olympiasiegerin Christel Cranz.

Am **13. Juli** übernimmt die Freiburger Universität die Volksbildungsstätte (Erwachsenenbildung).

In der Schusterstr. 36 eröffnet im **August** eine hauswirtschaftliche Beratungsstelle.

Die staatliche Polizeiverwaltung in Freiburg führt ab **September** die Bezeichnung „Polizeipräsidium".

Im **November** wird der gesamte Freiburger Flugplatz von der Luftwaffe übernommen.

Der bekannte Gasthof zum „Engel" in der Engelstraße geht in Staatsbesitz über und hört damit auf zu existieren. Stattdessen ziehen die Kriminalpolizei und die Preisüberwachungsstelle dort ein.

Am kürzesten Tag des Jahres, dem **21. Dezember**, ist die Verdunkelung von genau 17.40 Uhr bis 9.17 Uhr vorgeschrieben.

Ende des Jahres wird das Lufthansa-Empfangsgebäude am Flugplatz gegenüber der „Hohen Brücke" (Kaiserstuhlstraße) fertig gestellt.

1942 CHRONIK

Die in Vereinen organisierten Skisportler geben Anfang **Januar** ihre Bretter und sonstige Ausrüstung zugunsten der Wehrmacht ab.

Bis zum **11. Januar** dauert die Sammlung aller entbehrlichen Woll- und Pelzsachen für die Front.

Prof. Dr. Maurer wird vorläufiger Leiter des im **Januar** neu errichteten Instituts für Volkskunde an der Universität.

Der alte Gasthof zum Hirschen in Günterstal wird im **April** zu einer Schule für Kindergartenbetreuerinnen der nationalsozialistischen Volkswohlfahrt eingerichtet.

Atemberaubende Hochseilartistik zeigt die Camilla-Mayer-Truppe am **22. April** auf dem Stühlinger Kirchplatz.

*Ein junges Paar will Anfang **Juni** die Spitze des Münsterturms erklettern, wird aber vor Vollendung des waghalsigen Ausflugs vom Turmwächter zurückbefohlen.*

Mitte **Juni** überreicht der Rektor der Universität, Prof. Dr. Süß, die Insignien der Würde eines Ehrensenators der Universität an Oberbürgermeister Kerber.

Zur Auffüllung der Metallreserven wird eine Reihe öffentlicher Denkmäler abmontiert, zum Beispiel die Kaiserstandbilder an der Kaiserbrücke.

Für den Stadtkreis Freiburg ergeht mit Datum vom **26. Juni** eine Wohnungsmeldeordnung, die unter anderem zur Meldung frei werdenden Wohnraums verpflichtet.

Ende **Juni** erfolgt entsprechend die Einrichtung einer städtischen Wohnungsstelle in der Herrenstr. 4, die zur Kontrolle des verfügbaren Wohnraums und zur Preisüberwachung gedacht ist.

Anfang **August** appelliert Gauleiter Robert Wagner in der Festhalle an den Durchhaltewillen der Bevölkerung unter der Parole: „Noch härter werden, noch mehr leisten!"

31 Personen werden am **23. August** in das KZ Theresienstadt deportiert.

Die bei der Herbstmodenschau der Damenschneider-Innung im Museumssaal gezeigten Modelle haben sich in ihrer Einfachheit und Schlichtheit der Punktekarte angepasst. Klein karierte Muster herrschen vor.

Am **8. November** findet im Großen Haus des Stadttheaters eine Morgenfeier aus Anlass des 80. Geburtstags von Gerhart Hauptmann statt.

Am **2. Dezember** trägt sich der erfolgreichste Jagdflieger Deutschlands, Major Hermann Graf, ins Goldene Buch der Stadt ein.

In der Nacht zum **18. Dezember** stirbt der Professor für neuere deutsche Literaturgeschichte und Herausgeber der „Kriegsbriefe gefallener Studenten", Dr. Philipp Witkop.

Stehen gebliebene Uhren an Fachgeschäften, die nicht repariert werden können, sollen alle auf 12 Uhr gestellt werden.

Das Standesamt übersiedelt Ende **Dezember** ins Colombischlößchen.

Städtische Straßenbahn in der Kaiserstraße – Frauen werden als Ersatz für die zum Krieg eingezogenen Männer eingesetzt. (Foto Wartberg Verlag)

Die Schaffnerinnen der Städtischen Straßenbahn

Eine Untersuchung des Amts für Statistik

Zum Stichtag 15. September 1941 beschäftigte die Städtische Straßenbahn 105 Schaffnerinnen, von denen Anfang 1942 noch 74 Dienst taten. Die Frauen waren als Ersatz für die zum Krieg eingezogenen Männer eingesetzt worden. Sie durften nicht jünger als 19 und nicht älter als 48 Jahre alt sein. Die meisten standen in den dreißiger Jahren, waren verheiratet und hatten Kinder. Dadurch ergab sich für die Mehrheit eine Dreifachbelastung durch Beruf, Haushalt und Kinderversorgung. Rund 80 % der Schaffnerinnen hatte keinen Beruf erlernt. Am häufigsten waren sie zuvor als Dienstmädchen, Haustochter, Wirtschafterin oder Fabrikarbeiterin beschäftigt gewesen. Die Arbeitszeit der Frauen betrug durchschnittlich 8 Stunden und 15 Minuten. Jeder sechste Tag und jeder sechste Sonntag war dienstfrei. Die Anzahl der Krankheitstage lag über der ihrer männlichen Kollegen.

Ein krisenfester Beruf

Noch im Alter von 83 Jahren versah der Schreinermeister Adolf Schlempp aus der Gutleutstr. 14 in Haslach seinen Dienst als Leichenschauer. Begonnen hatte er damit vor 50 Jahren, am 9. Juni 1892. Zum gleichen Zeitpunkt eröffnete er seine Schreinerei.

Die Bischofslinde an der Lehener Straße wird am 13. Juli als umgestürzt beschrieben. Sie sei „zersplittert, mit zahllosen Wunden, gefällt von einem Geschick, einer Gewalt, der ihre Jahrhunderte nicht trotzen konnten". (Foto: Kreisarchiv Breisgau-Hochschwarzwald)

Studentinnen im Arbeitseinsatz

In der Rhodiaseta arbeiteten über 30 Studentinnen in den Semesterferien vier Wochen lang unentgeltlich im so genannten „Arbeitsplatzablösungs-Einsatz". Auf diese Weise war es möglich, den fest angestellten Arbeiterinnen eine Lohnfortzahlung während des Urlaubs zu leisten. Die Studentinnen erhielten lediglich ein kostenloses Mittagessen in der Kantine und konnten das werkseigene Freibad benutzen. Abgesehen von dem sicher lehrreichen Effekt, einmal die Arbeitswelt aus der Perspektive der werktätigen Bevölkerung erleben zu können, wurde der Wert ihres Einsatzes in erster Linie als Mithilfe „am Gewinnen des großen kriegerischen Ringens" gewürdigt.

Die Badezeiten in den Freiburger Schwimmbädern, wie hier im Strandbad, werden auf 21 Uhr verlängert. (Foto: Wartberg Verlag)

Gemeinsamer Mittagstisch für Handwerker

Im April entstand am Schwabentorplatz ein Speisesaal zur gemeinschaftlichen Verpflegung von Angehörigen kleinerer Handwerksbetriebe. Die Einrichtung wurde vom „Sozialgewerk des Handwerks" getragen, einer sozialen Genossenschaft, die in Freiburg seit 1942 bestand. In ihr schlossen sich etwa 100 handwerkliche Betriebe zusammen zur Durchsetzung sozialer Vorteile für die Belegschaften. Das Gewerk hatte sich vier Aufgabengebiete vorgenommen: den Gesundheitsdienst, den Sport, das überbetriebliche Sparen und eben die Gemeinschaftsverpflegung. Das Handwerk reagierte damit auf Maßnahmen und Angebote, die in der Industrie schon länger den Beschäftigten zur Verfügung standen. Es wollte damit nicht zuletzt einer Abwanderung der Arbeiter in die industriellen Unternehmen entgegenwirken.

Erste Bombenangriffe auf die Stadt

In der Nacht zum Sonntag, den 3. Oktober, kam es ab 0.35 Uhr in diesem Krieg erstmals zu feindlichen Bombenabwürfen auf Freiburg. 17 britische Flugzeuge warfen zwölf Sprengbomben ab. Dabei wurden sechs Personen getötet und sieben leicht verletzt. Sechs Häuser (unter anderem in der Freiau) und der Eingangsbereich des Hirzbergstollens wurden beschädigt. Die Einschläge lagen beiderseits der Dreisam von der Kartäuserstraße bis nach Haslach (Bereich Schildacker südlich der Basler Straße). Den nächsten Bombenangriff flogen am 7. Oktober ab 23.33 Uhr wiederum britische Maschinen. Einschläge erfolgten in der Ferdinand-Weiß-Straße, Breisacher Straße, Herren- und Kartäuserstraße sowie im Stadtgarten und auf dem Schlossberg. Im Stadtgarten wurden insbesondere der Ententeich und das Papageienhäuschen getroffen und zerstört. Glücklicherweise gab es weder Tote noch schweren Gebäudeschaden.

Das östliche Ende der Turmstraße, zwischen dem Alten (links) und dem Neuen Rathaus lange vor den Bombenangriffen (Foto: Wartberg Verlag)

1943 Chronik

Die Ausgabe der vierten Kleiderkarte erfolgt in Freiburg ab dem **7. Januar.**

Aus Gründen der Stromersparnis fahren ab **21. Januar** die letzten Straßenbahnen schon um 21.40 Uhr vom Bertoldsbrunnen ab.

Wegen der Vernichtung der 6. Armee in Stalingrad ergeht die Anordnung, dass vom **4. bis 6. Februar** alle Unterhaltungsstätten, wie Kinos, Theater usw., zu schließen sind. Jede künstlerische oder unterhaltende Veranstaltung ist in dieser Zeit ebenfalls verboten.

Aufgrund kriegswirtschaftlicher Einschränkungen stellt die „Freiburger Zeitung", die einst der DVP nahe stand, mit dem **28. Februar** ihr Erscheinen ein. Damit besitzt „Der Alemanne" das lokale Zeitungsmonopol.

Am **1. April** eröffnen die von den Städtischen Bühnen durchgeführten Japan-Tage.

Das Studentenwerk richtet im „Schwarzwälder Hof" in der Herrenstraße ein Heim für kriegsversehrte Studenten ein.

*Ab **1. Mai** ersetzt ein Einheitsfahrscheinheft für zehn Fahrten zu 1,35 Mark die bisherigen Fahrscheinhefte für Lang- und Kurzstreckenfahrten zu 1,50 Mark bzw. 1,20 Mark. Der Einzelfahrschein kostet unverändert 20 Pfennig.*

In der **zweiten Maihälfte** eröffnet die NS-Volkswohlfahrt in Freiburg die erste Kinderkrippe und Krabbelstube in der Emmendingerstr. 1 (Gasthaus zum goldenen Sternen). Im Arbeitseinsatz stehende Mütter können dort ihre Kinder im Alter bis zu zwei Jahren tagsüber abgeben. Die Kleinen werden voll verpflegt.

Die Verweigerung einer Arbeitsdienstverpflichtung ahndet das Amtsgericht mit drei Monaten Gefängnis.

Auf der Omnibuslinie nach St. Georgen kommen im **Mai** Anhänger zum Einsatz.

Im **Juni** geht der eindringliche Appell an die Stadtbevölkerung, sich als Erntehelfer in der Landwirtschaft zur Verfügung zu stellen.

Mitte **Juli** wird ein Teil der Universitäts-Frauenklinik als behelfsmäßige Erweiterung der Chirurgischen Klinik in Betrieb genommen.

„Arthuro & Sohn", zwei beliebte Freiburger Artisten, treten Ende **Juli** nach langer Zeit auswärtiger Auftritte, vor allem vor Soldaten, im heimischen „Casino" auf.

An der Freiburger Rechts- und Staatswissenschaftlichen Fakultät entsteht die Widerstandsgruppe „Kakadu" (Kriegskrüppel an der Universität).

In manchen Hotels kann man nur übernachten, wenn man seine eigene Bettwäsche dabei hat.

Auf zwei Etagen des leer stehenden Hauses Hettlage breitet sich um die **Mitte des Dezembers** die Spielzeugausstellung der Hitler-Jugend aus.

Am **23. Dezember** erfreut Professor Elly Ney, die „Künderin Beethovens", die Universitätsangehörigen im Kuppelsaal mit einem Konzert.

1944 CHRONIK

Im **Januar** werden die Fluchtwege und Straßen zu den öffentlichen Grünflächen mit großen weißen Leuchtpfeilen gekennzeichnet.

Am **5. und 6. Februar** sind Schauvorführungen der Luftschutzpolizei mit praktischen Übungen auf dem Meßplatz, Stühlinger Kirchenplatz und Karlsplatz.

Der Schloßbergstollen hat Ende **Mai** entlang der Schloßbergstraße drei Zugänge (Schloßbergstr. 5, 7 und 9), die untereinander verbunden sind.

*Nach einem Erlass des Polizeipräsidenten als örtlichem Luftschutzleiter vom **10. Juni** sind die öffentlichen Luftschutzbauwerke (Luftschutzstollen, öffentliche Luftschutzräume und betonierte Deckungsgräben) in erster Linie Müttern und Kindern vorbehalten. Männlichen Personen zwischen 16 und 70 Jahre ist die Benutzung untersagt, ausgenommen Kranke und Gebrechliche.*

Am **27. Juli** versammeln sich 50 000 Volksgenossen auf dem Münsterplatz, um dem von Kreisleiter Dr. Karl Neuscheler verkündeten Schwur zur treuen Gefolgschaft für den Führer sowie der Forderung zum totalen Kriegseinsatz begeistert zuzustimmen.

Ende **August** erfolgt die Einstellung aller Theater-, Varieté- und Orchesteraufführungen. Die Kinos spielen jedoch weiter.

Eine allgemeine Urlaubssperre tritt in Kraft.

Die 60-Stunden-Woche für Männer und die 56-Stunden-Woche für Frauen und Jugendliche über 16 Jahre wird einheitlich eingeführt.

Am **1. September** stellen die Städtischen Bühnen die Arbeit ein, ebenso die städtische Haushaltungs- und Musikschule.

In der NSDAP-Ortsgruppe Oberau wird am **25. Oktober** der erste Erfassungsappell von Freiburger Volkssturmmännern durchgeführt.

Am **12. und 26. November** werden die Freiburger Volkssturmmänner im Universitätsstadion auf Adolf Hitler vereidigt.

Kreisleiter Neuscheler eröffnet am **20. November** in der Adolf-Hitler-Str. 170 ein neu eingerichtetes Tagesheim für die Verwundeten.

„Der Alemanne, Kampfblatt der Nationalsozialisten Oberbadens“, der als allein verbliebene Zeitung bereits am **30. November** wieder erscheint, postuliert als einzige Konsequenz aus der Zerstörung Freiburgs: „Weiterkämpfen und aushalten bis zum Sieg!“

Anfang **Dezember** setzt eine panikartige und umfangreiche Fluchtbewegung aus Freiburg Richtung Schwarzwald ein.

Weitere Luftangriffe auf Freiburg am **2., 3., 17., 22., 25., 29. und 30. Dezember** fordern wiederum Tote und Verletzte.

In einer Rangliste von Straftaten nimmt Freiburg unter 33 Großstädten Deutschlands den unumstrittenen Platz eins bei den Plünderungsdelikten ein, bei anderen Straftaten immerhin noch den dritten Platz.

Am **31. Dezember** hat Freiburg noch 63 962 Einwohner.

So sah der nördliche Münsterplatz im Jahr 1944 vor der Zerstörung aus ... (Foto: Stadtplanungsamt Freiburg)

... und so – aus gleicher Perspektive – nach dem 27. November. (Foto: Stadtplanungsamt Freiburg)

Dem Untergang geweiht

Freiburgs Zerstörung am 27. November

Innerhalb von 23 Minuten wurde Freiburg am Abend des 27. November bei einem Bombenangriff der britischen Royal Air Force zerstört. Betroffen waren vor allem die Altstadt, der Stühlinger, das Instituts- und Klinikviertel sowie die Stadtteile Lehen und Betzenhausen. Die Briten zeigten sich zufrieden mit dem Ergebnis ihres „ruhigen Ausflugs“. Sie hielten ihre Aktion für „einen sehr guten“ und „ausgezeichneten Angriff“. Für die strategisch sinnlose und taktisch verfehlte, dafür aber terroristisch umso erfolgreichere Vernichtungstat wurden einige Beteiligte auch noch besonders ausgezeichnet. Die Bilanz des Grauens ergab 2 797 tote Menschen und etwa 9 600 Verletzte. Rund 1 Million Kubikmeter Schuttmassen. 24 km des Verkehrsnetzes innerhalb der Stadt waren verschüttet, 240 km Rohrleitung der Wasserversorgung außer Betrieb. Das Tiefkanalnetz hatte ca. 300 Schadenstellen, darunter solche bis zu 300 m Länge. Vom Gasrohrnetz waren insgesamt 40 km völlig zerstört, die Straßenbeleuchtung war zu 70 % unbrauchbar.

Der Totalverlust an Gebäuden betrug etwa 45 %, die Beschädigung bzw. der Verlust an Wohnraum 72,4 %. Von den rund 30 000 Wohnungen waren fast 6 000 völlig zerstört, mehr als 2 000 schwer, rund 1 500 mittelschwer und ca. 12 000 leicht beschädigt. Ungefähr ¾ des gesamten Wohnungsbestands der Friedenszeit waren also aufbau- bzw. reparaturbedürftig.

Ein großer öffentlicher Friedhof, aus dem nur noch die Grabmäler emporragen (Foto: Johanne Eißner)

Der Bombenterror geht weiter

Die Bombardierungen begannen bereits am Neujahrstag wieder. Bei erneut schweren Luftangriffen am 8. Februar wurden letztlich 71 Personen getötet und umfangreiche Zerstörungen angerichtet. Den ganzen Februar über kam es zu weiteren Luftangriffen der Alliierten auf das Stadtgebiet, die Tote, Verletzte und Gebäudeschäden zur Folge hatten. Der Angriffsterror setzte sich bis einschließlich 16. März unvermindert fort. Nach einer vierwöchigen Pause erfolgte am 16. April der letzte Bomben- und Bordwaffenangriff auf Freiburg.

Politischer Neuanfang in der Stadt

Erste demokratische Gehversuche

Am 22. April bestätigte der französische Stadtkommandant, Capitain Le Marois, Oberrechtsrat Dr. Max Keller als kommissarischen Leiter der Freiburger Stadtverwaltung. Erste politische Aktivitäten entfaltete eine „Antifaschistische Aufbaugruppe", anfangs überwiegend aus Kommunisten, Sozialisten und Gewerkschaftern bestehend, letztlich auch aus christlichen und liberalen Kreisen ergänzt. Mit der Wiederzulassung von Parteien löste sich die Gruppe auf. Am 1. Juni setzte die Militärregierung zunächst Dr. Max Keller zum Oberbürgermeister ein. Im weiteren Verlauf des Monats kam es zu Gewerkschaftsgründungen. Die Gewerkschaften richteten ihr erstes Büro im ehemaligen Haus der Arbeiterwohlfahrt in der Markgrafenstraße ein. Die offizielle Gründungsgenehmigung der französischen Besatzungsmacht erfolgte erst am 10. September. Am 8. November wurde schließlich Dr Wolfgang Hoffmann vom Badischen Ministerium des Innern zum Oberbürgermeister ernannt. Die erste Gemeinderatssitzung fand am 16. November statt. Neben Oberbürgermeister Hoffmann wurde der Sozialdemokrat Franz Geiler sein erster, der Kommunist Urban Keller sein zweiter Stellvertreter. Dem Gemeinderat gehörten vier Bürgerliche, vier Sozialdemokraten und zwei Kommunisten an. In einer Stadtratssitzung Mitte Dezember beschloss man die Bildung eines „Wiederaufbaubüros" und berief Oberbaudirektor Dr. Joseph Schlippe an dessen Spitze.

Im Oktober nimmt General Charles de Gaulle (am linken Bildrand) an einer Truppenparade bei der Kaiserbrücke teil, (Foto: Gertrud Teirich)

1945 Chronik

Am **25. Januar** findet die erste nichtöffentliche Stadtratssitzung nach dem verheerenden Vernichtungsangriff in der „Kyburg" in Günterstal statt.

Noch im **März** können tägliche Lebensmittelrationen mit einem Kalorienwert von 1759 für Normalverbraucher über 17 Jahre ausgegeben werden.

Am **5. April** befördert Gauleiter und Reichsstatthalter Wagner Freiburgs Oberbürgermeister Dr. Kerber zum badischen Ministerpräsidenten. Damit sind zugleich die Geschäfte des badischen Finanz- und Wirtschaftsministers sowie des Vorsitzenden der Rüstungskommission und des Präsidenten der Gauwirtschaftskammer Oberrhein verbunden.

Mehrere Freiburger, darunter der ehemalige Oberbürgermeister Dr. Kerber und die Bürgerin Philomene Steiger aus Herdern, drängen Generalmajor Bader zur kampflosen Übergabe von Freiburg.

Am Abend des **21. April** ist Freiburg in der Hand der französischen Armee. Die Eroberer benehmen sich wie Eroberer: Sie vergewaltigen, bedrohen, plündern.

Die weiße Fahne auf der als Dienstgebäude der Stadtverwaltung benutzten Gewerbeschule symbolisiert das Ende der Naziherrschaft und den Beginn der Besatzungszeit.

Vom **23. April** an besteht eine Ausgangssperre von 19 bis 7 Uhr. Ohne Genehmigung darf das Stadtgebiet nicht verlassen werden. Männliche Zivilisten haben alliierte Offiziere zu grüßen.

Ende **April** verlassen die französischen Kampftruppen die Stadt.

Zu diesem Zeitpunkt sind in Freiburg 26 000 Frauen als Arbeiterinnen und Angestellte beschäftigt, dagegen nur 18 000 Männer. Im Dezember hat sich das Verhältnis umgekehrt.

Ende **April** leben noch 57 974 Menschen in Freiburg.

Am **16. Mai** fährt die Straßenbahn wieder durch die Stadt.

Am **1. Juli** ziehen die ersten Häftlinge in das „Internierungslager für politische Häftlinge" Ecke Lehener- und Idingerstraße. Sie werden unter anderem zur Schuttaufräumung und Brennholzbeschaffung eingesetzt.

Der Sitz der französischen Militärregierung für Baden befindet sich ab **10. Juli** in Freiburg.

Im **August** und **September** sinken die Werte mit 593 und 586 Kalorien pro Tag auf den tiefsten Stand der gesamten Nachkriegszeit. Zur katastrophalen Lebensmittelversorgung trägt die französische Besatzungsmacht maßgeblich bei.

Am **4. September** findet man den ehemaligen Oberbürgermeister Dr. Franz Kerber tot vor seiner Hütte am Schauinsland. Sein gewaltsames Ende bleibt unaufgeklärt.

Bis **Ende des Jahres** sind 5 914 Wehrmachtsangehörige aus der Kriegsgefangenschaft nach Freiburg zurückgekehrt.

1946 CHRONIK

Die Kinderhilfsaktion „Schweizer Spende" beginnt in Freiburg ihre Tätigkeit am **16. Januar**.

Im **Januar** berichtet das Arbeitsamt vom Ausfall vieler Arbeitstage, weil die arbeitenden Menschen wegen körperlicher Schwäche zu Hause bleiben müssen.

Mitte **Februar** beginnt die Schülerspeisung der „Schweizer Spende" bei den eigens dafür errichteten drei Baracken beim alten Wiehre-Bahnhof an der Urachstraße. Zunächst werden 1 000 besonders gesundheitsgefährdete und unterernährte Schulkinder versorgt.

Oberbaudirektor Dr. Schlippe stellt seine Pläne für den Wiederaufbau von Freiburg vor.

Am **1. April** waren die Ernährer von 2 375 Freiburger Familien noch nicht vom Krieg zurückgekehrt.

Im **Frühjahr** teilt die Stadtverwaltung 900 neue Kleingärten zu, um den Selbstversorgungsgrad in der Stadt zu erhöhen.

Die französische Militärregierung residiert in der Schule an der Schützenallee.

Die Trümmerbeseitigung am Bahnhof beginnt. Oberbürgermeister Hoffmann legt mit Hand an.

*Ab **Mai** versuchen die Behörden mit geringem Erfolg, die vor allem zu den Kaiserstühler Bauern führenden Hamsterfahrten der Freiburger zu unterbinden.*

Als Merkmal für die starke Unterernährung wird der Anstieg der Kindersterblichkeit bis **Mai** auf 18,8 % gegenüber durchschnittlich 5 % in den ersten Kriegsjahren gesehen.

Im **Juli** zeigt die Militärregierung im Historischen Kaufhaus eine Ausstellung über NS-Verbrechen, bei der auch ehemalige KZ-Häftlinge zu Wort kommen.

Im gleichen Monat werden im Stadtkreis Freiburg 5 536 Gewerkschaftsmitglieder gezählt.

Die erste Freiburger Rundfunksendung ist am **13. August** zu hören. Das Landesstudio Freiburg des Südwestfunks strahlt ein eigenes Programm aus.

Zugunsten der Bombengeschädigten in Freiburg werden auf den Trümmern des nördlichen Münsterplatzes Passionsspiele aufgeführt.

Mit Stand vom **September** hat die französische Besatzung 2 540 Wohnungen mit rund 5 600 Räumen für ihre Zwecke beschlagnahmt.

Die Gründung der Freien Waldorfschule erfolgt am **29. September**.

Im **Oktober** trifft eine Delegation der amerikanischen Quäker in Freiburg ein, um Hilfe für die Stadt zu organisieren. Bis Mitte 1949 verteilen sie 468 Tonnen Lebensmittel an die Freiburger Bevölkerung.

Im **Oktober** wird das erste Institut Français auf deutschem Boden gegründet.

Eine Flüchtlingsbetreuungsstelle steht ab **Spätjahr** zur Verfügung.

Von den jährlichen 4,2 kg Friedensbedarf an Bekleidung pro Kopf der Bevölkerung werden gerade noch 2,4 % zugewiesen.

Wohl sind die Straßen schon freigelegt, doch in den Ruinen liegen noch Leichen. Blick vom Münster nach Norden zum Institutsviertel. (Foto: Hans Sigmund)

Der neue demokratische Staat

Die Entstehung des Landes (Süd-)Baden in der Landeshauptstadt Freiburg

Am 17. November fand die Wahl der Mitglieder der Beratenden Landesversammlung für Baden statt. Davon waren 40 von den Mitgliedern der Kreisversammlungen und 21 von den Gemeinderäten der Städte über 7 000 Einwohner zu wählen. Die Aufteilung der Abgeordnetensitze sah danach folgendermaßen aus: BCSV 37, Sozialdemokraten 11, Demokraten 9 und Kommunisten 4. Auf der konstituierenden Sitzung des „Vorparlaments" am 22. November im Historischen Kaufhaus am Münsterplatz übergab dann der französische Gouverneur Pène die politische Führung des Landes Baden in die Eigenverantwortung des badischen Volkes. Leo Wohleb, der Landesvorsitzende der BCSV, wurde nahezu einstimmig zum Präsidenten der neuen Regierung gewählt. Desgleichen seine drei Stellvertreter: als Erster Bürgermeister Franz Geiler (SP), als Zweiter Abgeordneter Mall (DP) und als Dritter Abgeordneter Eckert (KP).

Parteiengründungen

Vier Freiburger machten am 2. Januar den Anfang, indem sie um die Zulassung der Kommunistischen Partei (KP) für die Französische Zone ersuchten. Die offizielle Anerkennung durch die französische Militärregierung erfolgte am 6. Februar. Sieben ehemalige Freiburger Sozialdemokraten beantragten beim Oberbürgermeister die Zulassung der „Sozialistischen Partei Land Baden", die einen Monat später genehmigt wurde. Der Gründungsparteitag der „Badischen Christlich-Sozialen Volkspartei" (BCSV) war am 24. Februar im Historischen Kaufhaus. Sie hatte sich als überkonfessionelle Partei aus der Christlichen Arbeitsgemeinschaft und dem ehemaligen „Zentrum" gebildet. Ihr Erster Vorsitzender hieß Leo Wohleb. Am 16. März wurde die Demokratische Partei (DP; Liberale) zugelassen. Auf dem Parteitag am 9. und 10. November in der Werkhalle der Bürotechnikfabrik „Fortschritt" in Haslach veränderte die Sozialistische Partei Südbadens ihren Namen in Sozialdemokratische Partei, um damit den Anschluss an die Gesamtpartei der Sozialdemokratie der Westzonen auch äußerlich zu vollziehen.

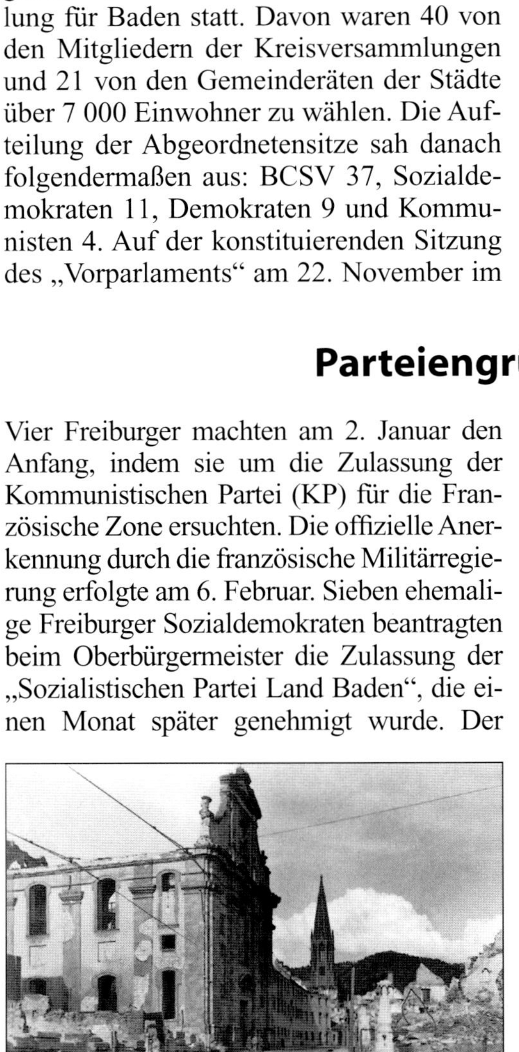

Blick in die Bertoldstraße nach Osten (Foto: Kreisarchiv Breisgau-Hochschwarzwald)

Frauen aus verschiedenen Parteien (KP, SP, DP) und Verbänden (z.B. Hausfrauenverband) gründeten im August den überparteilichen „Freiburger Frauenausschuss", der eine völlige Gleichberechtigung der Frauen verlangte.

Aufräumarbeiten in der Innenstadt; im Hintergrund die Kirche St. Martin (Foto: Kreisarchiv Breisgau-Hochschwarzwald)

Der Schuttexpress rollt an

Zur Beschleunigung des Abtransports der Trümmer baute die Stadt eine Feldbahn, die am 12. Februar ihre erste Fahrt antrat. Die acht von einer Lokomotive gezogenen Loren fuhren von der Albert- in die Mathildenstraße, über den Hohenzollernplatz, durch die Barbara- und Breisacher Straße zur Kiesgrube Flückiger. Die Gleisanlage sollte noch bis zur Ring- und Kaiser-Joseph-Straße verlängert werden. Um täglich 150 Kubikmeter Trümmerschutt abtransportieren zu können, waren 300 Arbeitskräfte notwendig. In der Katharinenstraße entstand eine Sortieranlage und in der Rheinstraße eine Anlage zur Sandgewinnung.

Die große Not der Freiburger
Aus einem Bericht des Wohlfahrtsamts

Bei ärztlichen Untersuchungen wurden in immer stärkerem Maß Hungerödem und andere Mangelkrankheiten, wiederausbrechende Tuberkulose sowie Neuinfizierungen gemeldet. Dabei ging die Betroffenheit quer durch alle Bevölkerungsschichten. Schulkinder wiesen Untergewichtigkeit von sieben und mehr Kilo auf. Die Kinder- und Säuglingssterblichkeit nahm merklich zu. Junge Mütter waren oft sechs Wochen nach der Geburt noch nicht arbeitsfähig. Fast die Hälfte der Freiburger Bevölkerung hatte keine Kartoffeln, auch die andere Hälfte konnte kaum ausreichend versorgt werden. Man stellte fest, dass 30 000 Einwohner, abgesehen von dem, was sie auf dem Leib trugen, ohne Kleider, Wäsche und Hausrat waren. Von 100 befragten Patienten, die sich wegen infektiöser Krankheiten in Dauerbehandlung befanden, besaßen fünf einwandfreies Schuhwerk. Die meisten konnten nur einmal im Monat ihre Wäsche wechseln.

Die Gründung des Freiburger Frauenrings

Die Gründungsversammlung des Freiburger Frauenrings fand am 7. Juni in den Büroräumen der Schreiberstr. 10, 1. Stock, statt. Es handelte sich um einen Zusammenschluss aller Frauen auf unparteilicher, überkonfessioneller und überberuflicher Grundlage. Das Programm sah folgende Punkte vor:

1. Die Verwirklichung eines dauernden Friedens.
2. Die Linderung der körperlichen und seelischen Not unserer Zeit.
3. Die Gesundung des Familienlebens, Wiedererweckung des Gefühls für menschliche und nationale Würde.
4. Eine stärkere Einschaltung der Frauen in das öffentliche und soziale Leben, um seiner Entseelung, Verflachung und Schematisierung entgegenzuwirken.
5. Die kameradschaftliche Zusammenarbeit von Mann und Frau unter gleicher Wertung ihrer Arbeit.
6. Den Gedankenaustausch und die Verbindung mit den Frauen anderer Länder.

1947 Chronik

Das Colombischlößle wird **Anfang des Jahres** Badische Staatskanzlei.

Alle Männer zwischen dem 16. und 60. Lebensjahr sind verpflichtet, einen Arbeitstag innerhalb von zwei Monaten für die Trümmerhilfe zu leisten. Jedes Studenten Pflicht ist es, als Voraussetzung zum Studium, 56 Stunden pro Semester mitzuhelfen.

Anfang **Februar** wohnen 1 847 Flüchtlinge in Freiburg, davon befinden sich 745 in Arbeit, 118 nehmen die öffentliche Fürsorge in Anspruch.

***Seit Oktober 1946** sind rund 12 000 CARE-Pakete aus den USA in Freiburg angekommen. Über zwei Drittel davon hat die Stadtbevölkerung erhalten.*

Ein Sonderkontingent von 3 000 Kilo Geschirr steht Ende **Februar** den Bombengeschädigten zur Verfügung.

Einige ausgebombte Geschäftsleute erhalten im **Februar** die Genehmigung zur Errichtung von Behelfsläden vor den Ruinen des Berthold-Gymnasiums in der Bertoldstraße.

Ab **3. März** schließt ein Drittel der Bäckereien in der Stadt wegen Brennstoffknappheit.

Im März gibt es etwa 200 Kinder in Freiburg, deren Väter „Angehörige der Vereinten Nationen“ sind.

Alle Freiburger Kinder zwischen drei und sechs Jahren erhalten Mitte **April** eine Quäkerspende.

Anfang **Mai** ist die Einweihung eines neuen Übernachtungsheims der Bahnhofsmission „St. Raphael“ an der Lehener Unterführung, Ecke Stefan-Meier-Str. 7.

Beim Volksentscheid über die badische Verfassung am **18. Mai** stimmen 59,06 % der Wähler dafür und 40,04 % dagegen.

Am gleichen Tag ist auch Landtagswahl. Rund 46 % der Stimmen erhält die BCSV, knapp 29 % die SP, nicht ganz 17 % die DP und die KP etwas über 8 %.

Am **24. Juni** wählt der Landtag im Saal des Historischen Kaufhauses Leo Wohleb zum ersten badischen Staatspräsidenten.

Der Gewerkschafter und Kommunist Max Faulhaber ist maßgeblich am Entwurf für ein Betriebsrätegesetz beteiligt.

Nach zehn Jahren Zwangspause findet am **13. Oktober** das erste Seifenkistenrennen auf der Strecke Eichhalde–Rötebuckweg statt. Etwa 10 000 Zuschauer jubeln rund 100 Teilnehmern zu.

Eine zweite Gruppe von Zigeunern tritt in Erscheinung. Sie umfasst etwa 30 Familien, überwiegend ehemals internierte Zigeuner, die aus Polen nach Freiburg kommen und sich am Westrand der Stadt in primitiven selbst geschaffenen Unterkünften niederlassen.

In der **ersten Novemberhälfte** lehnen die Unternehmer den Entwurf für ein Betriebsrätegesetz ab.

Die Badische Christlich-Soziale Volkspartei ändert Ende **November** ihren Namen in Christlich-Demokratische Union (CDU) Baden.

1948 CHRONIK

Die Wiederinbetriebnahme der Chirurgischen Universitätsklinik in der Hugstetterstraße wird am **10. Januar** feierlich begangen.

Mitte **Januar** verlassen die sozialdemokratischen Minister die neue badische Regierung, vor allem wegen Unstimmigkeiten bezüglich der Agrarreform und Enteignungsfragen.

Am **22. Januar** organisiert der Ortsausschuss der Freiburger Gewerkschaften eine Großveranstaltung zum Mitbestimmungsrecht in der Straßenbahnhalle in der Urachstraße. Etwa 5 000 Personen nehmen teil.

Erzbischof Konrad Gröber stirbt am **14. Februar**.

Der Bach-Chor führt in der Johanneskirche die Matthäus-Passion von Johann Sebastian Bach auf. Mit von der Partie ist der später berühmte Sänger Dietrich Fischer-Dieskau.

Am **1. April** beginnt die Trümmerbeseitigung aus dem Block zwischen Kasernen- und Engelstraße sowie zwischen Herren- und Kaiser-Joseph-Straße.

Bei Aufräumungsarbeiten werden Ende ***Mai*** *unter den Trümmern des Gebäudekomplexes Ringstr. 2 und Weberstr. 5 noch zehn Tote gefunden.*

Der Freiburger Frauenring richtet am **20. Juni** am Bertoldsbrunnen eine Arbeitsvermittlungsstelle für Frauen aller Altersstufen ein.

Erst nach der Währungsreform kann der eigentliche Wiederaufbau beginnen.

Die zweite Landesexportschau BIGA eröffnet am **2. Juli** im Stadtgarten.

Die Militärregierung beschlagnahmt am **3. Juli** das Lorettobad für ihre Angehörigen.

Das Diakonissenhaus feiert Anfang **Juli** sein 50-jähriges Bestehen.

Die Gutleutstraße in Haslach wird in Carl-Kistner-Straße umbenannt.

Der erste Freiburger Kindergarten (Kinderbewahranstalt) in der Wallstr. 13 kann am **13. Juli** auf sein respektables Alter von 100 Jahren zurückblicken.

Am **30. Juli** grüßt der Hildaturm seit 60 Jahren vom Lorettoberg.

Die Trümmeraufbereitungsanlage am Karlsplatz produziert monatlich 200 000 Ziegelsteine.

Bürgermeister Franz Geiler stirbt am **14. August** im 70. Lebensjahr.

Die badische Regierung tritt am **26. August** mit der Begründung zurück, sie könne nicht die Verantwortung für die angeordneten Demontagen übernehmen.

In der überfüllten Straßenbahnhalle veranstaltet die Europa-Union am **10. Oktober** eine Kundgebung für ein geeintes Europa. Einige ausländische Redner kommen zu Wort.

In der Straßenbahnhalle tritt auch Konrad Adenauer am **11. November** als Wahlhelfer für die CDU zur Kommunalwahl auf.

Am **14. November** wählen die Freiburger die 24 Mitglieder des neuen Stadtrats. Davon gehören 11 der CDU, 8 der SPD, 4 der Demokratischen Partei und eines der KPD an.

Das Alte Rathaus harrt seines Wiederaufbaus. (Foto: Stadtplanungsamt Freiburg)

Bauen auf Widerruf

Der größte Teil der Bauvorhaben in der Innenstadt wurde nur auf Widerruf genehmigt. Die Bauherren mussten sich vertraglich verpflichten, das neu aufgebaute Haus ohne Entschädigung abzureißen oder zu verändern, falls dies der noch nicht festgelegte Aufbauplan der Innenstadt mit den dazu notwendigen Grundstücksumlagen erfordern sollte. Von den Vorbehalten waren vor allem betroffen die Häuser Müller, Richter und Hettlage in der Kaiser-Joseph-Straße, das Haus der Süddeutschen Kreditanstalt an der Münsterstraße und die Behelfsgaststätte der Alten Burse. Auch die Bauten der Konditorei Schmidt an der Brunnenstraße, der Bäckerei Kaul, einer Metzgerei und die Geschäftsräume der Lebensmittelgroßhandlung Pleiner an der Bertoldstraße sahen die Behörden als problematisch an. Die Firma Werner-Blust, die in der Drehergasse wiederaufbaute, das Bankhaus Krebs und das Haus Herzog am Münsterplatz hatten dagegen keine Veränderungen zu fürchten.

40 Deutsche Mark „Kopfgeld“

Die Situation in Freiburg vor und nach der Währungsreform

An den Tagen vor der Währungsreform am 20. Juni stürmten die Freiburger die Geschäfte, um sich mit mehr oder weniger sinnvollen Sachwerten einzudecken. Der letzte Ramsch ging für die wertlos werdende Reichsmark über die Ladentheken. Vor allen Bäckereien bildeten sich Schlangen in einem Ausmaß wie schon lange nicht mehr. Am Nachmittag gab's kein Brot mehr. Auch Kinos und Gaststätten verzeichneten einen ungewohnten Zuspruch.

An 93 Ausgabestellen konnten die Freiburger ihr „Kopfgeld“ in Höhe von 40 DM abholen. In den Tagen danach zeigte sich nüchterne Zurückhaltung seitens der Käufer. In den Geschäften wurden dagegen plötzlich wieder Dinge angeboten, die seit Jahren nicht mehr zu erhalten gewesen waren. In der Herrenstraße bot ein Bauer Gemüse zum Verkauf an – ohne nach Karten oder Kundenliste zu fragen. Auf dem Wochenmarkt am Münsterplatz verkauften die Landleute die ersten Pfirsiche frei für eine Deutsche Mark. Der laute Plumps, mit dem die Bauern vom hohen Ross fielen, war bis in die Stadt zu hören.

Am 22. Juni befanden sich an Bargeld gerade mal 26 Mark im Stadtsäckel – berichtete der Oberbürgermeister dem Landtag. Kinos, Theater und Konzertveranstalter senkten ihre Preise, desgleichen Friseure und Gaststätten. Es galt, gut zu überlegen, wie die 40 Mark am besten angelegt wären.

Die Kandelhof-Lichtspiele

Mit dem Film „Menschen in Gottes Hand“ von Rolf Meyer eröffnete das fünfte Freiburger Kino am 11. November in der Gaststätte Kandelhof am Rennweg. Nachdem es bis zur Baugenehmigung anderthalb Jahre gedauert hatte, gelang der Umbau in wenigen Monaten. Mit zwei modernen Vorführapparaten, einer drei auf vier Meter großen Leinwand und 350 Sitzplätzen war es als Erstaufführungstheater konzipiert. An Personal standen zur Verfügung zwei Vorführer, vier Platzanweiserinnen, eine Kassiererin und ein Portier.

Das zweite Hauptbahnhofgebäude war nur als Provisorium gedacht; im Hintergrund die Herz-Jesu-Kirche im Stühlinger und links die Löwenbrauerei. (Foto: Erika Schreiber)

Der Bau von über 700 Wohnungen geplant

Das Prioritätsprogramm des Wiederaufbaus

Oberbaudirektor Schlippe gab in der Stadtratssitzung vom 25. Februar das Wiederaufbauprogramm bekannt. Das so genannte Prioritätsprogramm für den Bau von über 700 Wohnungen war zeitlich gegliedert. Die erste Dringlichkeitsstufe sah die Instandsetzung von 80 Wohnungen (Artilleriekaserne, Reutebachgasse, Beurbarungs- und Elsässerstraße, Rasenweg, Stein-, Tell- und Ferdinand-Weiß-Straße) seitens des Städtischen Hochbauamts und von 35 Wohnungen (Tennenbacher-, Lortzing-, Spittelackerstraße und im Schillhof) seitens der Siedlungsgesellschaft vor. Letztere war zusätzlich mit dem Ausbau von 19 Dachwohnungen (Rennweg, Kandel-, Friedhofstraße und im Schillhof) und dem Neubau von 58 Wohnungen (Bohl-, Ufer- und Carl-Mez-Straße) betraut. Hinzu kamen 181 Instandsetzungen bzw. Neubauten des Bauvereins (Carl-Kistner-, Hornus-, Lahrer Straße und Karl-Sieder-Weg), der Gagfah (Hohenzollern- und Breisacherstraße) sowie der „Familienheim" am Allmendweg. In der zweiten Dringlichkeitsstufe standen Instandsetzungen des Hochbauamts von 63 Wohnungen (Beurbarungs-, Elsässer-, Ferdinand-Weiß-Straße) an. Die Siedlungsgesellschaft plante die Wiederherstellung von 30 Wohnungen in der Tennenbacher- und Lortzingstraße sowie Neubauten (Ochsenstein/Rasenweg, Reiterstraße und am Komturplatz). Der Bauverein beabsichtigte die Instandsetzung von 51 Wohnungen in der Lutherkirch-, Hugstetter-, Leheher-, Emmendinger- und Lortzingstraße.
Die dritte Dringlichkeitsstufe umfasste schließlich die Schaffung von 24 Wohnungen in der Steinstraße durch das Hochbauamt, die Instandsetzung von acht Wohnungen in der Spittelackerstraße und den Neubau von zwei Rentnerheimen in der Johann-Sebastian-Bach-Straße mit 88 Wohnungen durch die Siedlungsgesellschaft. Überdies wollte die Gagfah 60 bis 80 Wohnungen in der Haslacher- und Uferstraße bauen.

Fritz Stratz in der Meisenbergkurve beim Seifenkistenrennen in Herdern (Foto: Fritz Stratz)

Die Geschäftsleute wehren sich gegen den Arkadenbau in der Kaiser-Joseph-Straße

Die Geschäftsleute in der Altstadt sprachen sich gegen Eingriffe in die alten Baufluchten aus. Der Beginn der Arbeiten am Kapferer-Block (Ecke Kaiser-Joseph- und Salzstraße), der als erster Bau 4,50 Meter Raum für die Straßenverbreiterung freigab, hatte wohl so manchem erst den Ernst der Lage offenbart und Proteste ausgelöst. Der Stadtrat hielt auf seiner Sitzung Ende März jedoch mehrheitlich am Plan der Arkaden fest.

1949 CHRONIK

Für den Freiburger Wiederaufbau erscheinen Sonderbriefmarken, die das ehemalige Kornhaus, den Münsterturm, den Posaunenengel und den Fischbrunnen, der noch in der Münsterbauhütte abgestellt ist, abbilden.

Von im September 1948 aufgestellten 98 Straßenlaternen sind im **Januar** bereits 51 mutwillig zerstört.

Am **17. Januar** spielt der berühmte Missionsarzt von Lambaréné, Albert Schweitzer, zwei Stunden lang Orgel in der Christuskirche.

Am **24. Januar** trifft der erste neue Straßenbahnanhänger für etwa 90 Fahrgäste ein. Das Fahrgestell stammt von 1909. Darauf wurde in München ein neuer Aufbau montiert.

*Am **17. Februar** gibt's den ersten Weinmarkt nach dem Krieg. 120 südbadische Winzer bieten 294 Sorten Wein an. Der Maria-Hilf-Saal muss vorübergehend wegen Überfüllung geschlossen werden. Die Preisbildungsstelle lässt probeweise die freie Preisbildung zu.*

Am **21. Februar** eröffnet das neue Kaffee-Restaurant F. Stoll, vormals Kienzler, im einstöckigen Behelfsbau am Werthmannplatz gegenüber dem Stadttheater.

Bei Sonderkonzerten zugunsten des Theateraufbaus sitzt Oberbürgermeister Hoffmann selbst am Flügel.

An der Landstraße nach Opfingen hausen etwa 40 Familien mit 140 Kindern in den 1937 errichteten sieben Baracken unter katastrophalen hygienischen Verhältnissen.

Im **Juni** entsteht das erste neue Geschäftshaus an der Friedrichstraße, teilweise mit einer seit etwa 1906 nicht mehr verwendeten Bruchsteinmauerung errichtet.

Anfang **Juli** billigt der Stadtrat (mit drei Gegenstimmen) den Wiederaufbau des Theaters und genehmigt dafür 2,8 Millionen Mark.

Am **31. Juli** findet nach zwölf Jahren erstmals wieder das Schauinslandrennen statt. Mehr als 70 000 Zuschauer erleben Hans Stuck als Schnellsten aller Wagenfahrer.

Im früheren Internierungslager bei Betzenhausen wird im **August** ein Landesdurchgangslager für Flüchtlinge eingerichtet.

Bei der ersten Bundestagswahl am **14. August** erhält der CDU-Stadtrat Dr. Hermann Kopf ein Direktmandat.

Der bekannte Schauspieler Gert Fröbe gibt bei einem Besuch beim Jugendhilfswerk Ende **Oktober** einige Proben seines Könnens.

Der neue provisorische Hauptbahnhof geht am **9. November** in Betrieb.

Kurz vor **Weihnachten** erwartet das wiederaufgebaute „Zentral-Theater" in der Schiffstraße das Kinopublikum.

Der erste wiederhergestellte Abschnitt des 1944 weitgehend zerstörten Stadttheaters wird am **30. Dezember** mit der Oper von Wagner „Die Meistersinger von Nürnberg" eröffnet. Freiburg besitzt damit das modernste Theater in der ganzen Bundesrepublik einschließlich Berlin.

1950 CHRONIK

Ab **11. Januar** gibt's wieder Butter ohne Marken. Auch andere Lebensmittel sind wieder frei erhältlich. Einzig Zucker bleibt noch rationiert.

Am **22. Januar** kommt es bei einem Spiel des Sportclubs gegen Eintracht Singen zu Tumulten. Der Schiedsrichter muss unter Polizeischutz vom Spielfeld geleitet werden.

Die Eröffnung der städtischen „Theaterlichtspiele" Ende **Januar** als siebtes Kino führt zum „Kino-Krieg" mit den örtlichen Kinobesitzern, der im Juli mit der Verpachtung des städtischen Kinos an die Hubertus-Wald GmbH in Karlsruhe („Die Kurbel") endet.

68 Einzelhändler erheben beim Badischen Innenministerium Einspruch gegen den Bau von Arkaden in der Kaiser-Joseph-Straße.

Mit 109 717 Einwohnern ist der Vorkriegsstand wieder erreicht.

Im **Februar** nimmt die Sparkasse das wieder aufgebaute „Haus zum Walfisch" in Betrieb.

Wegen der überhand nehmenden Bettelei geben die freien Wohlfahrtsverbände Gutscheine für Sachwerte aus, die den Bettlern statt Geld auszuhändigen sind.

Die Zählung der Kraftfahrzeuge ergibt Ende ***Februar*** *folgenden Bestand: 2 152 Autos, 1 986 Motorräder, 111 Omnibusse und 1 165 Lastwagen.*

Ab **1. April** erscheint die „Badische Zeitung" viermal in der Woche.

Am **15. April** geht die neue Straßenbahnhalle in der Komturstraße in Betrieb. Das Straßenbahn- und Busnetz der Stadt ist auf allen Linien wieder voll in Betrieb.

Bei der Aushebung einer Baugrube stürzt am **20. April** eine 13 Meter hohe Mauer der Buchhandlung Albert in der Bertoldstraße ein und erschlägt sieben Bauarbeiter.

Am **26./27. April** besucht der erste Bundespräsident Theodor Heuss die Badische Landesregierung und trägt sich ins neu angelegte Goldene Buch der Stadt ein.

Die wiederaufgebaute und modernisierte Medizinische Klinik wird am **24. Juni** eingeweiht.

Im **Juli** versucht das „Café Friedrichsbau" an alte Herrlichkeiten anzuknüpfen. Willy Lehmann richtet dort ein Konzert- und Tanzcafé ein.

Im **Juli** ist auch der neu hergerichtete Stadtgarten wieder zugänglich.

Im gleichen Monat ziehen die ersten Gäste in die neue Jugendherberge auf der oberen Ottilienwiese. Sie müssen aber noch in Zelten auf der Wiese übernachten.

Das Schauinslandrennen am **6. August** gerät in Freiburg zum Volksfest und zieht 100 000 Zuschauer an.

Mehr als 100 000 Interessierte besuchen im **September** die Badische Landwirtschaftsausstellung auf dem Meßplatz.

Anfang **Dezember** gründet sich der Stadtjugendring, eine freiwillige Vereinigung der in Freiburg tätigen Jugendorganisationen.

Da scheiden sich die Geister

Der Kampf um das alte Land Baden

Am 8. Januar wurde im Historischen Kaufhaus auf dem Münsterplatz die „Arbeitsgemeinschaft der Badener" gegründet. Neben der badischen Prominenz aus Nord- und Südbaden waren auch Weihbischof Dr. Burger und Markgraf Berthold von Baden anwesend. Oberlandesgerichtspräsident Dr. Paul Zürcher sagte: „Diese Vereinigung ist das badische Gewissen." Ihre Aufgabe war die Propaganda für die Wiederherstellung des Landes Baden.

Zahlreiche Veranstaltungen für und gegen die Vereinigung mit Württemberg bestimmten die Wochen vor der Volksbefragung. So machte sich Staatspräsident Leo Wohleb bei einer Kundgebung im überfüllten Paulussaal am 7. September für Altbaden stark. Das entsprach auch der inoffiziellen Linie seiner Partei, der CDU. Zu den Befürwortern des Südweststaats gehörten dagegen die erst seit kurzem im Südwesten lebenden Heimatvertriebenen. Eine Mehrheit für Baden-Württemberg vermutete man auch bei den Anhängern von SPD und FDP. Die Kommunisten waren gegen beides.

Bei der Volksbefragung am 24. September, ob das alte Land Baden wiederhergestellt werden sollte oder ob ein Zusammenschluss zum Südweststaat gewünscht werde, entschieden sich 51 % der Freiburger für die Wiederherstellung Badens und rund 49 % für den Südweststaat.

Proteste gegen Preiserhöhungen

Einen eher symbolischen dreistündigen Streik führten die Gewerkschaften am Nachmittag des 26. Juli gegen ungerechtfertigte Preiserhöhungen bei wichtigen Lebensmitteln durch. Nach einer Kundgebung auf dem Münsterplatz zog eine Gruppe von Demonstranten vor das Colombischlößle und forderte in Sprechchören den Staatspräsidenten auf, eine Erklärung abzugeben. Doch selbst eine sechsköpfige Abordnung konnte diesen nicht dazu bewegen. Den meisten Beifall fand ein Redner, der zum Generalstreik aufrief.

Das restaurierte Stadttheater mit dem Anbau der „Theaterlichtspiele" (später „Kurbel") auf der Südseite (Foto: Erika Schreiber)

Im Oktober hat man noch freien Blick von der Kaiser-Joseph-Straße aufs Münster. (Foto: Erna Blume)

Die Innenstadt ist auch 1951 noch übersät mit Trümmergrundstücken. (Foto: Erika Schreiber)

Das Leben in Höhlen und Ruinen

So hausen die Verlierer der Gesellschaft

Im Trümmerviertel der Albert- und Rheinstraße herrschte Mitte Januar reges Leben in den intakten Kellergelassen – zumindest in der Nacht. Bis zu 50 Menschen übernachteten in dem Unterschlupf. Einige Frauen und Männer lebten zum Teil wochenlang in den kalten Gewölben der zerstörten Häuser. Manche Frauen brachten über Nacht oder nur für kurze Zeit ihre Freier mit, die dann wieder verschwanden. Die Prostitution war hier das einträglichste Geschäft. Nach einem Situationsbericht in der „Badischen Zeitung", der für einige Unruhe in der Stadt sorgte, führte die Polizei, die bis dahin wenig Interesse an den angeblich bekannten Zuständen zeigte, am 25. Januar eine Razzia durch. Sie fand natürlich die Schlupfwinkel verlassen vor.
In den Ruinen von zwei Blocks der ehemaligen Artilleriekaserne hausten etwa 120 Personen. Sie nutzten die am besten erhaltenen Räume, richteten sie ein wenig her, zogen provisorische Zwischenwände ein und schlossen die Fenster mit Pappe und Glas. Nur die Decken waren nicht dicht zu kriegen und nach einem halben Tag Regen fing es überall an zu tropfen. Eine Wasserleitung gab es nicht, ebenso keine ordentlichen Toiletten und zum Teil auch kein Licht. Die meisten der Bewohner waren Heimatvertriebene oder Flüchtlinge aus der russischen Zone. Die verheirateten Männer gingen überwiegend einer geregelten Arbeit nach. Ein Zeitungsartikel über die Lage dieser Menschen bewegte die Stadt zum Eingreifen. Sie stellte finanzielle Mittel zur Verbesserung der Unterkünfte bereit.

Das „Pfefferle-Haus" am Schwabentorplatz ist dem Untergang geweiht. (Foto: Stadtplanungsamt Freiburg)

Die verwegene Jagd nach Altmetall

Anfang des Jahres stiegen die Preise für Altmetall noch weiter an. So war es nicht verwunderlich, dass sich alle möglichen Leute auf diesen jungen Wirtschaftszweig stürzten und sich eifrig auf die Suche nach dem wertvollen Material machten. So konnten Elektrizitätswerk und Post ihre Kupferkabel gar nicht sicher genug vor unbefugtem Zugriff schützen. Die Abflussröhren am Münster- und am Oberlindenbrunnen wurden gestohlen und die kupfernen Siebe in den öffentlichen Toiletten abmontiert. Drei Jugendliche stöberten selbst im Mooswald nach Altmetall und fanden dabei einen Sprengkörper. Als sie damit hantierten, kam es zu einer Explosion, die zwei von ihnen tötete. Ende Februar trat ein erheblicher Preissturz, vor allem für Altkupfer, ein und nahm damit dem Treiben den notwendigen Anreiz.

1951 CHRONIK

Der zwischen 1928 und 1930 entstandene „Rote Block" (auch „Rote Häuser" genannt) am Tennenbacherplatz ist nach den Zerstörungen im Krieg Ende **Januar** wieder vollständig hergestellt.

Anfang **Februar** eröffnet mit dem Volksbildungsheim „Waldhof" in Littenweiler die erste Einrichtung dieser Art in Baden.

Im Institut für Tierhygiene an der Stefan-Meier-Straße hat das Land Baden eine Tierklinik für große und kleine Haustiere eingerichtet.

Das unter Denkmalschutz stehende „Pfefferle-Haus", Schwabentorplatz 1, soll zur „Verbesserung der Verkehrsverhältnisse" abgerissen werden.

Am **14. April** wird ein 200-köpfiger Hauptausschuss für die Volksbefragung zur Wiederbewaffnung gewählt, dem der in Freiburg lebende katholische Dichter Reinhold Schneider angehört.

Mitte **April** weiht die evangelische Friedenspfarrei ihre Friedenskirche an der Hirzbergstraße ein.

Der weltberühmte, mittlerweile 71-jährige Clown Grock („Nit möööglich ...") hat einen eigenen Zirkus gegründet und gibt ab **21. April** *ein Gastspiel auf dem Meßplatz.*

Zur Erweiterung der Vauban-Kaserne werden auf Anforderung der französischen Besatzung kurzerhand Grundstücke beschlagnahmt.

Die Freiburger Gewerkschaften feiern den **1. Mai** dieses Jahr im Großen Haus der Städtischen Bühnen mit Musik von Mozart und Carl Maria von Weber.

Am **17. Mai** wird der „Basler Hof" dem Badischen Innenministerium feierlich als Verwaltungssitz übergeben.

Die Freiwillige Feuerwehr Freiburg feiert vom **2. bis 4. Juni** ihr 100-jähriges Bestehen.

Im Eröffnungsspiel zur Einweihung des neuen West-Stadions an der Grenzstraße stehen sich Mitte **Juni** die Sportfreunde Freiburg und 1844 Freiburg gegenüber.

Die Fertigstellung der verlängerten Straßenbahnlinie 5 durch die Urbanstraße bis zum Herdener Kirchplatz wird am **1. Juli** gebührend gefeiert.

Am **4. August** geht die „BP Großtankund Kundendienststation" mit dem charakteristischen Gaststätten-Turm an der Zähringer Straße in Betrieb.

Ab **13. August** baumelt über der Kreuzung am Bertoldsbrunnen die erste Verkehrsampel der Nachkriegszeit.

Auf der Strecke Eichhalde-Rötebuck starten die Teilnehmer am **30. September** zum 25-jährigen Jubiläum des Immental-Bergabrennens.

Die erste moderne Kehrmaschine wird im November in Dienst gestellt. Das 30 000 Mark teuere, dreirädrige Fahrzeug treiben 95 PS an.

Bei der erneuten Volksabstimmung entscheiden sich am **9. Dezember** über 52 % der Freiburger Wähler für Altbaden. Im Landkreis Freiburg sind es sogar rund 70 %.

1952 CHRONIK

Im **Januar** begeistert Serge Jaroff mit seinen Don-Kosaken die Freiburger mit zwei Konzerten.

*Am **10. Februar** spricht Bundeskanzler Konrad Adenauer vor 6 000 Zuhörern in der Straßenbahnhalle in der Urachstraße.*

Am gleichen Tag kommt der bekannte Sportler Prof. Hans Haase in einem Schneesturm auf dem Schauinsland ums Leben.

Bis **März** ist die Zahl der in der Stadt beherbergten Flüchtlinge auf über 7 000 angestiegen.

Im **März** beginnt die Abtragung der Ruinen des ehemaligen Vincentiushauses am Rotteckring und des alten Predigerklosters.

Am **9. März** ist die Wahl zur verfassungsgebenden Versammlung für den neuen Südweststaat. In Freiburg werden gewählt: Franz Hermann (CDU), Fritz Schieler (SPD) und Georg Menges (FDP).

Der erste Neubau an der Ringstraße, das Schuhhaus Blattmann, feiert Mitte **März** Richtfest.

In Freiburg soll der große Militärflugplatz für die Franzosen gebaut werden. Energisch und letztlich erfolgreich wehren sich Stadtrat und Stadtverwaltung gegen diese Absicht.

Anfang **Mai** dirigiert Wilhelm Furtwängler die Berliner Philharmoniker in der Straßenbahnhalle an der Urachstraße.

Die über siebenjährige Beschlagnahme des Universitätsstadions durch die französische Armee endet mit dem Monat **Mai**.

Am **7. und 8. Juni** lädt der Luftsportverband Baden zu den ersten Segelfliegertagen in Freiburg ein.

Im **Juni** wird als erstes wiedererrichtetes Altersheim das evangelische „Hilda-Heim“ in der Hermannstraße eingeweiht. Im November folgt das katholische Katharinenstift am Karlsplatz.

Das neue Verwaltungsgebäude der Allgemeinen Ortskrankenkasse am Fahnenbergplatz geht Anfang **Juli** in Betrieb. Die Einweihung ist erst Ende September.

Ende **Juli** zeigen die Hochseilartisten der Familie Traber ihr Können auf dem Stühlinger Kirchplatz.

Der 41. Deutsche Weinbaukongress tagt vom **24. bis 31. August** in der Stadt.

Die ersten größeren Umsiedlersiedlungen entstehen am Aufdingerweg, am Rosbaumweg und an der Falkenbergerstraße.

Am **20. Oktober** bewegt sich ein Schweigemarsch von etwa 500 Heimkehrern und Angehörigen von Kriegsgefangenen durch die Stadt. Die Aktion gilt den 35 Freiburger Bürgern, die immer noch in Kriegsgefangenschaft sind.

Die Freiburger Bächle sind „kein ordnungswidriger Zustand der Straße“, erkennt das Landgericht in einem Urteil, mit dem es die Klage eines Mannheimer Kaufmanns gegen die Stadt abweist, der in der Salzstraße mit seinem Auto ins Bächle gefahren war.

Ende **Dezember** liegt die traurige Bilanz der Verkehrsunfälle mit 28 Toten und 1 168 Verletzten vor.

Bis 1949 war hier, in der Kartäuserstr. 41, das Collegium Sapentiae untergebracht; ab den 50er Jahren das Schülerheim „Burse Markgraf Bernhard von Baden“. (Foto: Wartberg Verlag)

Neue und alte Schulbauten

Beim Richtfest der Städtischen Handelsschule (später: Walter-Eucken-Gymnasium) in der Glümerstraße am 19. September gab Oberbürgermeister Dr. Hoffmann die gesicherte Finanzierung des Neubaus der Lortzingschule bekannt. Auf Ende Oktober oder Anfang November war der Beginn der Bauarbeiten zwischen Lortzing- und Zunftstraße vorgesehen. Zum 31. Oktober gaben die Franzosen die Emil-Thoma-Schule an der Schützenallee wieder frei. Für Reparaturen, Mobiliar und Lehrmittel mussten jedoch über 200 000 Mark aufgebracht werden.

Proteste gegen Film und Auftritt des Nazi-Regisseurs Veit Harlan

Die Polizei provoziert eine Eskalation

In seltener Einmütigkeit demonstrierten am 11. und 12. Januar der Christlich-Demokratische Hochschulring und die Sozialistische Deutsche Studentenschaft neben anderen studentischen Gruppen und Gewerkschaftsvertretern gegen die Aufführung des Films „Hanna Amon“, bei dem wiederum der Nazi-Regisseur Veit Harlan das Drehbuch geschrieben und Regie geführt hatte. Innerhalb und außerhalb der beiden Aufführungsstätten „Friedrichsbau“ und „Zentral“ griff die Polizei ein, nahm Protestierende fest und beschlagnahmte mitgeführte Plakate. Als besondere Provokation wurde das persönliche Auftreten des Regisseurs in Freiburg gewertet.

Am 15. Januar nahm die Polizei Studenten fest, die Flugblätter gegen den Film verteilten. Auf Antrag des kommunistischen Stadtrats Schäfer entschloss sich der Stadtrat am gleichen Tag einstimmig für die Absetzung des Films – wegen befürchteter größerer Unruhen.

Einen Tag später eskalierte die Situation bei einer Demonstration vor dem „Friedrichsbau“. Kriminalbeamte in Zivil provozierten als „Gegendemonstranten“ und droschen dann samt ihren uniformierten Kollegen wahllos und mit äußerster Brutalität mit Gummiknüppeln auf die Menschen ein. Staatspräsident Leo Wohleb verfügte noch am Abend die sofortige Absetzung des Films. Das Innenministerium leitete eine Untersuchung der Vorfälle ein. Bürgermeister Brandel sprach von einem „Schandfleck für die Freiburger Polizei“ und betonte, „man müsse der Jugend für ihr mutiges Vorgehen danken“. Gegen das Vorgehen der Polizei drückte der Stadtrat in einer Entschließung seine Empörung aus.

Veit Harlan mit Ehefrau Christine (Foto: Wartberg Verlag)

Blick vom Münster nach Norden; im Institutsviertel erheben sich Ende März erst wenige Neubauten. (Foto: Hans Sigmund)

Vorrang für das Auto

Diskussion über die Regelung des Innenstadtverkehrs

Die zweite Vollsitzung des Freiburger Verkehrsrats diskutierte die Vorschläge des ADAC, vorgetragen von dessen Direktor Friedrich König. Demnach sollten die Hauptverkehrsstraßen zu Schnellstraßen werden. Die Nebenstraßen der Kaiser-Joseph-Straße zwischen Siegesdenkmal und Martinstor müssten Einbahnstatus erhalten und dürften von Erstgenannter nur abfließenden Verkehr aufnehmen. Dafür seien sie mit Parkerlaubnis auszustatten. Die Stadtverwaltung vertrat einen entgegengesetzten Standpunkt. Auch Bürgermeister Dr. Brandel wandte sich gegen ein „Einbahnstraßenlabyrinth". Allgemeine Zustimmung fand die Anregung, die Innenstadt vom Fernlastverkehr freizuhalten. Als problematisch wurde die Heuer-Ampel über der Kreuzung am Bertoldsbrunnen angesehen. Ihr starrer mechanischer Ablauf sei äußert hinderlich bei starkem Verkehr, außerdem sei die hohe Aufhängung ungünstig. Man tendiere zu einer Aufstellung von vier Ecksignalen. Der Standort des wiederaufzustellenden Bertoldsbrunnens war Gegenstand unterschiedlicher Auffassungen. Diejenigen, die in ihm eher ein Verkehrshindernis sahen, plädierten für eine Aufstellung auf dem Gehweg vor dem Haus Fabel, für andere kam nur die historische Stätte im Mittelpunkt der Kreuzung in Frage.

Noch fuhren Autos in den schmalen Gassen der Innenstadt (Foto: Wartberg Verlag)

Elf stadteigene Gaststätten machen Sorgen

Mitte Januar war die Stadt noch Eigentümerin von elf verpachteten Gaststätten. Dabei handelte es sich um das Jägerhäusle, Waldseerestaurant, St.Ottilien, das Greiffeneggschlößle, das Berghotel auf dem Schauinsland, die Gaststätte „Zur Lieben Hand", die „Stube" in St. Georgen, das Milchhäusle, die Wirtschaft „Zum Stahl", St. Valentin und die Theatergaststätte. Im vergangenen Haushaltsjahr überstiegen die Ausgaben für Reparaturen und Unterhaltung die Pachteinnahmen um 5 000 Mark. Der Stadtrat stellte deshalb Überlegungen an, entweder die Pacht zu erhöhen oder die unrentabelsten Betriebe abzustoßen.

1953 Chronik

Nach dem Umzug von Radio-Lauber in den Neubau an der Bertoldstraße stehen den Kunden im 2. Stock Einzelkabinen zur Verfügung, wo sie sich ungestört Schallplatten anhören können.

Dem Jugendhilfswerk e.V. wird Anfang **Februar** das Anwesen Fürstenbergstr. 21 mietweise zur Verfügung gestellt. Nach dem Umbau ist Mitte Dezember das Einweihungsfest.

Am **12. Februar** spricht der französische Philosoph Jean Paul Sartre in der Universität über das Thema „Les relations sociales".

Nach sechs Jahren hilfreicher Tätigkeit für die Freiburger Bevölkerung verlassen die Quäker am **31. März** die Stadt.

Ein amerikanischer Fachmann für Spielplatzgestaltung, Mr. Schubert aus Dearbor in Michigan, berät die Stadt in ihrem Bemühen, die Kinder von den reizvollen Trümmergrundstücken auf attraktive Spielplätze umzuleiten.

Nach Angaben der Arbeitsgemeinschaft der Besatzungsverdrängten sind am **1. April** noch rund 900 Wohnungen von den Franzosen beschlagnahmt.

Die erste Siedlung des Verbands der Heimkehrer, Kriegsgefangenen und Vermissten-Angehörigen mit zwei Wohnblocks am Mettweg in St. Georgen feiert am **25. April** Richtfest.

Für den Bau von 140 Wohnungen für Sowjetzonenflüchtlinge werden Kleingärten an der Ferdinand-Weiß-Straße beschlagnahmt.

Ende **Mai** dürfen die Passanten das Modell eines neuen Bertoldsbrunnens bewundern – fünf Stunden lang am frühen Morgen.

Der Neubau der Universitäts-Frauenklinik wird am **13. Juni** übergeben.

*Die Luthergemeinde zieht am **14. Juni** von der Notkirche in die neue Lutherkirche am Friedrich-Ebert-Platz um. Die unversehrt gebliebene Glocke „Golgatha" läutet den Festtag ein.*

Am **4. August** brennt die große Holztribüne samt Gaststätte im Mösle-Stadion ab.

Nach den Läden unter dem Theaterrestaurant eröffnen Ende **August** vier weitere Ladengeschäfte im anschließenden Geschäftsbau: Pelz-Hog, Tuchhandel Flick, Juwelier Karl Schäfer und Erich Werner (moderne Haushaltsautomaten).

Anfang **November** erhält Prof. Dr. Hermann Staudinger den Nobelpreis für Chemie.

Vor **Weihnachten** strahlt ein Mast auf dem Schönberggipfel die ersten Versuchssendungen fürs Fernsehen aus. Die Freiburger drängen sich vor den Schaufenstern der Fachgeschäfte, in denen die ersten Fernsehempfänger stehen.

Im Jahresdurchschnitt kommen auf 100 Geburten der einheimischen Bevölkerung 15,2 uneheliche Geburten.

Am **31.12.** sind in Freiburg 13 156 Personen über 65 Jahre alt, das sind 11,1 % der Wohnbevölkerung.

1954 Chronik

Der Stadtrat beschließt Ende **Januar** einstimmig die „Verkürzung" des Schwabentors.

Sehr zur Freude der Kinder friert Anfang **Februar** die Dreisam zwischen Kronenbrücke und den Eisenbahnbrücken zu.

In der Medizinischen Universitätspoliklinik wird am **7. Februar** zum ersten Mal in der Bundesrepublik ein erfolgreicher Versuch mit einer „künstlichen Niere" durchgeführt. Der behandelte Patient stirbt dann aber doch.

An der Ecke Bertold-/Universitätsstraße entsteht eine unterirdische öffentliche Toilettenanlage.

Der Stadtrat befasst sich Ende **April** mit Plänen über den Bau einer Talsperre im Oberrieder Tal zur Versorgung von Freiburg mit Trinkwasser.

Zu Ehren des „Nestors der Naturschutzbewegung", Prof. Dr. Konrad Guenther, wird anlässlich seines 80. Geburtstags am **23. Mai** der nördliche Teil des Mösleparks auf seinen Namen getauft.

Im **Mai** beginnen die Arbeiten zur Elektrifizierung der Rheintalstrecke der Eisenbahn zwischen Heitersheim und über Freiburg hinaus.

Beim Endspiel der Fußballweltmeisterschaft am ***4. Juli*** *sind Freiburgs Straßen leer gefegt. Im Heimatsaal der „Harmonie" und im „Feierlingsaal" hocken Hunderte vor den Fernsehgeräten. Nach dem Sieg der Deutschen über die Ungarn tobt die Begeisterung durch die Straßen.*

Anfang **August** erhält die Freiburger Turnerschaft von 1844 ihre bisher beschlagnahmten Sportanlagen an der Schwarzwaldstraße zurück.

Am **15. August** ist die Einweihung des erneuerten und erweiterten Mösle-Stadions. Es kann nun über 26000 Zuschauer fassen. Beim Eröffnungsspiel des FFC gegen den HSV schießt Uwe Seeler für die Hamburger das Tor zum Unentschieden. Fritz Walter verfolgt von der Tribüne aus das Geschehen.

Der Wiederaufbau des Erzbischöflichen Palais auf dem Münsterplatz ist Anfang **September** beendet.

Wegen der ständig steigenden Zahl von Verkehrsunfällen mit vielen Verletzten und Toten wird für das Stadtgebiet die zugelassene Höchstgeschwindigkeit vorübergehend auf 40 km/h beschränkt.

Die gerade rechtzeitig fertig gestellte neue Stadthalle empfängt am **12. September** die Teilnehmer des 98. Kongresses der Deutschen Naturforscher und Ärzte, darunter die Nobelpreisträger Otto Hahn, Adolf Butenandt, Gerhard Domagk und Hermann Staudinger.

Die hauswirtschaftliche Ausstellung „Schalten und Walten der Hausfrau" findet erstmals ab **25. September** in der Stadthalle und auf dem umliegenden Gelände statt.

Im **Oktober** präsentiert sich das Schwabentor in neuer, der ursprünglichen nachempfundenen, Form.

Die ersten Schüler ziehen am **16. November** in die neue Lortzingschule ein.

Die neue Stadthalle an der Schwarzwaldstraße (Foto: Kreisarchiv Breisgau-Hochschwarzwald)

Eine Demonstration friedlichen Wettkampfs

Das Badische Landesturnfest

Mit Fanfarenklang begann am 5. August das Badische Landesturnfest, das erste große Turnfest nach dem Krieg in Baden, auf dem Münsterplatz. Wie vor 40 Jahren legte sich Freiburg das beste Festtagskleid an und bot den über 10000 aktiven Turnerinnen und Turnern eine bleibende Erinnerung. In über 100 Wettbewerben an verschiedenen Austragungsorten maßen sich am 7. und 8. August die Turnerscharen. Am letzten Tag fanden sich rund 20000 Zuschauer im Mösle-Stadion ein. Unter den zahlreichen Ehrengästen verfolgte auch der Ministerpräsident von Baden-Württemberg, Dr. Gebhard Müller, die Darbietungen. Am Vormittag des 8. August hatte sich ein großartiger Umzug der Turner durch die Stadt bewegt. Zehntausende von Zuschauern säumten die Straßen. Lange war's her, dass ein solcher Massenaufmarsch in dieser friedfertigen Stimmung stattfand.

Uraufführung des „Münstergenerals"

Im Rahmen des Festakts zur 110-Jahr-Feier der Freiburger Turnerschaft von 1844 wurde am 31. Juli im Großen Haus der Städtischen Bühnen der „Münstergeneral" von August Boos uraufgeführt. Es handelte sich dabei um einen lokalhistorischen Ausschnitt aus der revolutionären Erhebung in Freiburg während der „roten Ostern" im April 1848 mit dem Turner-Obmann Dr. Georg von Langsdorff, dem seit jenen Tagen der Beiname „Münstergeneral" anhaftete, im Mittelpunkt. Unter der Spielleitung von Otto Birkhahn überzeugten Berufsschauspieler und Laiendarsteller das Premierenpublikum, das mit anhaltendem Beifall und Blumen dankte.

Im August wird die Operette „Im weißen Rößl" auf dem Waldsee gespielt. (Foto: Familie Engesser)

Auf und zu und auf und ...

Nachdem sich die meisten Freiburger Einzelhändler und die Kaufhäuser darauf geeinigt hatten, ab 17. März ihre Geschäfte am Mittwochnachmittag geschlossen zu halten, änderten sie ihre Meinung Anfang Mai wieder. Man wollte den Wünschen der Verbraucher und des Fremdenverkehrs entgegenkommen. Da solcherlei Vereinbarungen aber immer auf freiwilliger Basis getroffen wurden, konnte jeder machen, was er wollte. Die meisten Lebensmittelgeschäfte, Bäckereien und Metzgereien wollten deshalb bei der alten Regelung bleiben.

Konsum-Geschäft in der Carl-Kistner-Straße in Haslach (Foto: Stadtplanungsamt Freiburg)

Gegen Wiederbewaffnung und Nato-Beitritt

Opposition in Freiburg

Mit der Veranstaltung des „Bundes der Deutschen", der Partei des früheren Reichskanzlers Wirth, am 11. Januar begannen die Aktionen und Veranstaltungen gegen die Wiederbewaffnung. Am 14. Februar sprach der SPD-Vorsitzende Erich Ollenhauer in der überfüllten Urachhalle. Er führte aus, die Folge der Politik der Stärke sei notwendig die Politik des Krieges. Eine Entspannung könne nur auf dem Verhandlungswege erreicht werden. Zur Gegenkundgebung der CDU war für den nächsten Abend am gleichen Ort Theodor Blank, Sicherheitsbeauftragter der Bundesrepublik, als Redner eingeladen. Demonstranten trugen Transparente mit der Aufschrift „Weder Blank noch Pieck" und „Militär ist Erziehung zum Mord". Von zahlreichen Zwischenrufen und Zwischenfällen unterbrochen, beschwor Blank die Schreckensvision eines sowjetischen Überfalls. Eine Voraussetzung für Frieden und Freiheit sei der Wille, sich zu verteidigen. Vor der Urachhalle kam es zu Schlägereien zwischen verschiedenen Gruppierungen, bei denen die Polizei mit Gummiknüppeln in bewährter Manier mitmischte. Mitte März richtete sich ein Schweigemarsch mit 700 Teilnehmern gegen die Wiederbewaffnung.

Die ersten Heimkehrer treffen ein

Über zehn Jahre nach Beendigung des Krieges trafen wieder Heimkehrer aus Kriegsgefangenenlagern der Sowjetunion im Lager Friedland zum Weitertransport in die Heimat ein. Am 11. Oktober bereiteten Hunderte von Menschen Karl Heil aus Freiburg, Heinz Arnold aus Denzlingen und Pius Hartenbach aus Buchheim, die als Erste zu ihren Familien zurückkehrten, einen herzlichen Empfang am Hauptbahnhof. Neben Angehörigen, Freunden und Anteil nehmenden Freiburgern fanden sich auch zahlreiche Vertreter verschiedener Organisationen ein. Auf die gleiche Weise wurden auch die in den nächsten Wochen ankommenden Heimkehrer empfangen. Eine öffentliche Begrüßung fand am 19. Oktober im Rahmen der Jubiläumsversammlung zum fünfjährigen Bestehen des Verbandes der Heimkehrer im Kolpingsaal statt.

Das Lager der Landfahrer

Gegenüber der letzten Baracken der Opfinger Siedlung befand sich der Lagerplatz von so genannten Landfahrern. Etwa 60 Menschen, Schausteller, Musikanten, Händler und Bettler, hausten in einer Ansammlung abgewrackter Omnibusse, geflickter Wohnkarren, Elendshütten und jeder Menge Dreck, Schrott und Schutt. Zahlreiche Kinder und Hunde gehörten ebenfalls zu den Slumbewohnern.

Die Eisenbahnstraße nach Osten (Foto: Stadtplanungsamt Freiburg)

1955 Chronik

Die durch Krieg und Zerstörung unterbrochene Tradition des alljährlichen Bühnenballs im Stadttheater wird mit einem großen Kostümfest am **22. Januar** in der Stadthalle wiederbelebt.

Der frühere Staatspräsident von Südbaden, Leo Wohleb, erliegt am **13. März** einer Lungenembolie.

Am **26. März** beginnt die erste Südbadische Gebrauchtwagen-Verkaufsschau in der Stadthalle und auf dem davor liegenden Freigelände.

Bis **31. März** haben über 19 000 Heimatvertriebene und Sowjetzonenflüchtlinge im Landesdurchgangslager ihr erstes Asyl gefunden.

Am **1. April** beträgt die Zahl der laufend in offener und geschlossener Fürsorge unterstützten Personen 5 700.

*Am **5. Mai**, dem Tag, an dem die Bundesrepublik souverän wird, verlieren die Verwaltungsbehörden und Dienststellen der französischen Besatzung um Punkt 12 Uhr ihre bisherigen Befugnisse.*

Etwa 200 Dauerkleingärten im Gewann Hettlinger am Flugplatz sind wegen abgestelltem Wasserzulauf in ihrer Existenz gefährdet.

Mit einer ausgeliehenen Lokomotive der Baureihe E 10 weiht die Bundesbahn Anfang **Juni** den elektrischen Zugbetrieb zwischen Basel und Freiburg ein.

Seit 500 Jahren gehört Herdern zu Freiburg.

Die Baracke am Rotteckplatz, die als provisorisches „Haus der Jugend" dient, wird im **Juni** abgebrochen.

Der Weidweg in Freiburg-West wird Ende **Juni** zur ersten Spielstraße erklärt.

Am **2. und 3. Juli** begeht Freiburg festlich den „Tag der Heimat".

Im **Sommer** zieht Tierpark Krüger auf die andere Seite der Wiese um, direkt neben den Fußweg nach Günterstal.

Anlässlich des Beginns der Viererkonferenz in Genf demonstrieren Mitte **Juli** etwa 1 000 Studenten mit einem Schweigemarsch für die deutsche Einheit.

Beim Sommerschlussverkauf werden höhere Umsätze als im Vorjahr erzielt.

Zwischen Wasser- und Weberstraße entsteht Freiburgs erste „Unterflurgarage" (Tiefgarage).

Der 76-jährige Kunstmaler Wilhelm Hanemann restauriert im **August/September** das Gemälde des schwäbischen Fuhrmanns am Schwabentor.

Louis Armstrong, der „König des Jazz", gastiert am **25. Oktober** in der Stadthalle.

Ab **29. Oktober** können die Freiburger die Telefonferngespräche nach den Orten der näheren Umgebung und in zahlreiche Städte bis Stuttgart selbst wählen.

Anfang **November** kann die Gewerbeschule I wieder in das neu hergerichtete Gebäude in der Kirchstraße einziehen.

Der Stadtrat beschließt am **2. Dezember** die Umbenennung der Vaubanstraße (früher Bahnhofstraße) in Bismarck-Allee.

1956 CHRONIK

Am **3. Januar** stirbt Dr. Joseph Wirth, der ehemalige Reichskanzler, mit 77 Jahren.

Am **17. Januar** ist mit Josef Keller aus Haslach der letzte aus Freiburg stammende ehemalige Kriegsgefangene der Sowjetunion heimgekehrt.

Die Dreisam friert um den **12. Februar** zwischen Schwabentor- und Kronenbrücke zu, ein Ereignis, das in diesem Jahrhundert wohl zum ersten Mal eintritt.

Wegen Mangels an Heizmaterial infolge der lang anhaltenden, ungewöhnlichen Kälte schließen die Schulen vom **20. Februar bis einschließlich 3. März**.

Im Lauf des **März** wird mit der Ausgabe der neuen Kraftfahrzeugkennzeichen begonnen. Freiburg erhält „FR", nachfolgend eine Kombination aus zwei Buchstaben und schließlich drei Ziffern.

Beim Neubau der Süddeutschen Bank Ecke Rotteck- und Eisenbahnstraße finden sich Reste der Vaubanschen Festungsanlage.

Am **25. März** erliegt Oberbürgermeister Dr. Wolfgang Hoffmann einer Lungenembolie.

Am **30. Mai** entscheidet das Bundesverfassungsgericht in Karlsruhe, dass im Gesamtgebiet des ehemaligen Freistaats Baden ein Volksbegehren stattfinden muss, setzt dafür aber keine Frist. Der Heimatbund Badnerland rührt daraufhin die Werbetrommel. Sein Domizil ist ab August eine Baracke in der Kaiser-Joseph-Straße.

Für das Amt des Oberbürgermeisters stellen sich am **24. Juni** *sieben Kandidaten zur Wahl. Ernsthafte Chancen haben nur zwei: Stadtrat Anton Dichtel und Bürgermeister Dr. Josef Brandel, beide CDU. Das Rennen macht überraschenderweise Letzterer mit rund 68 % der Stimmen im ersten Wahlgang. Es ist das erste Mal, dass die Bürger in direkter Wahl den OB wählen.*

Am **2. September** soll ein Bürgerentscheid darüber bestimmen, ob Freiburg wieder einen Bürgerausschuss erhält. Doch nur 21 % der Stimmberechtigten gehen zur Wahl und davon stimmt auch noch ein Teil gegen den Bürgerausschuss.

Der seinerzeit wegen seines Engagements gegen die Wiederbewaffnung mancherorts in Ungnade gefallene katholische Dichter Reinhold Schneider erhält den Friedenspreis des Deutschen Buchhandels im **September** überreicht.

Der Stadtrat genehmigt die Aufstellung der ersten Parkuhren entlang der Westseite des Rathausplatzes, in der Franziskaner- und Schreiberstraße. 30 Minuten parken kostet 10 Pfennig.

Knapp die Hälfte der Wahlberechtigten verhilft am **11. November** der CDU zu 10, der SPD zu 7, einem „Freiburg-Block" zu 4 und der Freiburger Wählergemeinschaft zu 3 Sitzen im neuen Stadtrat.

Neue Ausblicke gestattet das Geschäfts- und Verwaltungsgebäude Ecke Basler- und Günterstalstraße: rechts der Eingang in die Talstraße, links die Günterstalstraße nach Norden. (Foto: Volker Morstadt)

Die „Bank des kleinen Mannes"

In der Rosastraße eröffnete im Januar die Freiburger Pfandleihanstalt. Diese Einrichtung gewährte gegen Verpfändung von beweglichen Gegenständen, die einen anerkannten Verkehrswert hatten, leicht verkäuflich waren, keinen großen Lagerraum einnahmen und keiner bedeutenden Wertminderung im Lauf der Pfandzeit unterlagen, gebührenpflichtige Darlehen auf unbeschränkte Zeitdauer. Die Mindesthöhe des Darlehens betrug fünf Mark. Ein nicht mehr ausgelöstes Pfand kam ins Angebot der zweimal jährlich stattfindenden Versteigerungen. Die Vorgängerinstitution befand sich bis vor etwa 15 Jahren in der Herrenstraße. Das damalige Städtische Leihhaus wurde aus Mangel an Kunden geschlossen. Das neue Haus verzeichnete jedoch schon in den ersten Tagen seines Bestehens einen erheblichen Publikumsandrang. Da gab es Leute, die nicht einmal mehr die Einschreibegebühr von 20 Pfennig entrichten konnten, sondern sie von der Leihsumme abziehen lassen mussten.

Blick von der Insel zum neu bedachten Schwabentor (Foto: Volker Morstadt)

In 20 Sekunden über die Straße

Zahlreiche Vertreter staatlicher und kommunaler Stellen sowie Fachleute nahmen Anfang Mai die erste Fußgängersignalanlage Freiburgs bei der Endhaltestelle der Straßenbahn in Zähringen in Betrieb. Mittels Knopfdruck konnte damit das rote Haltesignal für den Autoverkehr bewirkt werden. Danach hatten die Fußgänger genau 20 Sekunden Zeit, um die Zähringerstraße zu überqueren. Anschließend durften sich die Kraftfahrzeuge mindestens 50 Sekunden lang freier Fahrt erfreuen, ehe die nichtmotorisierten Verkehrsteilnehmer eine weitere Chance erhielten, die Fahrbahn gefahrlos zu begehen. Da an dieser Stelle die größe Verkehrsdichte in der Stadt herrschte, war eine Straßenüberquerung zuvor nur mit erheblicher Mühe und oft genug unter Lebensgefahr gelungen.

Bundespräsident Heuss verlässt das Kollegiengebäude der Universität. (Foto: Volker Morstadt)

500 Jahre Universität Freiburg

Das 500. Gründungsjubiläum der Universität feierte Freiburg vom 24. bis 29. Juni mit über 3 000 zum Teil hochrangigen Gästen aus aller Welt, zahlreichen Veranstaltungen und reger Anteilnahme der Bevölkerung. Trotz unbeständigen Wetters verfolgten viele Zuschauer am 25. Juni den Festzug der Professoren vom ehemaligen Lehrerseminar die Schützenalle entlang zur Stadthalle. Beim anschließenden eindrucksvollen Festakt in der Stadthalle hielt auch Bundespräsident Theodor Heuss eine Ansprache. Am Nachmittag legte Ministerpräsident Gebhard Müller den Grundstein zum Kollegiengebäude II. Ein Fackelzug der Studenten durch die Innenstadt zum Münsterplatz, wo sich nahezu 15 000 Menschen versammelt hatten, und ein prächtiges Feuerwerk vom Kanonenplatz beendeten diesen Haupttag der Feierlichkeiten. Den ersten Spatenstich zum Studentenhochhaus in der Lehener Straße führte am nächsten Tag noch Staatssekretär Dr. Anderss aus.

Festzug der Professoren in der Schützenallee (Foto: Volker Morstadt)

Bärenjagd im Sternwald – Das Ende von Tierpark Krüger

In der Nacht zum 11. März gelang es dem zweieinhalbjährigen Braunbären „Asta“ aus seinem Käfig im privaten Tierpark Krüger auszubrechen. Am frühen Morgen kam ihm der Arbeiter Franz Hettich in die Quere, den er anfiel und durch Bisse und Prankenhiebe an Kopf und Beinen schwer verletzte. Hinzueilende Arbeiter konnten den Bär mit Knüppeln vertreiben. Die alarmierte Polizei nahm mit acht Mann die Verfolgung des Tiers auf. In der Nähe des Jägerbrünnele wurde der Bär in die Enge getrieben. Zwei Salven aus einer Maschinenpistole beendeten sein kurzes Leben in Freiheit. Angeblich sei das Tier als bösartig bekannt gewesen und eine Möglichkeit es einzufangen hätte nicht bestanden. Tierparkhalter Krüger räumte die Unzulänglichkeit der Verwahrung ein. Ein neues Gehege sei zwar seit langer Zeit im Bau, doch habe die Baugenehmigung auf sich warten lassen, weshalb eine Fertigstellung nicht möglich war. Das Amt für öffentliche Ordnung verfügte die sofortige Schließung des Tierparks hinter der Straßenbahnhaltestelle Wonnhalde und das Forstamt kündigte am 20. März mit sofortiger Wirkung. Der Stadtrat billigte dieses Vorgehen, da auch ohne den Ausbruch des Bären, wegen der Art der Einrichtung des Geheges und der Tierhaltung, ein Weiterbestehen in Frage gestanden hätte.

1957 CHRONIK

Die am **11. Januar** in der Alten Universität eröffnete Ausstellung „Atomkraft als Friedenskraft“ soll darauf hinwirken, den Menschen die Furcht vor dem Atom zu nehmen.

Eine in unserer Gegend sehr seltene Polarlichterscheinung können die Freiburger am ***21. Januar*** *zwischen 22 und 23 Uhr am westlichen und nördlichen Himmel beobachten.*

Auf dem Friedrich-Ebert-Platz steht ab **Februar** eine neue Wartehalle mit Toiletten für die Straßenbahngäste zur Verfügung.

In das neu erstellte Gebäude Ecke Basler- und Günterstalstraße zieht das Amt für Öffentliche Ordnung ein.

Der neu eingeführte Kreisverkehr „mit fünf Ecken“ am Siegesdenkmal überfordert offensichtlich die Kraftfahrer und bereitet den Planern Kopfschmerzen.

Erzbischof Dr. Seiterich weiht am **5. Mai** die wiederhergestellte Universitätskirche ein.

Frisch renoviert zeigt sich die Münsterbauhütte an der Herrenstraße, der einzige erhalten gebliebene Fachwerkbau des alten Freiburg.

Am **15. Mai** eröffnet das Colombi Hotel mit 120 Betten in 80 Zimmern.

Im **Mai** steigt der FFC aus der Ersten in die Zweite Liga ab.

Jeder 12. Freiburger ist arm oder unterstützungsbedürftig, berichtet der Oberbürgermeister Anfang **Juni**.

Die neue Verkehrssignalanlage am Bertoldsbrunnen geht am **7. Juni** in Betrieb.

„Häberle“ (Willy Reichert) und „Pfleiderer“ (Oskar Heiler) füllen mit ihrem Ensemble mühelos die Stadthalle.

Das Arbeitsamt bezieht im **Juni** den Neubau an der Ecke Rhein- und Eckerstraße. Ins alte Gebäude in der Wilhelmstraße folgen nach Umbau das Wohlfahrts- und Jugendamt nach.

Herdern feiert Anfang **Juli** seine 500-jährige Zugehörigkeit zu Freiburg.

Die ehemalige Kurt-Ziegler-Walderholungsstätte am Hungerberg oberhalb Herderns wird nach zweieinhalbjährigem Leerstand als Tagesschullandheim der Volksschulen eröffnet.

Ende **Juli** ist der Einzug des Stadtarchivs in das Haus „Zum Herzog“ in der Salzstraße abgeschlossen.

Anton Dichtel tritt zu dieser Zeit die Nachfolge von Dr. Paul Waeldin als Regierungspräsident von Südbaden an.

Nach der Bundestagswahl am **15. September** ziehen fünf Freiburger in den Bundestag ein.

Anfang **Oktober** fährt ein Doppeldecker-Bus eine Woche lang zu Versuchszwecken auf der Linie nach St. Georgen.

In Littenweiler wird am **13. Oktober** die neue Pfarrkirche St. Barbara konsekriert.

Am **13. Dezember** stirbt der Entdecker eines Heilmittels gegen die Maul- und Klauenseuche und Begründer der Chemotherapie, Prof. Dr. Paul Uhlenhuth.

1958
CHRONIK

Die Streichung der Subventionen für Getreide und Mehl führt Anfang **Januar** zu Preissteigerungen von 5 bis 7 Pfennig für das Kilo Brot.

Die Kasse der Stadtwerke nimmt am **6. Februar** eine vollautomatische Lochkartenanlage nach dem Hollerithsystem in Betrieb.

200 Mann und 20 Lastwagen schickt der Fuhrpark Anfang **Februar** los, um die Schneemassen von den Straßen zu schaffen.

Am **13. Februar** klettert das Thermometer im Stadtgebiet auf 20,5 Grad Celsius im Schatten. Das ist die höchste Temperatur im Februar seit mindestens 90 Jahren.

Mehrheitlich entscheidet sich der Stadtrat am **21. Februar** für die Wiederaufstellung eines Bertholtsbrunnens nach dem Entwurf von Röslmeier. Städtische Gelder sollen dafür aber nicht verwendet werden.

Die städtischen Arbeiter treten am **19. März** in den von der Gewerkschaft ÖTV ausgerufenen 24-stündigen Proteststreik. Die Versorgung mit Gas, Wasser und Strom bleibt gesichert, Straßenbahnen und Omnibusse haben einen Notdienst eingerichtet.

Auf der früheren Rollschuhbahn von Busses Waldschänke steht den Freiburgern ab **1. April** der erste Minigolfplatz zur Verfügung.

Die feierliche Eröffnung des neuen Berthold-Gymnasiums an der Hirzbergstraße findet am **28. April** statt. Damit endet der Schichtunterricht, den sich dieses Gymnasium mit dem Droste-Hülshoff-Gymnasium in den Räumen des Friedrich-Gymnasiums teilte.

*„Eine ganze Halle voller Jugendlicher völlig außer Rand und Band zu bringen", das schafft am **11. Mai** der junge Rocker Peter Kraus in der Stadthalle. Dagegen verblassen Udo Jürgens und auch das Orchester Max Greger trotz „River-Kwai-Marsch".*

Zum 700. Jahrestag ihres Gusses bringt sich „Hosanna", die größte Glocke des Münstergeläutes, am **18. Juli** selbst ein „Ständchen" in Form mehrfachen Läutens zu verschiedenen Zeiten.

Der größte Protonenbeschleuniger der Bundesrepublik zur Untersuchung der bei Kernprozessen an leichten Kernen entstehenden harten Strahlung wird ab **31. Juli** im Physikalischen Institut II an der Sautierstraße eingebaut.

Die Einweihung der neuen Tribüne im Weststadion feiern am **24. August** fast 1 000 Gäste.

Am **29. Oktober** findet ein studentischer Protest- und Werbemarsch zur Linderung der Zimmernot statt. Die mitgeführten Transparente zeigen Aufschriften wie „In Freiburg studieren – im Keller kampieren" und „Mein Traum, zwei Quadratmeter".

Am **7. November** beschließt der Stadtrat fast einstimmig die Erhaltung der Waldgaststätte St. Valentin.

Am **21. November** entscheidet sich der Stadtrat für die „mittlere Lösung" der Autobahntrasse durch die Freiburger Bucht und für drei Zubringer-Anschlüsse.

Ende der 50er-Jahre übernimmt Karl Kiechle den „Laubfrosch", Hotel, Restaurant, Weinstube, in der Kaiser-Joseph-Str. 273, Ecke Dreisamstraße. (Foto: Erika Schreiber)

Die Opfer des Molochs Verkehr

Straßenverbreiterungen und ihre Folgen

Dem stetig zunehmenden Verkehr huldigte die Stadtverwaltung durch die Schaffung neuer und vor allem die Verbreiterung bestehender Straßen sowie durch Ausweitung der Parkmöglichkeiten und gleichzeitiger Steuerung des Angebots mittels Parkuhren. Dafür waren sowohl im öffentlichen als auch im privaten Bereich teilweise schmerzhafte Einschnitte vonnöten. So führte die am 2. Mai beginnende Verbreiterung der Reutebachgasse dazu, dass der Bach unter einer Überdeckung verschwand. Für den am 1. September begonnenen Ausbau der Zähringer Straße zwischen Tullastraße und Endhaltestelle Zähringen mussten die „den Ausbau der Straße hindernden Einfriedungen" beseitigt und der Humusboden abgeräumt werden. Dieser wurde den Anliegern – für welchen Zweck auch immer – wieder zur Verfügung gestellt. Die Verbreiterung der Kaiser-Joseph-Straße zwischen Holzmarktplatz und Kaiserbrücke ab 18. September und die damit einhergehende Erneuerung der Kreuzung Wall-/Rempart-/Kaiser-Joseph-Straße forderte ebenfalls einige Opfer. Für dieses Ziel wurden die Gehwege beschnitten und das am Justizgebäude entlang fließende Bächle fiel weg. Da konnten die Schülerinnen des Goethegymnasiums noch von Glück reden, dass man ihnen nur „ein paar Quadratmeter" des Schulhofs wegnahm. Aber das war alles erst der Anfang ...

„Mehr Freizeit – was nun?"

Im Rahmen der Freiburger Schwarzwaldwoche vom 14. bis 22 Juni beschäftigte sich die Ausstellung „Mehr Freizeit – was nun?", die erste ihrer Art, mit Problemlösungen hinsichtlich der Frage, wie die durch fortschreitende Verkürzungen der Arbeitszeit so unvorbereitet hereinbrechende Freizeit sinnstiftend zu verwenden wäre. Über 100 Aussteller deckten ein buntes Spektrum an Ideen und nicht zuletzt kassefüllenden Konsummöglichkeiten ab. An der „Sport- und Camping-Revue", einer flotten Modeschau der Firma C. Werner-Blust in der Stadthalle, wirkten die späteren „Stars" des Wallgrabentheaters, Ingeborg Steiert und Heinz Meier, mit sowie ein gewisser Freddy Biolek, der noch eine Karriere als Talkmaster im deutschen Fernsehen vor sich hatte.

Mehr Freizeit – mehr Zeit für die Familie (Foto: Wartberg Verlag).

Die 1919 gegründete Brot- und Feinbäckerei Usländer richtete in der zweiten Hälfte der 30er Jahre im Haus Robert-Koch-Str. 26, Ecke Breisacher Straße, einen Verkaufsladen mit angeschlossenem Café ein. Haus und Geschäft überstanden den Weltkrieg und prosperierten in den 50er Jahren. (Foto: Wartberg Verlag)

„Während des Umbaus Verkauf im Hof"

Schilder mit dieser oder einer ähnlichen Aufschrift fanden sich häufig an Geschäften. Eine zweite Wiederaufbauwelle hatte eingesetzt. Nachdem es in der ersten Phase darum ging, einen Laden so schnell als möglich wieder eröffnen zu können, richtete man sich nun bequemer ein, gestaltete die Verkaufsräume großzügiger, wich von gleichmäßiger Anordnung ab und experimentierte mit asymmetrischer Gestaltung. Innerhalb weniger Jahre hatten sich andere Vorstellungen durchgesetzt, was die Anpreisung der Waren und die Anlockung von Kunden anbelangte. Die Fülle des Angebots verlangte schließlich nach entsprechendem Absatz.

Trockenheit führt zu Wasserknappheit

Unsicherheit über die Leistungsfähigkeit des Wasserwerks

Wegen der großen Hitze und anhaltenden Trockenheit im Juli und August sah sich die Stadtverwaltung am 8. September veranlasst, die Bevölkerung darum zu bitten, „bis auf weiteres jeden vermeidbaren Wasserverbrauch" zu unterlassen. Am 26. September wurde sogar eine „Polizeiverordnung zur Sicherstellung des Trinkwasserbedarfs für die Bevölkerung" erlassen. Danach war es vorübergehend verboten, Haus- und Kleingärten mit Schläuchen oder Berieselungsanlagen zu spritzen, Zapfstellen in- und außerhalb der Wohnungen offen zu halten, Speisen mit fließendem Wasser zu kühlen, unnötige Wasservorräte anzusammeln, Kraftfahrzeuge mit Schläuchen zu waschen und Wasser in privaten Schwimmbecken zu erneuern. In der Folge entstanden Auseinandersetzungen um die Frage der Wasserversorgung der Stadt. Der Stadtrat beschäftigte sich am 9. Oktober mit dem Thema. Oberbürgermeister Brandel erklärte hierzu, dass in Freiburg und Umgebung keine Wassernot herrsche. Gleichwohl kamen wunde Punkte der Versorgung zur Sprache.

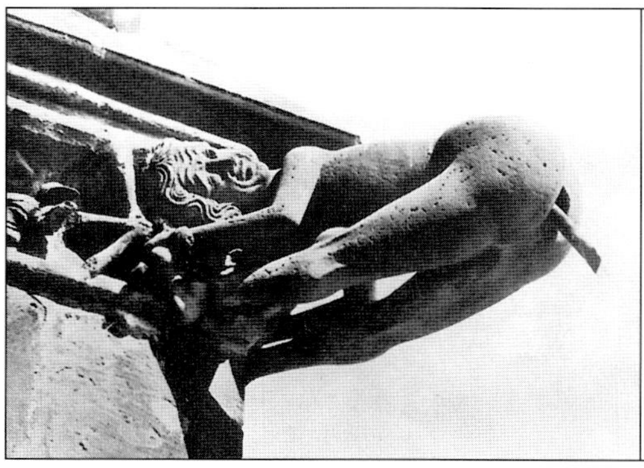

Zu Unrecht wird behauptet, der „Hinternentblößer" oberhalb des Lammportals an der Südseite des Münsters würde, weil gegenüber dem Erzbischöflichen Palais gelegen, dem Erzbischof „blecken". Doch den Erzbischof gibt's erst seit 1827 in Freiburg, den unzüchtigen Burschen dagegen schon rund 600 Jahre. (Foto: Erika Schreiber)

1959 Chronik

Die Karl-May-Verfilmung „Die Sklavenkarawane" steht ab **7. Januar** auf dem Programm des Friedrichsbaus. Georg Thomalla als Hadschi Halef Omar und Mara Cruz als Sklavin erfreuen das Publikum mit ihrer persönlichen Anwesenheit.

Der Finanzausschuss des Landtags erhöht am **19. Februar** den Zuschuss für die Freiburger Städtischen Bühnen von 395 200 DM auf 600 000 DM.

Das Richtfest am neuen Vincentiushaus (Altersheim) in der Friedrichstraße wird am **26. Februar** gefeiert. Es ersetzt das zerstörte alte Haus am Fahnenbergplatz.

Am **14. Mai** sitzen Vertreter der Lokal- und Ortsvereine sowie Nachbarschaften zum ersten Mal als kleiner „Bürgerausschuss" im Rathaus, um Wünsche und Anregungen vorzubringen.

Einen internationalen Flugtag veranstaltet der Breisgau-Verein für Luftfahrt am **17. Mai** auf dem Flugplatz. Über 25 000 Zuschauer erleben Fallschirmabsprünge, Segel- und Motorkunstflug sowie NATO-Staffeln mit modernsten Düsenjägern.

Am **10. Juli** ist an der Idingerstraße Richtfest für 100 Übergangswohnungen für Sowjetzonen-Flüchtlinge.

Edmund Seeger aus St. Georgen wird am **12. Juli** Deutscher Meister im Ringen (Leichtgewicht).

*Vom **22. bis 31. Juli** weilt König Ibn Saud von Saudi-Arabien mit seinem illustren Hofstaat in der Stadt und sorgt für einige Absonderlichkeiten.*

Das mit 42,60 Meter höchste Haus in Freiburg, das zweite Physikalische Institut der Universität, Ecke Sautier- und Hermann-Herder-Straße, feiert am **31. Juli** Richtfest.

Ein kleines Zeichen ohnmächtigen Widerstands setzen Anwohner der Habsburgerstraße am **26. August**, indem sie die todgeweihten Bäume, Opfer der Straßenverbreiterung, mit schwarzen Trauerschleifen schmücken.

Dr. Bernhard Grzimek kommt am **27. August** persönlich zu den Vorstellungen seines Films „Serengeti darf nicht sterben" in die Kurbel.

Am **12. September** eröffnet die Erste Deutsche Holzmesse auf dem Meßplatz.

Am gleichen und am folgenden Tag findet auf dem Waldsee das erste Meisterschaftstreffen der europäischen Schiffsmodellbauer statt.

Ende **September** eröffnen die ersten Deutschen Meisterschaften der Rollkunstläufer in der Stadthalle.

Der Landesverein Badische Heimat feiert ab **12. Oktober** sein 50-jähriges Bestehen mit einer „Alemannischen Woche".

Am **4. November** wird das zwölfgeschossige Studentenwohnheim (Hochhaus) an der Lehener Straße für 200 Studenten eingeweiht.

Oberbürgermeister Brandel übergibt am **12. November** das Haus „Zur lieben Hand" in der Löwenstraße feierlich an die Staatliche Hochschule für Musik.

1960 CHRONIK

Der Stadtrat bewilligt am **8. Januar** die Bebauungspläne für den Harbuck über Zähringen und für den Hörchersberg über Littenweiler. Das erbringt Bauplätze für 500 Wohnungen.

Am **4. März** ist Richtfest für die neue Mensa der Universität auf der Hochallee.

Ende **März** ist etwas mehr als ein Viertel der 128 085 Einwohner unter 18 Jahre alt, 62,2 % sind zwischen 18 und 65 Jahre alt und 12,2 % sind über 65 Jahre alt.

Mit dem Abschluss der letzten Straßenarbeiten am Schwabentor treten ab **10. April** neue Verkehrsregelungen in Kraft. Damit soll der Verkehrsfluss in der Innenstadt verbessert werden. Die Schloßbergstraße wird in beide Richtungen befahrbar. Zahlreiche Straßen sind nun Einbahnstraßen. Abbiege- und Halteverbote ergänzen die Neuordnung.

Diesmal ist es Ted Herold, der die Stadthalle am **24. April** zum Kochen bringt und den anderen Teilnehmern an Max Gregers „Sound des 20. Jahrhunderts" die Show stiehlt.

Das neue Staatliche Gesundheitsamt an der Ecke Starken- und Längenhardstraße feiert am **25. Mai** Richtfest.

Die Deutsche Shell AG schenkt der Stadt die erforderlichen Verkehrsmittel, wie Tretautos und Fahrräder, für den neuen Verkehrsschulgarten im Möslepark.

Das neue „Pfefferle-Haus" am Schwabentor ist Anfang **Juni** bezugsfertig. Etwas abgerückt, soll es als Ersatz für das historische „Pfefferle-Haus" dienen, das der Einfahrt in die Schloßbergstraße im Weg stand.

Vom **26. auf 27. Juni** fallen in der Stadt innerhalb von 24 Stunden 71,1 Liter Regen auf einen Quadratmeter, so viel, wie noch nie seit Beginn der Regenmengenmessung im Jahr 1868.

Das Studentenhochhaus an der Lehener Straße erhält am **21. Juli** den Namen „Ulrich-Zasius-Haus".

Am **24. Oktober** beginnt das Tiefbauamt mit dem Ausbau des Rings zwischen Werthmannplatz und Friedrichstraße.

Am **16. November** bildet sich der „Grüne Kreis", der sich die Erhaltung der Natur gegen die Expansion des Verkehrs zur Aufgabe macht.

Am **23. November** tritt der AStA nach heftigen Auseinandersetzungen im Studentenrat wegen der redaktionellen Führung der Studentenzeitung zurück. Die Krise wird zwei Tage später durch die Neuwahl des AStA behoben.

Das Landesstudio Freiburg des Südwestfunks erhält Anfang **Dezember** mit einem Neubau hinter der Kyburg erstmals eine eigens für seine Zwecke gebaute Produktionsstätte.

Das mit rund 50 Metern derzeit höchste Haus, der 13-stöckige Neubau der Hals-, Nasen-, Ohren- und Augenklinik der Universität, feiert am **15. Dezember** Richtfest.

Der Freiburger Straßenverkehr erreicht in diesem Jahr den traurigen Rekord von 30 Todesopfern.

Laut Eigenwerbung hat man vom Greiffeneggschlößle den schönsten Rundblick über die Stadt. (Foto: Johanne Eißner)

Gegen neonazistische und antisemitische Demonstrationen

Universität und Stadtrat beziehen Stellung

Professoren und Studenten der Universität verurteilten in einer Protestversammlung am 14. Januar in der Universität die Hakenkreuzschmierereien, die zwei Tage zuvor im Kollegiengebäude entdeckt worden waren. In einem Appell an alle Angehörigen der Universität wurden die Kritzeleien als „verächtlicher Akt politischer Verneinung der Grundprinzipien unseres freiheitlichen Rechtsstaates" bezeichnet und die Universitätsgemeinschaft zur Mithilfe bei der Ermittlung der Täter aufgerufen.

Am 15. Januar verurteilte der Stadtrat „alle antisemitischen und nazistischen Äußerungen und Schmierereien, die in letzter Zeit in Freiburg" vorgekommen waren, und rief die Bevölkerung auf, Wiederholungen solcher Vorfälle entschieden entgegenzutreten. Einzig Stadtrat Peter Poralla (Gesamtdeutscher Block/BHE) stimmte gegen die Entschließung. Er hielt alles für „aufgebauscht" und „mehr oder weniger Dummejungenstreiche". Oberbürgermeister Dr. Brandel erwiderte ihm darauf, dass nur ein „politischer Säugling" der Meinung sein kann, dass bei diesen Vorgängen keine Drahtzieher und Hintermänner da sind. „Wer wie wir in den Jahren 1928 und 1929 alles miterlebt hat, muß leider zu einem anderen Ergebnis kommen."

Stadtrat für Autoschnellstraße durch die Stadt

Seit langem hatte kein städtisches Vorhaben die Bürgerschaft so stark beschäftigt wie die Anbindung des Autobahnzubringers Mitte an den innerstädtischen Verkehr samt der Regulierung des Durchgangsverkehrs in West-Ost- und umgekehrter Richtung. Am 20. Juli akzeptierte der Stadtrat im Wesentlichen den Generalverkehrsplan des Regierungspräsidiums Südbaden und stimmte dem Autobahnanschluss Mitte, dem Zubringer Mitte samt dessen Trassenführung entlang der Dreisam im Stadtgebiet sowie seiner Fortführung als Autoschnellstraße ins Dreisamtal, zu.

Die Salzstraße nach Osten (Foto: Eduard Klausmann, Buchholz)

Das St. Josefskrankenhaus in der Hermann-Herder-Straße (Foto: Hans Sigmund)

Über den Umgang mit historischen Funden

oder Vorrang für die Tiefgarage

Beim Bau der öffentlichen Tiefgarage zwischen Ring- und Friedrichstraße fand sich der etwa fünf bis sieben Meter hohe Rest eines Schalenturms, der um das Jahr 1200 an die Stadtmauer angebaut worden war und der mit seinem Fundament im damals wasser führenden Stadtgraben stand. Zunächst war man sich darüber einig, eines der ältesten Zeugnisse städtischer Baugeschichte auf jeden Fall erhalten zu wollen. Zur Debatte stand lediglich, ob der Turmrest in die Tiefgarage einbezogen oder von ihr abgetrennt und von außen her sichtbar und zugänglich gemacht werden solle. Die Stadt war für die erste Möglichkeit, zumal diese für etwa 35 000 DM umzusetzen wäre. Die Denkmalspflege unterbreitete den zweiten Vorschlag, der aber 190 000 DM an Kosten erfordern würde. Jedoch in der Sitzung vom 12. Dezember entschied schließlich der Stadtrat mit nur zwei Enthaltungen, die Reste von Turm und Stadtmauer abzutragen und lediglich deren Grundrisse zu erhalten.

Temperaturrekorde

Am Aschermittwoch (15. Februar) zeigte das Thermometer 18,3 Grad Wärme an. Am 17. März 23,7 Grad, wie es seit 90 Jahren nicht mehr der Fall gewesen war. Subtropische Warmluft ließ am 6. April das Thermometer auf 27,5 Grad klettern – der wärmste Apriltag seit 1882. Am 16. September wurden 32 Grad im Schatten gemessen. Der September war mit 19 Sommertagen mit Höchsttemperaturen von mindestens 25 Grad und mit fünf Hitzetagen mit mindestens 30 Grad der wärmste Monat dieses Jahres und der wärmste Herbstmonat seit Beginn der Klimamessungen 1868. Am 5. Oktober hatte es immer noch 25 Grad über Null. Der 18. Oktober brachte Sturmböen mit bis zu 90 Stundenkilometern, die erhebliche Schäden in der Stadt und bei den Verkaufsständen auf dem Meßplatz verursachten. 22 Grad Wärme im Schatten herrschten auch am 24. Oktober. Eine sommerlich warme Nacht mit 19,3 Grad gab's vom 4. auf 5. Dezember; auch der Tag am 4. Dezember war so warm, wie man es sonst nur Mitte Juni erwarten würde. Schwere Föhnstürme jagten am 11./12. Dezember über die Stadt.

Die St. Wencelinskapelle am Kleinen Roßkopf ist dem Patron der Weidetiere gewidmet; sie stammt aus dem beginnenden 18. Jahrhundert und wurde 1895 durch diesen Neubau ersetzt. (Foto: Eduard Klausmann, Buchholz)

1961 CHRONIK

Die Neubauten des Seminars für Wohlfahrtspfleger an der Wölflin- und Karlstraße werden am **21. Januar** eröffnet.

Ab **1. Februar** gehen die Stadtverwaltung und die Landesverwaltungen zur Fünf-Tage-Woche über.

Den ersten Narrenbrunnen enthüllen die Freiburger Erznarren am **11. Februar** in der Rotteckstraße.

Bundespostminister Richard Stücklen übergibt am **24. März** das neue Hauptpostamt, eines der modernsten in der Bundesrepublik, dem Betrieb.

Den Bebauungsplan für den neuen Stadtteil im Gebiet Bischofslinde billigt der Stadtrat grundsätzlich am **18. April.** 9 000 Menschen sollen zukünftig dort leben.

Aufgrund der neuen Ladenschlussregelung, die am **26. April** in Kraft tritt, öffnen die Freiburger Geschäfte wieder am Mittwochnachmittag.

In der Nacht des **28. April** ist ein starkes Erdbeben zu verspüren.

Über 6 000 Quadratmeter Verkaufsfläche bietet das neue Großkaufhaus C. Werner-Blust ab **4. Mai** seinen Kunden.

*Mit der neuen Mensa auf der Hochallee öffnet am **15. Mai** Freiburgs größter Speisesaal. Der Betrieb beginnt mit dem Protest der Studenten gegen den als zu hoch empfundenen Essenspreis (1,20 DM gegenüber bisher 90 Pfennig).*

Ministerpräsident Kiesinger hält die Festansprache bei der feierlichen Einweihung des Kollegiengebäudes II am **26. Juni**.

Die Stadt ehrt am **20. Juli** den 10 000. Studenten, stud. theol. Karl-Heinz Haane aus Dorsten, mit der traditionellen goldenen Uhr. Allerdings ist die Freude früherer Jahre bei solchen Anlässen dem Erschrecken über die erreichten Zahlen gewichen.

Wegen 50-jähriger Zugehörigkeit zum gleichen Betrieb erhalten Robert Hanser, Josef Haltmaier, Karl Klein und Wilhelm Krüger am **6. September** den „Verdienstorden für Arbeitsjubilare" aus der Hand von Regierungspräsident Dichtel.

Der Neubau für das Staatliche Weinbauinstitut in der Merzhauser Str. 119 wird am **22. September** eröffnet.

Die Einweihung des neuen Heims des Technischen Hilfswerks (THW) im Wolfswinkel findet am **29. September** statt.

Anfang **Oktober** beginnt die erste amtliche Röntgenreihenuntersuchung der Bevölkerung.

Am **5. November** eröffnet das Museum für Völkerkunde im Adelhauserkloster wieder.

Studenten und zahlreiche Freiburger Bürger veranstalten am **8. Dezember** einen Fackelzug aus Protest gegen die Willkürherrschaft in der Sowjetzone. Die Demonstration endet mit einer Kundgebung auf dem Münsterplatz.

Am **31. Dezember** fährt zum letzten Mal die Linie 5 der Straßenbahn auf der Strecke von Haslach nach Herdern.

1962 CHRONIK

Mit beispielloser Ignoranz setzen sich Stadtrat und hochrangige Politiker über alle Einwände hinweg und so verschwindet Mitte **Januar** mit den Resten des mittelalterlichen Schalenturms unwiederbringlich ein historisches Zeugnis von hohem Wert.

Der Stadtrat billigt am **20. Februar** verschiedene Bebauungspläne, darunter den für das Gebiet beim so genannten Flückigersee mit etwa 8 900 Mietwohnungen und 2 000 Eigenheimen.

Der 100. „Kavalier der Straße", Paul Wissler aus Freiburg, erhält bei einem Empfang am **10. März** durch Regierungspräsident Dichtel die Plakette überreicht.

Der Stadtrat bewilligt am **13. März** 443 000 DM für die Verlegung der Straßenbahn-Wendeschleife vom Komturplatz an die Hornusstraße. Die Aufgabe der bisherigen Wendeschleife erfolgt in erster Linie wegen Veränderungen in der Straßenführung.

Die Pädagogische Akademie I wandelt sich mit dem **1. Mai** zur Pädagogischen Hochschule unter Leitung von Prof. Dr. Gustav Siewerth.

Am **18. Mai** beginnt die bis **7. Juni** dauernde kostenlose Schluckimpfung gegen die Kinderlähmung.

Die erste internationale Touristenstraße, die „Grüne Straße"/„Route Verte", wird am **19. Mai** eröffnet. Sie führt vom Schwarzwald über Freiburg, Breisach und Colmar in die Vogesen und nach Lothringen.

*Am **27. Mai** um 14.49 Uhr trifft zum ersten Mal der neue „Rheingold"-Express mit seinem Aussichtswagen fahrplanmäßig in Freiburg ein.*

Ende **Mai** verschwinden die letzten Behelfsbauten am Siegesdenkmal und am Rotteckring.

Nach der Eröffnung eines „Centro Italiano" im Haus der Dreikönigsküche, Schwarzwaldstr. 25, Mitte **Mai**, folgt am **3. Juni** ein „Centro Español" in der Münzgasse 1.

Der grausame Mord an der 21-jährigen Helga Gimbel, deren Leiche am **25. August** auf einem Trümmergrundstück in der Stefan-Meier-Straße aufgefunden wird, erregt die Öffentlichkeit.

Die Verlagerung des Siegesdenkmals beginnt am **31. August.** Am **21. Dezember** wird die „Siegesgöttin" am neuen Standort aufgesetzt.

Am **7. Oktober** wird Dr. Eugen Keidel als Nachfolger des aus Gesundheitsgründen zurückgetretenen Dr. Brandel zum neuen Oberbürgermeister gewählt.

Mit einem Spiel im Rahmen der Deutschen Volleyballmeisterschaft wird die Burda-Halle der Freiburger Turnerschaft (FT) von 1844 am **2. November** eröffnet.

Die lange Trockenperiode in diesem Jahr zwingt im November und Dezember erneut zur Einschränkung des Wasserverbrauchs.

Am **1. Dezember** beginnen vier verkaufsoffene Samstage (anstelle der bisherigen verkaufsoffenen Sonntage). An den Nachmittagen der ersten drei Samstage wird die Altstadt für den Verkehr gesperrt.

Das legendäre Gasthaus „Pfauen" an der Carl-Kistner-Straße in Haslach im April 1962 (Foto: Stadtplanungsamt Freiburg)

Nepal-Himalaja-Expedition unter Schirmherrschaft des OB

Am 15. Januar verabschiedete Oberbürgermeister Dr. Brandel die Teilnehmer an der deutschen Nepal-Himalaja-Expedition, die Freiburger Bürger Gerhard Lenser (Expeditionsleiter) und Hans Rützel sowie den Schweizer Ulrich Hürlemann. Er übergab ihnen unter anderem einen Wimpel in den Farben der Stadt, der nach der geplanten Erstbesteigung auf den Pumo Ri gesetzt werden sollte. Mit einem Kombikraftwagen trat die Expedition am 26. Januar von Freiburg aus die Reise an. Das hohe Ziel wurde schließlich am 17. Mai erreicht. Die deutsch-schweizerische Gruppe bezwang als Erste den 7 145 Meter hohen Berg in der Nachbarschaft des Mount Everest.

Nach dem Erfolg teilte Gerhard Lenser mit, dass er im Frühjahr 1964 den Mount Everest besteigen wolle, was er aber nicht realisierte. Mit einem Empfang im Rathaus am 31. Juli ehrte die Stadt den Bezwinger des Pumo Ri.

Der neue Standort des Siegesdenkmal inmitten des späteren Friedrichsring. (Foto: Stadtplanungsamt Freiburg)

Das Jahr der Studentenwohnheime

Am 26. Mai weihte Erzbischof Dr. Schäufele in Littenweiler die Thomas-Morus-Burse, das größte katholische Studentenwohnheim der Bundesrepublik, ein. Über 300 Studierende konnten dort in Einzelzimmern wohnen.

Der Geschäftsführer des Studentenwerks, Josef Fletschinger, unterrichtete am 13. Juli den Rektor der Universität und den Universitätsbeirat über die Planung für die Studentensiedlung am Flückigersee. Dort sollten 500 Studenten und 150 Studentinnen in Baugruppen mit acht- und elfgeschossigen Hochhäusern und dreistöckigen Bauten untergebracht werden; außerdem waren sechs Einzelhäuser für Professoren, ein Gemeinschaftshaus und ein Gästehaus für ausländische Hochschullehrer vorgesehen.

Der Vizepräsident des deutschen Bundestags, Professor Carlo Schmid, eröffnete am 28. November in der Runzstr. 81 das Internationale Studentenwohnheim der Arbeiterwohlfahrt, das Platz für 127 Studierende bot.

Die Konviktstraße nach Norden (Foto: Eduard Klausmann, Buchholz)

„3-geteilt? niemals!"

Ein Geschenk der Vertriebenen zum 17. Juni

Am Tag der 10. Wiederkehr des 17. Juni kamen Vertreter des Kreisverbands Freiburg der nordostdeutschen Landsmannschaft mit ihrem Sprecher, Stadtrat Poralla, ins Rathaus und übergaben Oberbürgermeister Dr. Keidel 50 Hinweisschilder mit der Aufschrift „3-geteilt? niemals!". Poralla wies darauf hin, dass 25 % der Freiburger Bevölkerung Vertriebene aus widerrechtlich abgetrennten Gebieten seien, die mit diesem Geschenk die anderen Bürger an das geschehene Unrecht erinnern wollten. Oberbürgermeister Keidel meinte, wichtig an dem Schild sei besonders, dass es nicht nur an das „große Gefängnis" in Mitteldeutschland erinnere, sondern auf die Dreiteilung unseres Vaterlandes aufmerksam mache. Er versprach, die Schilder an markanten Stellen im Stadtgebiet aufstellen zu lassen. Und so geschah es.

Trauer um John F. Kennedy

Wegen der Ermordung des amerikanischen Präsidenten John F. Kennedy setzte das Theater am 23. November die Aufführung des „Zigeunerbarons" ab und veranstaltete eine Trauerfeier. Gegen 15 000 Menschen füllten am 25. November die Südseite des Münsterplatzes bei der Gedenkfeier für den ermordeten Präsidenten, bei der Prof. Bergstraesser und der Direktor des Amerikahauses, Prof. Clark, sprachen. Der Trauerfeier ging ein Fackelzug der Studentenschaft und der älteren Schüler der Gymnasien voraus, an dem sich auch Rektor, Dekan, zahlreiche Professoren sowie die Rathausspitze und Regierungspräsident Dichtel beteiligten. Bis Ende November hatten sich 8 500 Personen in die Kondolenzbücher im Rathaus und im Amerikahaus eingetragen.

Beim bitterkalten Rosenmontagsumzug am 25. Februar setzen sich mehrere Motive mit der „Spiegelaffäre" auseinander. (Foto: Eduard Klausmann, Buchholz)

1963 Chronik

Heftige Detonationen erschüttern am **15. Januar** die Stadt und verursachen beträchtliche Glasschäden. Bei einem Flugmanöver durchbricht eine französische Düsenjägerstaffel in niedriger Höhe über Freiburg die Schallmauer.

Am **18. Januar** werden vier weitere Notruf-Säulen in Günterstal, St. Georgen, Zähringen und in der Habsburgerstraße in Betrieb genommen.

Andauernde schwere Kälte führt im **Januar** zu einer angespannten Versorgungslage mit Brennmaterialien und zu vorübergehenden Schwierigkeiten in der Gasversorgung.

Der Stadtrat bewilligt am **29. Januar** über 130 000 DM für eine Zentrale im Karlsbau, von der aus künftig alle Verkehrssignalanlagen gesteuert werden.

Nach einer langen Frostperiode endet der „Jahrhundertwinter" (insgesamt 49 Eistage mit Temperaturen unter 0 Grad) in Freiburg Anfang **März**.

Anfang **Mai** finden die Feierlichkeiten zur Gründung der Städtepartnerschaft zwischen Freiburg und Innsbruck statt.

Nach 18 Jahren hat der Rehbrunnen in der Bodlesau wieder sein Sinnbild bekommen. Auch das Brunnenbecken und die schmiedeeiserne Laube sind neu hergerichtet.

Zum ersten Mal seit Beginn des Ersten Weltkriegs werden am **24. Mai** wieder Soldaten auf dem Platz hinter der Oberpostdirektion, dem Hof der ehemaligen Karlskaserne, vereidigt.

*Der 48-jährige Radsportler Fritz Sütterlin legt innerhalb des Monats **Mai** mit dem Fahrrad 9 042 Kilometer zurück und stellt damit einen neuen Langstreckenweltrekord auf.*

Die Südflug GmbH nimmt am **6. August** auf dem Flugplatz den zivilen Flugverkehr mit der Linie Freiburg–Stuttgart auf eigenes Risiko erneut auf, muss ihn aber am **23. Oktober** wegen mangelnder Rentabilität wieder einstellen.

Beim Schauinslandrennen am **11. August** stellt Edgar Barth auf Porsche mit 100,4 Stundenkilometern einen neuen Streckenrekord auf. Erstmals werden 100 km/h überschritten.

Das Wohnungsbauprojekt „Landwassermatten", 2 500 Wohneinheiten für 9 000 Menschen, wird am **25. September** von Oberbürgermeister Keidel auf einer Pressekonferenz bekannt gegeben. Dafür fallen Bäume auf 45 Hektar Mooswald.

Der 150 000ste Einwohner von Freiburg wird am **22. Oktober** im St.-Elisabeth-Krankenhaus geboren und heißt Peter Weber.

Am **12. und 13. November** zieht die Stadtbücherei von der Adelhauserstr. 33 in das neue Gebäude am Münsterplatz.

Memphis Slim und Sonny Boy Williamson geben am **28. November** ein Blues-Konzert in der Stadthalle.

Am **20. Dezember** findet ein Eröffnungsgottesdienst in der wiederhergestellten St. Michaels-Kapelle auf dem Alten Friedhof statt.

1964
CHRONIK

Am **9. Januar** beginnt der Abbruch der Tivolischule. Auf ihrem Platz soll die Turnhalle für die Weiherhofschule entstehen.

Wegen Baufälligkeit wird das Milchhäusle in der Schloßbergstraße Anfang **März** abgerissen. Zufälligerweise benötigt man den Platz sowieso für die Verbreiterung der Schloßbergstraße.

Im **März** muss die Möbelhalle am Schwabentorplatz weichen. Sie steht der künftigen Trasse zur neuen Schwabentorbrücke im Weg.

Auch die Häuser Niemensstr. 16 und Löwenstr. 19 – 21 werden im **März** abgebrochen. Die Universität will sich an deren Stelle ausweiten.

Im alten Postgebäude in der Eisenbahnstraße eröffnet nach einjähriger Umbauzeit das neue Fernmeldeamt am **23. März.**

In Zähringen ist am **3. April** Auftakt der Umstellung auf staubfreie Müllabfuhr mit den neuen Mülleimern. Den Müllmännern bringt das Verfahren erhebliche Arbeitserleichterung.

Die städtische Feuerwehr erhält Mitte **April** eine neue, 37 Meter hohe Kraftdrehleiter. Die stete Zunahme von Hochhäusern macht's notwendig.

*Der berühmte Maler Professor Oskar Kokoschka verweilt ab **22. April** für einige Tage in Freiburg und malt in der Zeit ein Bild von der Stadt mit Blick vom Schwabentor her.*

Am **13. Mai** feiert die Alemannische Bühne Freiburg ihr 40-jähriges Bestehen im Kammertheater mit der Erstaufführung des Lustspiels „D'r Riedhofbuur fegt us".

Fritz Sütterlin erstrampelt einen neuen Weltrekord. In 37 Stunden und 40 Minuten fährt er mit dem Fahrrad am **28./29. Mai** nonstop 1 008,8 Kilometer.

300 Studenten arbeiten am **17. Juni** im Wald und stellen ihren Verdienst von jeweils 20 DM der Arbeitsgemeinschaft „Student für Berlin" zur Verfügung. Damit sollen 270 Berliner Kinder Ferien im Schwarzwald machen können.

Der Deutsche Paritätische Wohlfahrtsverband beginnt am **22. Juni** mit „Mahlzeit auf Rädern" für alte, allein stehende, kranke und gebrechliche Menschen.

Am **17. Juli** ist erstes Richtfest für 98 Wohneinheiten der Gemeinnützigen Baugenossenschaft Wohnstättenbau im Neubaugebiet „Bischofslinde".

Zum 30. Mal bereiten die Schausteller auf der Herbstmesse am **21. Oktober** ein Fest für 600 bedürftige Kinder und zwei Tage später zum 5. Mal 300 betagten Menschen ein „Altenfest". Organisator ist wiederum der unermüdliche, fast 80-jährige Schausteller Heinrich Seelinger.

Am **18. Dezember** wird die Merian-Frauenfachschule an der Merianstraße ihrer Bestimmung übergeben.

Am gleichen Tag ist Richtfest an der etwa 35 Meter hohen „Freiburger Gaskugel", dem Hochdruckgasbehälter an der Dreisam in Betzenhausen.

Die kurze Existenz der Fluglinie Freiburg–Stuttgart im Jahr 1963 ist Gegenstand eines Wagens beim Rosenmontagsumzug am 10. Februar 1964. (Foto: Hans Sigmund)

Justizorgane als Fluchthelfer für Nazis?

Studenten protestieren gegen lasche Verfolgung von NS-Verbrechern

Sechs Hochschulgruppen protestierten auf Flugblättern, die ab 18. Juni verteilt wurden, gegen die Freilassung der ehemaligen Gestapobeamten und SS-Offiziere Robert Weissmann und Richard Sehmisch aus Freiburg, denen die Ermordung von 200 Juden, die Mitwirkung bei der Verschleppung weiterer 5 000 Juden in Vernichtungslager und die Betreibung eines „Folterkellers" vorgeworfen wurde. Weil angeblich weder Verdunkelungs- noch Fluchtgefahr bestand, hatte die Staatsanwaltschaft die beiden leitenden Funktionäre der Gestapo-Außenstelle Zakopane (Hohe Tatra) im damaligen Generalgouvernement Polen bis zur Anklageerhebung auf freien Fuß gesetzt. Das Flugblatt wies darauf hin, dass bei ähnlichen Gelegenheiten anderen NS-Verbrechern, wie den KZ-Ärzten Eisele und Mengele, die Flucht ins Ausland geglückt war. Die Aktion erfolgte in Gemeinsamkeit von Sozialdemokratischem Hochschulbund (SHB), Humanistischer Studenten-Union (HSU), Sozialistischem Deutschen Studentenbund (SDS), Deutsch-Israelischer Studentengruppe (DIS), Liberalem Studentenbund Deutschlands (LSD) und Ring Christlich Demokratischer Studenten (RCDS).

Die „Tour de France" in Freiburg

An die 100 000 Zuschauer sollen es gewesen sein, die am 26. Juni Freiburgs Straßen bevölkerten, als die Tour de France zum ersten Mal in ihrer 60-jährigen Geschichte eine deutsche Stadt als Etappenziel erreichte. Die Stefan-Meier-Straße diente als Zielgerade der 5. Etappe, die in Lunéville begonnen hatte. Der Belgier Willi Derboven fuhr bei der Gewerbeschule II als Erster über die Ziellinie, eine Radlänge vor Rudi Altig. Dieser erhielt dennoch das gelbe Trikot, da er in der Gesamtwertung in Führung lag. Tags darauf startete die 6. Etappe Freiburg–Besançon vom Gerwigplatz vor dem Wiehrebahnhof. Die Rennleitung zeigte sich tief beeindruckt vom Empfang durch die Bevölkerung und von der tadellosen Organisation.

Am Schwabentorplatz fallen das klassizistische Haus von Anselm Feuerbach und die „Möbelhalle der vereinigten Schreinermeister" dem Greiffeneggring zum Opfer. (Foto: Eduard Klausmann, Buchholz)

Der heutige Tennenbacher Platz mit Blick nach Norden in die Emmendingerstraße (Foto: Stadtplanungsamt Freiburg)

Beat! Beat! Beat!

Ein Beat-Konzert in der Stadthalle

„Das war wohl die heißeste und verrückteste Show, die jemals in Freiburg über die Bühne gegangen ist", so begann ein Bericht der Badischen Zeitung über das vermutlich erste Konzert mit Beat-Musik in der Stadthalle am 2. Mai. Für Eintrittspreise ab 2,50 DM durfte das jugendliche Publikum sich erst einmal selbst mit Trillerpfeifen und Kuhglocken unterhalten – bis die Musikanlagen endlich aufgebaut waren. Den ersten Auftritt absolvierten vier Frauen und ein Mann aus Liverpool unter dem Gruppennamen „The Beat-Chics". Etwas mehr aus dem Häuschen gerieten die Fans dann bei der deutschen Beatband „The Lords", die mit deftiger Lautstärke ordentlich einheizte. Doch anscheinend brachte erst eine „mollige, 18-jährige Beatsängerin" namens Jetty die Halle zum Überkochen. Unter „orkanartigem Geheul" sei nun ein „Veitstanz" losgegangen, „als stünde der Teufel selbst im Scheinwerferlicht" – so der fachkundige Kommentar des Kritikers. Die „Zugpferde" des Abends, „Casey Jones and the Governors" aus England, traten zum Schluss auf. Mit Erleichterung wurde festgestellt, dass trotz allem Wirbel die Einrichtung der Stadthalle keinen Schaden gelitten hatte.

An dieser Stelle erhebt sich heute das Kollegiengebäude III der Universität (Foto: Eduard Klausmann, Buchholz)

„Student aufs Land"

Die Freiburger Studentenschaft begann am 27. September in den Gemeinden Stegen, Merdingen, Oberhausen und Waldkirch mit der von ihr initiierten Bildungswerbungskampagne „Student aufs Land". Durch Informationsvorträge in Landgemeinden und Industriebetrieben wollten die Studenten die Landbevölkerung und die Arbeiterschaft auf die Notwendigkeit des verstärkten Besuchs weiterführender Schulen hinweisen. Die Kampagne wurde auch von staatlichen und kirchlichen Stellen gefördert.

1965 Chronik

Mit dem **1. Januar** tritt der „Mitbenutzungsvertrag" in Kraft, der die Stadt berechtigt, den Flugplatz für die zivile Luftfahrt mitzubenutzen.

In der Siedlung „Lindenwäldle", in der kinderreiche und zum Teil problematische Familien in höchstens 66-Quadratmeter-Wohnungen untergebracht sind, kommt es zu sozialen Spannungen.

Die Kleinbühne „tangente" in der Nußmannstraße, die sich auf Lustspiele und Komödien spezialisieren will, eröffnet am **28. Januar** als drittes Theater in Freiburg.

Herbert Jorzig wird Anfang **Februar** zum neuen Kreisvorsitzenden des Deutschen Gewerkschaftsbunds gewählt.

Mit der letzten Vorstellung des Films „Schön ist die Liebe am Königssee" am **8. März** schließen die „Hirschen-Lichtspiele" in Haslach. Ein Konsum-Großmarkt soll stattdessen dort einziehen.

Anfang **Mai** ist die Hälfte der neuen Studentensiedlung am Baggersee bezogen.

Am **4. Mai** findet der Großmarkt zum letzten Mal auf dem Karlsplatz statt.

Das Landgericht zieht Ende **Mai** in das wieder aufgebaute ehemalige großherzogliche Palais in der Salzstraße. Einen Monat später ist Einweihung.

Auf Initiative des Freiburger Studentenparlaments veranstalten die Studenten aller westdeutschen Hochschulen am ***1. Juli*** *Demonstrationen und Kundgebungen, um auf den Bildungsnotstand aufmerksam zu machen. In Freiburg werden etwa 4 500 Teilnehmer gezählt.*

Am **1. Juli** führen die Verkehrsbetriebe den Einheitstarif ein. Der Einzelfahrschein für Erwachsene kostet nun 50 und für Kinder 30 Pfennig.

Mitte **Juli** findet die offizielle Übergabe der zwei Hochhäuser südlich der Breisacherstraße mit 264 Einzelzimmern für Krankenschwestern statt.

Der Sozialistische Deutsche Studentenbund (SDS) veranstaltet am **29. Juli** eine Protestdemonstration gegen den Krieg der Amerikaner in Vietnam.

Im Neubaugebiet „Weingarten" ziehen Mitte **Oktober** die ersten 20 Familien ein.

Der erste öffentliche Vortrag am **20. Oktober** der in diesem Jahr gegründeten „Gesellschaft für alemannische Sprache (Muettersproch-Gesellschaft)" befasst sich mit „Wesen und Wert der alemannischen Sprache".

Aus den Stadtratswahlen am **7. November** geht die SPD als Gewinnerin hervor, doch auch die CDU legt zu. Das Stadtparlament setzt sich nun aus 48 Räten zusammen.

In der Stadtmitte wird am **25. November** ein Reiterstandbild auf ein Podest gehievt, das viel mit der traurigen Gestalt des Don Quichotte gemeinsam hat. Das Ganze soll aber wieder Bertoldsbrunnen heißen.

1966 CHRONIK

Die Städtischen Bühnen feiern am **26. Januar** ihr 100-jähriges Bestehen mit einem Festakt und Beethovens Oper „Fidelio".

„Balla balla", der Hit der deutschen Beatgruppe „Rainbows" mit dem anspruchslosen Text, ist auch der Hit der Freiburger Fasnet 1966.

Am **18. Februar** wird die neue Greiffeneggbrücke (zweite Schwabentorbrücke) für den Einbahnverkehr in Nord-Süd-Richtung freigegeben.

Das erste Kurzschuljahr beginnt am **19. April** und endet am **30. November.**

Vom **29. April** bis zum **1. Mai** finden erstmals Spiele um den Davispokal in Freiburg statt, die mit einem überragenden Sieg der deutschen Tennisspieler enden.

Am **4. Mai** wird das neue Amerikahaus in der Kaiser-Joseph-Str. 266 der Öffentlichkeit übergeben.

Der Caritasverband Freiburg-Stadt eröffnet Mitte **Mai** in der Klause, Kartäuserstr. 77, eine Begegnungsstätte für ältere Menschen.

Das erste Sprachlaboratorium Freiburgs erhält das Seminar für Studienreferendare im Kepler-Gymnasium, entscheidet der Verwaltungs- und Finanzausschuss des Stadtrats – aber erst 1967.

Die ersten Wohnungen im neuen Stadtteil Landwasser werden am **3. Juni** bezogen.

Am **5. Juni** haut der bekannt unbequeme Kabarettist Wolfgang Neuss im Großen Haus der Städtischen Bühnen auf die Pauke.

*Der Freiburger Motorsportclub veranstaltet am **19. Juni** auf dem Großmarktgelände ein erstes Go-Kart-Rennen.*

Das Teilstück des Greiffeneggrings zwischen Wall- und Dreisamstraße ist ab **5. Juli** befahrbar.

Der erste Kirchenbau der „Kirche Jesu Christi der Heiligen der Letzten Tage" (Mormonen) in Südbaden wird am **6. August** in der Markgrafenstraße eröffnet.

Kaufhaus Hertie will sich ausweiten. Das kostet den „Filmpalast". Er gibt die letzten Vorstellungen am **2. Oktober.**

Das Haus der Jugend in der Uhlandstraße wird am **8. Oktober** offiziell eröffnet.

Mit dem Winterfahrplan führen die Verkehrsbetriebe bei verschiedenen Linien den Fünfminutentakt während der Spitzenzeiten ein.

An der Pädagogischen Hochschule sind für das Wintersemester zum ersten Mal über 1 000 Studierende immatrikuliert.

Die Einweihung der neuen Handelslehranstalt II an der Fehrenbachallee erfolgt am **19. November.**

Am **4. Dezember** feiert das Kolpinghaus in der Karlstraße sein 100-jährigs Bestehen.

Die Aufhebung der drei Stände des Trödlermarkts am Rotteckring, eine alte Samstags-Einrichtung, ist eine vom Stadtrat beschlossene Sache.

Die Eisenbahnstraße (heute Rathausgasse) als Fußgängerzone war eine Idee des Baureferenten Bürgermeister Zens – und so (rechts) könnte sie aussehen. (Foto: Stadtplanungsamt Freiburg)

Wer Gasheizung hat, muss frieren

Gasnotstand in der Stadt

Wegen ungenügender Anlieferung von Ferngas forderten die Stadtwerke am 18. Januar die Bürgerschaft auf, den Gasverbrauch auf das Notwendigste einzuschränken. Die Lage in der Stadt nahm zusehends katastrophale Ausmaße an. Die meisten Gasheizungen fielen aus, Gasherde waren nur noch sehr beschränkt einsatzfähig und gasbeleuchtete Straßen lagen im Dunkeln. Nach lang anmutenden vier Tagen normalisierte sich die Versorgung mit Ferngas und der Notstand wurde aufgehoben. Um zukünftigen Engpässen vorzubeugen, war geplant, in dem Ende 1965 stillgelegten Werk II der früheren Gasfabrik an der Hans-Bunte-Straße die Kohlenwassergasanlage in eine Benzin-Flüssiggas-Spaltanlage umzubauen. Zu Beginn der nächsten Heizperiode sollte die erste Generatorlinie mit einer Tagesleistung von mindestens 80 000 Kubikmeter bereitstehen. Tatsächlich ging am 10. Oktober die neue zweilinige Spaltanlage mit einer steigerbaren Erzeugungskapazität von 160 000 Kubikmeter Gas pro Tag zunächst probeweise in Betrieb. Damit hatte sich die Freiburger Gasversorgung weitgehend vom Ferngasnetz unabhängig gemacht.

Das erste Verkehrschaos im Freiburger Osten

Das gleichzeitige Zusammentreffen von Herbstmesse auf dem Meßplatz, Fußballspiel im Mösle, Gebrauchtwagenschau in der Stadthalle, verkaufsoffenem Sonntag und dem durch sonniges Wetter hervorgerufenen Ausflugsverkehr in den Schwarzwald verursachten am 23. Oktober bisher nicht gekannte Stauungen auf den Hauptverkehrsstraßen. Beispielsweise benötigten Autofahrer für die Strecke vom Zubringer Süd bis zur Eschholzstraße etwa 30 Minuten, vom Schwabentor bis nach Ebnet war mit mindestens 25 Minuten zu rechnen.

Blick in die Schwendistraße, Richtung Runzstraße (Foto: Stadtplanungsamt Freiburg)

Befragung zur Teilsperrung der Innenstadt

Anhand eines Fragebogens wurden Anfang März genau 2774 Passanten nach ihrer Meinung zur samstäglichen Sperrung der Kaiser-Joseph-Straße für den Individualverkehr befragt. Rund 85 Prozent der Befragten waren für eine Teilsperrung an Samstagen, 10 Prozent lehnten sie ab. Ebenfalls befragte ADAC-Mitglieder sprachen sich zu 74 Prozent dafür und zu 18 Prozent dagegen aus. Ein gegenteiliges Ergebnis ergab sich bei der Befragung betroffener Geschäftsleute. Sie votierten mehrheitlich (63,2 %) gegen eine Sperrung, nur 29,5 Prozent befürworteten sie.

Blick vom Ostende der Stühlinger Brücke auf die Einmündung der Wilhelmstraße (Foto: Stadtplanungsamt Freiburg)

Ein stürmisches Frühjahr

Orkane richten erhebliche Schäden an

Es begann am 23. Februar, als ein plötzlich einbrechendes Sturmtief mit etwa 90 Stundenkilometern Geschwindigkeit, begleitet von einem kurzen Gewitter, über die Stadt zog. Fünf Tage später tobten heftige Sturmböen mit einer Geschwindigkeit von bis zu 100 Stundenkilometern durch die Stadt. Ziegel fielen von Dächern, Wandplatten von Hochhäusern, Bäume und Straßenlaternen knickten um. Man fürchtete auch um den Dachreiter auf dem Martinstor. Doch der hielt stand. Erhebliche Schäden entstanden im Stadtwald.

Der heftigste Orkan seit über 14 Jahren suchte die Stadt am frühen Morgen des 13. März heim. Die Geschwindigkeit steigerte sich auf 109 Stundenkilometer. Es entstanden wiederum erhebliche Schädigungen an Häusern und Straßen. Das Forstamt registrierte einen Schaden von über 5 000 Festmetern Nadel- und Laubholz im Stadtwald.

Am 25. Mai traten wieder heftige Stürme auf, die zeitweise zu orkanartiger Stärke anwuchsen. In der Stadt stellte man als Spitze eine Windgeschwindigkeit von 115 Stundenkilometern fest. Die Fronleichnamsprozession wurde vorsichtshalber ins Münster verlegt.

Trauerfeier für Benno Ohnesorg

Zur gleichen Stunde, in der Benno Ohnesorg in Hannover beigesetzt wurde, fanden sich Professoren und Studenten der Freiburger Universität zu einer Trauerfeier im Auditorium maximum zusammen. Der Rektor, Prof. Helmut Baitsch, gedachte in einer Ansprache des von einem Polizisten während einer Demonstration gegen den Besuch des Schahs in Berlin erschossenen Studenten. Für die Witwe des Ermordeten war eine Geldsammlung zustande gekommen.

Das „Hochhaus“ von St. Georgen in der Andreas-Hofer-Straße mit einem Gottlieb-Markt; davor das Anwesen der Familie Keller (Foto: Stadtplanungsamt Freiburg)

Tumulte um eine NPD-Veranstaltung

Der stellvertretende NPD-Vorsitzende Adolf von Thadden musste Ende Februar auf die Hilfe der Polizei warten, ehe er mit dreiviertelstündiger Verspätung die Ziele seiner Partei vorstellen konnte. Gegen Rechtsradikalismus protestierende Studenten hatten den Zugang zum Saal im Gasthaus „Schwanen“ in Herdern blockiert. Im Saal ging's dann auf tradiertem Niveau weiter: Zwischenrufe bezeichnete von Thadden als „Idiotengerede“, gegen einen Zwischenrufer wurde eine Bierflasche geworfen, ein anderer flog selber raus. Die Versammlung schloss der Vorsitzende der veranstaltenden rechtsradikalen Hochschulgruppe, Bernd Pauli, mit den Worten, er wolle von Thadden nicht zumuten, „mit Schweinen zu diskutieren“.

1967 CHRONIK

Um den Standort der ehemaligen Burg sichtbar zu machen, lichtet das Gartenamt im **Januar** einzelne bewaldete Stücke am Schlossberg oberhalb des Kanonenplatzes aus.

Die 1966 von der Stadt gekaufte aus dem 13. Jahrhundert stammende Kapelle an der Andreas-Hofer-Straße in St. Georgen wird unter Denkmalschutz gestellt.

Ab **31. Januar** führt die Stadtverwaltung stufenweise die elektronische Datenverarbeitung ein.

Die erste Straßenbahn fährt am **12. April** über die neue Trasse vom Schwabentor zur Greiffeneggbrücke.

Zwischen Freiburg und Colmar wird am **17. April** der Omnibuslinienverkehr wieder aufgenommen.

Über 65 Indianer- und Cowboy-Clubs mit über tausend Teilnehmern aus drei Nationen treffen sich an Pfingsten erstmals im Freiburger Raum (am Tunisee) zum 17. „Indian-Council“.

In allen Verkehrsmitteln der Städtischen Verkehrsbetriebe gilt ab Mitte **Mai** ein generelles Rauchverbot.

*Am **30. Mai** wird das neue Freibad am Flückigersee eröffnet. Es ist mit etwa 8 000 qm Wasserfläche für Schwimmer und 1 400 qm für Nichtschwimmer eines der größten in der Bundesrepublik.*

Am **6. Juli** gräbt Oberbürgermeister Keidel das erste Loch für ein Projekt mit Ladenzentrum, Hotel, Kongresshalle und Tiefgarage auf dem Karlsplatz.

Rudi Dutschke spricht am **14. Juli** als Vertreter der „Außerparlamentarischen Opposition“ (APO) mit rhetorischer Gewandheit vor Studenten im Audimax.

Mitte **September** fließt aus dem Georgsbrunnen Markgräfler Gutedel und Kaiserstühler Riesling-Silvaner – zugunsten der Münsterbaulotterie.

Die dritte Partnerschaft zwischen der oberitalienischen Stadt Padua und Freiburg wird Anfang **Oktober** im Kaufhaussaal feierlich besiegelt.

Die neue Kronenbrücke wird am **5. Oktober** für den Verkehr freigegeben.

Der erste, von Freiburger Journalisten organisierte Presseball steigt am **7. Oktober** in der Mensa der Universität.

Die Ahnenforscher treffen sich vom **7. bis 9. Oktober** zum 19. Deutschen Genealogentag bei Veranstaltungen im Waldsee-Restaurant und im Theatersaal der Alten Universität.

Am **27. Oktober** feiern die Gewerkschaften die Eröffnung ihres neuen Hauses in der Hebelstr. 10. Es wird „August-Bebel-Haus“ getauft.

Am **25. November** weiht Erzbischof Dr. Schäufele die Katholische Akademie in der Wintererstraße ein.

Am gleichen Tag stellt der Freiburger ERC seine neue Kunsteisbahn an der Ensisheimer Straße der Öffentlichkeit vor.

1968 CHRONIK

Am **9. Februar** bestreiken Studenten der Universität die Vorlesungen aus Protest gegen die „vorzeitige Verabschiedung“ des neuen Hochschulgesetzes.

Der Stadtrat stimmt am **19. März** zu, dass auch Landwasser-Mitte, derzeit noch Mooswald, für den Wohnungsbau ausgewiesen wird.

Bestürzung und Trauer löst am **3. April** *die Nachricht von den etwa Mitte* März *in Vietnam ermordeten Freiburger Ärzten Prof. Horst-Günther Krainick, dessen Ehefrau Elisabeth und Dr. Raimund Discher aus.*

Das Attentat auf Rudi Dutschke führt auch in Freiburg zu verschiedenen Protestaktionen.

Mitte **Mai,** am Tag der zweiten Lesung der Notstandsgesetze im Bundestag, demonstrieren etwa 2 000 Menschen friedlich in der Stadt.

Ein ausgesprochen seltenes Jubiläum feiert die Freiburger Maler- und Lackierer-Innung im **Mai**: Sie besteht seit 675 Jahren! Zum Wiederaufbau der Gerichtslaube stiftet sie ein Fenster-Maßwerk.

Ende **Mai** finden weitere Protestaktionen gegen die Notstandsgesetze statt.

Die Schlossberg-Seilbahn vom Stadtgarten zum „Dattler“ nimmt am **1. August** den Betrieb auf.

Studenten und Bürger protestieren am **21. August** gegen die sowjetische Intervention in der Tschechoslowakei.

Starke Unruhe löst ein am **28. August** *verübter brutaler Sexualmord an der 25-jährigen Martha Rohde im Mooswald bei Landwasser aus. Fünf Tage später ist der 15-jährige Lehrling Günter Lang als Täter überführt.*

Am **10. September** ehrt die Stadt die erfolgreichen Teilnehmer an den Weltmeisterschaften im Rollschuhkunstlauf, Michael Obrecht (Vizeweltmeister) und Markus Gallmann (Dritter), beide von der Freiburger Turnerschaft von 1844.

Das Domhotel Geist am Münsterplatz gibt am **30. September** den Geist auf und lässt sich in den Baukomplex des Kaufhauses Schneider einfügen.

Am **22. Oktober** wird die neue Verbindungsstraße von der Straße „Auf der Zinnen“ zum Leopoldring freigegeben.

Die Tiefgarage am Karlsplatz mit 750 Plätzen steht ab **25. November** der Öffentlichkeit zur Verfügung.

Ein weiterer Freiburger Bürger, der Malteser-Helfer Czeslaw Dixa, ist in Vietnam zu Tode gekommen. Er stirbt Ende **November** an den Folgen eines Vietcong-Überfalls.

Wie ein vom Himmel gefallener Meteorit liegt ein ungelenker Betonklotz in der Grünanlage am Fahnenbergplatz. Er dient ab **Dezember** als Erinnerungsmal für die Heimatvertriebenen und erhält einige Wochen später die Inschrift „Unvergessene Heimat“.

Eine der letzten Aufnahmen von der alten Schloßbergstraße in Richtung zum Schwabentor; im Hintergrund das alte Gewerkschaftshaus (Foto: Stadtplanungsamt Freiburg)

Unruhige Tage im Februar

Demonstrationen gegen Fahrpreiserhöhung

Am 1. Februar um 13 Uhr begannen die Demonstrationen gegen die beschlossene Erhöhung der Preise für die Benutzung von Bussen und Straßenbahnen mit einem „Sit-in“ an der Kreuzung Bertoldsbrunnen. Aufgerufen hatte hierzu die „Aktionsgemeinschaft Freiburger Schüler“. Weit über 1 000 Schüler und solidarische Studenten kamen dieser Aufforderung nach. Oberbürgermeister Keidel sagte eine Aussetzung der Fahrpreiserhöhungen bis zum 15. April zu. Eine „Aktionsgemeinschaft gegen die Fahrpreiserhöhung“ gab sich mit diesem Aufschub nicht zufrieden, sondern forderte vielmehr eine Senkung der Fahrpreise für Rentner und Schüler. Und so wurde die Blockade des Bertoldsbrunnens am nächsten Tag wiederholt. Während der Stadtrat in seiner Sitzung am 6. Februar an den Tariferhöhungen festhielt, besetzten einige hundert Demonstranten erneut den Bertoldsbrunnen. Als es ab Nachmittag des folgenden Tages wieder zu Demonstrationen kam, schickte Bürgermeister Kiefer 400 Bereitschaftspolizisten ins Feld, um die Kaiser-Joseph-Straße räumen zu lassen. Ihr Debut gaben zwei neue Wasserwerfer, die jedoch eher geeignet waren, dem Ganzen einen Anstrich von Happening zu geben. Am nächsten Tag ging's weiter mit neuer Taktik der Protestierenden. Der zu rücksichtsvolle Polizeieinsatzleiter Albert Maier wurde am 9. Februar durch Polizeioberrat Stather aus Konstanz ersetzt. Nun kamen neben den Wasserwerfern auch Schlagstöcke zum Einsatz, um die Kaiser-Joseph-Straße samt Gehweg und Nebenstraßen zu räumen. Bis zur nächsten außerordentlichen Stadtratssitzung am 15. Februar blieb es ruhig in der Stadt. Am ursprünglichen Beschluss änderte sich nichts Wesentliches, dennoch erfolgten keine weiteren Protestaktionen. Die Semesterferien an der Universität hatten begonnen ...

Zur Verbesserung der Verkehrsverhältnisse muss im November die „alte Scheune“ von 1834 gegenüber dem Gasthaus „Schiff“ verschwinden; Aufnahme vom September 1961. (Foto: Stadtplanungsamt Freiburg)

Polizei übt „Straßenschlacht“ in Freiburg

Ungestört von wirklichen Demonstranten durften südbadische Polizisten in der ersten Novemberhälfte zwei Tage lang Strategien im Umgang mit Verkehrsblockierern und ähnlichen Unruhestiftern erproben. Für die simulierte Straßenschlacht waren eigens Attrappen mit Freiburger Motiven auf dem Militärflugplatz Bremgarten aufgestellt worden. Das Ganze wurde „top secret“ behandelt. Nicht einmal die Presse war auf dem stacheldrahtbewehrten Gelände zugelassen.

Bei der Übergabe der Plastik „Heroischer Rhythmus IX“ des Italieners Berto Lardera im Innenhof zwischen den Kollegiengebäuden I, II und III Mitte März „ergänzen“ Studenten das Kunstwerk mit alten Autoteilen; hier unverfälscht auf einer Aufnahme von 1992. (Foto: Stadtplanungsamt Freiburg)

Eines der abgebrochenen Häuser in der Konviktstraße (Foto: Stadtplanungsamt Freiburg)

Der (vergebliche) Kampf ums „Roß“

Ein Beispiel von Freiburgs Zerstörung zu Friedenszeiten

Der Umzug des Rotteck-Gymnasiums in einen Neubau im Gebiet der Freiau war beschlossene Sache. Das alte Gebäude hatte das Land Baden-Württemberg erworben, um die Universität erweitern zu können. Mithin stand es auf der Abrissliste, weil an dieser Stelle die neue Universitätsbibliothek entstehen sollte. Die „Arbeitsgemeinschaft Freiburger Stadtbild“ wehrte sich vehement gegen dieses Vorhaben mit dem Hinweis auf das erhaltenswerte Ensemble von Häusern an dieser Straße als hervorragende Zeugen der Bauperiode zwischen 1871 und Anfang des 20. Jahrhunderts. Aber die Bitte, nach der Zerstörung durch Bomben nicht auch noch erhalten gebliebenes Wertvolles zu vernichten, stieß auf taube Ohren. Am 16. November 1971 stimmte der Stadtrat mit großer Mehrheit (mit nur zwei Gegenstimmen und drei Enthaltungen) gegen den Erhalt des Baus oder wenigstens der Fassade vom alten „Roß“. Auch die Beschwerde der „Arbeitsgemeinschaft Freiburger Stadtbild“ beim Regierungspräsidium gegen die stadträtliche Entscheidung über bauliche Veränderungen im Bereich der Milchstraße, die auch den Bau des Rotteck-Gymnasiums betraf, rettete das Gebäude nicht.

Die beschauliche Schloßbergstraße wird zum Schloßbergring umgebaut und dafür ein gutes Stück Berg abgetragen. (Foto: Stadtplanungsamt Freiburg)

Die Bilder der Tore

Das Martinstor erhielt nach dem mehrheitlichen Willen des Stadtrats (22 gegen 9 Stimmen) am 22. Juli kein neues Martinsbild. Der Entwurf des Preisträgers Helmut Lutz erschien den meisten plötzlich doch als zu zeitgenössisch und sie befanden, dass ein Tor ohne Beiwerk ein schöneres Tor wäre. Dagegen durfte sich das Schwabentor weiterhin seines Bildschmucks erfreuen. Im September begannen die Restaurierungsarbeiten an den Gemälden auf der Nord- und Südseite, die in traditioneller Pracht wieder erstrahlen sollten.

1969 Chronik

Ende **Januar** beschließt der Stadtrat, die ehemaligen Burg- und Festungsanlagen auf dem Schlossberg unter Denkmalschutz zu stellen.

Studenten und Schüler erzwingen **Anfang März** im Friedrichsbau die Absetzung des Films „Die grünen Teufel“, der die Einsätze der berüchtigten „Ledernacken“ im Vietnamkrieg verherrlicht.

In Zähringen steht das erste Thermalbad ab **10. März** der Bevölkerung zur Verfügung.

Die „Barmenia“ eröffnet am **25. März** in der Rempartstraße ein Parkhaus mit 160 Einstellplätzen.

In der Konviktstraße werden im **April** die alten Häuser Nr. 19 und 21 abgerissen. Nur Letzteres wird neu aufgebaut, das andere macht einem Treppenaufgang zum Schlossberg Platz.

Mitglieder der Außerparlamentarischen Opposition (APO) versuchen die Maifeier des DGB im Kolpinghaus am **30. April** zu sprengen, werden aber aus dem großen Saal gedrängt.

*Das Staatliche Weinbauinstitut stellt am **7. Mai** einen Wein aus neuer Rebenzüchtung, einer Kreuzung von Gutedel mit Silvaner, vor, der den Namen „Nobling“ erhält.*

Am **20. Juni** werden wegen der Aktionen der „Basisgruppe“ an der Universität alle Vorlesungen im Fach Germanistik bis zum Semesterende eingestellt.

Aus Protest gegen die Hochschulpolitik der Landesregierung treten am **25. Juni** Studenten der Universität und der Pädagogischen Hochschule in einen „aktiven“ Streik.

Am **4. Juli** wird der „Club Voltaire“ gegründet, mit der Absicht, demokratisches Bewusstsein in der Öffentlichkeit auszuweiten.

Seit dem **24. Juli** werden täglich rund 10000 Kubikmeter Trinkwasser aus dem Wasserwerk in Hausen an der Möhlin in das Freiburger Netz gepumpt.

72 Mann der Berufsfeuerwehr und das Kommando der freiwilligen Feuerwehr ziehen am **1. August** in die neue Feuerwache an der Eschholzstraße.

Hausopfer verlangt auch der Schloßbergring: Das frühere Gebäude des Elektrizitätswerks beim Schwabentor und das neue „Pfefferle-Haus“ werden abgerissen.

Der Deutsche Caritasverband vereinigt zum **1. Oktober** die Soziale Frauenschule und das Seminar für Wohlfahrtspfleger in der Höheren Fachschule für Sozialarbeit.

Die Eissporthalle des ERC an der Ensisheimerstraße eröffnet am **31. Oktober.**

Etwa 2000 Studenten und Schüler demonstrieren am **12. Dezember** gegen den Vietnamkrieg und fordern den Abzug der USA. Dabei werden an der Deutschen Bank Scheiben eingeworfen und die Tür am Carl-Schurz-Haus (Amerikahaus) eingedrückt.

1970 CHRONIK

Der heftige Erdstoß, dessen Zentrum in der westlichen Schwäbischen Alb lag, ließ am Nachmittag des **22. Januar** auch in Freiburg die Gebäude erzittern und Einrichtungsgegenstände wackeln.

An der Stelle ehemaliger Büros befindet sich die neue „Kamera“. Sie hat nur noch 200 statt der früheren 450 Plätze. Zur Eröffnung am **23. Januar** mit dem Film von May Spils „Nicht fummeln, Liebling!“ kommen Regisseurin und Hauptdarsteller.

Das Kriminalkommissariat Freiburg zieht am **18. und 19. Februar** von der Basler Str. 2 in die Uferstr. 35–37.

Der südliche Münsterplatz wird am **13. April** für den allgemeinen Kraftfahrzeugverkehr gesperrt. Auf der Ostseite bleiben 20 Plätze mit Parkuhren für einstündiges Parken erhalten.

Am **16./17. April** streiken über 1 000 Gymnasiasten gegen Zentralabitur und Numerus clausus.

Die Pädagogische Hochschule kann für das Wintersemester keine Bewerber mehr aufnehmen, weil die festgelegte Höchstzahl von 2 000 bereits erreicht ist.

Die Freie Waldorfschule veranstaltet am **25. April** eine Eröffnungsfeier anlässlich der Fertigstellung ihres Neubaus.

Am **23. Mai** findet im Stadtgarten das erste Open-Air-Konzert mit einer Beatband statt.

Das Denkmal der 113er wird an seinem neuen Platz, an der Ecke des Stadtgartens zur Stadtstraße hin, am **24. Mai** feierlich übergeben.

*Ab **1. Juni** können die Fußgängerbrücken über den Schloßbergring (Hermann- und Schwabentorsteg), über die Mozartstraße (Mozartsteg) und der Karlssteg vom Karlsplatz zum Stadtgarten genutzt werden.*

Wie im gesamten Bundesgebiet demonstrieren verschiedene studentische Gruppen und Schüler am **30. Juni** gegen das von der Landesregierung ausgesprochene Verbot des SDS in Heidelberg.

Die Staudinger-Schule nimmt ab Schuljahresbeginn am **8. September** den Unterricht als Gesamtschule auf.

Mit „Garten der Lüste“ eröffnet am **25. September** das „Podium“ als jüngste Bühne des Freiburger Theaters.

Die stadtnahe Walderholungsanlage an der Wonnhalde wird am **2. Oktober** der Öffentlichkeit übergeben.

Die Deutsche Bundespost bringt am **3. November** die 20-Pfennig-Sondermarke „Freiburg im Breisgau“ in einer Auflage von 30 Millionen Stück heraus.

Der „Karlsbau“, unter Freiburgern besser als „Karlsklotz“ bekannt, wird am **10. Dezember** eröffnet.

Die letzte Aufführung in den „Zentral-Lichtspielen“ läuft am **31. Dezember.**

Da hilft alles Meckern nichts: Taubenfüttern, wie hier im Stadtgarten, ist schon seit Jahren verboten. (Foto: Stadtplanungsamt Freiburg)

Freiburg wird (mindestens) 850 Jahre alt

Die Feier des Stadtjubiläums

850 Jahre waren seit der Gründung des Markts Freiburg verflossen. Mit der Uraufführung des von Wolf Hart gedrehten Freiburg-Films am 5. Juni begann die große Jubiläumswoche. Am Tag darauf fand als Höhepunkt ein Festakt im Großen Haus der Städtischen Bühnen statt, im Beisein von Bundespräsident Dr. Heinemann und des Ministerpräsidenten von Baden-Württemberg, Dr. Hans Filbinger. Einzelhandelsgeschäfte und Kaufhäuser zeigten in ihren Schaufenstern Bilder aus der 850-jährigen Geschichte der Stadt. Beim Trachtentreffen am 7. Juni zogen etwa 3 500 Trachtenträger aus dem In- und Ausland mit 20 Spielmanns-, Fanfaren- und Musikzügen durch die Straßen der Innenstadt. Nahezu 100 000 Zuschauer sahen am 14. Juni den großen Festzug mit 43 Gruppen und Wagen der Winzer, mit Gruppen aus den Partnerstädten, aus den deutschen und schweizerischen Zähringerstädten und aus den Gemeinden der Region. Am Abend gab's wieder mal Beethovens „Fidelio“ als Festaufführung im Stadttheater und später klangen mit dem größten Feuerwerk, das Freiburg jemals sah, die Festlichkeiten aus.

Am Ostrand des Mooswalds steht vom 29. August bis 6. September die 100 Meter lange Western-Stadt „Abilene-City“. (Foto: Günther Klugermann)

Die Farce einer erneuten Abstimmung über Baden

Das Bundesverfassungsgericht in Karlsruhe hatte 1956 festgestellt, dass durch das gemeinsame Votum in Baden und Württemberg die zahlenmäßig stärkere Bevölkerung Württembergs die Badener „majorisieren“ konnte. Deshalb müsse die Abstimmung in Baden wiederholt werden. Danach dauerte es 14 Jahre bzw. sogar 19 Jahre seit der Abstimmung von 1951, bis die Wiederholung am 7. Juni endlich stattfand! Diejenigen, die von Anfang an ein falsches Spiel betrieben hatten, konnten triumphieren: Baden-Württemberg wurde – wenn wundert's nach so langer Zeit? – mit großer Mehrheit bestätigt. In Freiburg betrug die Wahlbeteiligung: 65,6 %. Davon entschieden sich 77,9 % für die Erhaltung Baden-Württembergs und 22,1 % für die Wiederherstellung des Landes Baden.

Ein Teil von Weingarten im Jahr 1971 (Foto: Stadtplanungsamt Freiburg)

Die Neo-Nazis marschieren auf

Widerstand gegen rechte Agitatoren

Das „Deutsche Kulturwerk europäischen Geistes" und andere der NPD nahe stehende Organisationen wollten zum Reichsgründungstag am 18. Januar im Feierlingsaal eine Kundgebung mit anschließendem Fackelzug zum Bismarckdenkmal veranstalten. Wegen der Verweigerung des Feierlingsaals und angekündigter Gegendemonstrationen sagten die Veranstalter zunächst ab. Dann zog aber doch ein Trupp von etwa 30 Rechtsradikalen mit Fackeln durch die Kaiser-Joseph-Straße. Am Bertoldsbrunnen kam es zu ersten Schlägereien mit Linken. Schließlich lösten sich die Fackelträger im Stadtgarten unter dem Druck der Gegendemonstranten auf. Drei Tage später protestierten rund 400 meist junge Leute mit roten Fahnen und Transparenten gegen Faschismus und Kapitalismus.

Unter der Bezeichnung „Solidarische Offensive" veranstaltete eine NPD-Organisation am 23. Oktober eine Demonstration auf dem Augustinerplatz. Die etwa 100 Neo-Nazis wurden später von annähernd 2 500 Gegendemonstranten auf Höhe der Insel eingekesselt und mit Hohn und Wasser überschüttet. Die Polizei machte dem Spektakel schließlich ein Ende. Kleinere Scharmützel zwischen Rechts und Links setzten sich allerdings in der Stadt fort. Bei einer gleichzeitig stattfindenden Kundgebung von SPD, DGB, FDP und Humanistischer Union in bescheidenem Rahmen auf dem Münsterplatz rief DGB-Chef Jorzig: „Faschisten raus aus Freiburg!"

Das neu erbaute Kornhaus und der im Juni 1970 aufgestellte gotische Brunnen auf dem nördlichen Münsterplatz; Aufnahme von 1974 (Foto: Stadtplanungsamt Freiburg)

Ein Atomkraftwerk am Kaiserstuhl?

Das Badenwerk gab am 29. Juli sein Kernkraftwerkprojekt bei Breisach öffentlich bekannt. Es hatte 73 Hektar Gelände erworben, die geeignet seien für eine Kraftwerkskapazität von 4 000 bis 5 000 Megawatt. 1974 könnte mit dem Bau des ersten von zwei zunächst vorgesehenen Blöcken begonnen werden. Derweil nahm die „Electricité de France" jenseits des Rheins die Bauarbeiten am Kernkraftwerk Fessenheim wieder auf. Am 10. Dezember wurde im Kolpinghaus die „Freiburger Aktionsgemeinschaft gegen Umweltgefährdung beim Atomkraftwerk in Breisach und Fessenheim" gegründet. Sie lehnte den Bau von Kernkraftwerken nicht prinzipiell ab, äußerte aber große Bedenken gegen den Standort Breisach wegen der Nähe zu Fessenheim und zu Freiburg.

1971

Chronik

Die Firma Rombach veranstaltet am **20. Januar** eine Eröffnungsfeier für ihr neues Druck- und Verlagshaus an der Lörracher Straße.

Im Haus der Jugend nimmt am **26. Januar** die „Drogenberatungsstelle" ihre Arbeit auf.

Die erste große Wintersportanlage auf städtischem Gebiet, mit einem 500 Meter langen Skilift von der Gießhübelkurve bis zur Höhe der Bergstation, geht am **20. Februar** in Betrieb.

Eine Schlachtfabrik ist der neue Schlacht- und Viehhof und der modernste im Ländle. Bereits über zwei Monate in Betrieb, wird er erst am **31. März** offiziell übergeben.

Mit dem Abbruch des alten Jägerhäusles Ende **April** stirbt ein weiteres Stück Tradition in Freiburg.

Am **22. Juni** tagt der Stadtrat zum ersten Mal im neuen Ratssaal. Dabei wird der Vertrag über die Eingemeindung von Lehen unterzeichnet.

Die Tour de France kommt am **27. Juni** zum zweiten Mal nach Freiburg. Sieger der Teiletappe von Basel über den Schwarzwald ins Möslestadion ist der Holländer Gerben Karstens.

Eingangssperren und Bahnsteigkarten im Hauptbahnhof gehören ab **19. Juli** der Vergangenheit an.

*Das Rolltanzpaar Myrtil Haefs/Reinhard Strate von der Freiburger Turnerschaft von 1844 wird bei den Rollkunstlaufmeisterschaften in Mannheim am **14. August** Deutscher Meister.*

Die Umstellung auf Erdgas beginnt am **13. September.**

Der erste Freiburger Künstlermarkt findet am **2. Oktober** rund um das Schwarze Kloster statt.

In der Wilhelmstr. 17 öffnet am **19. Oktober** ein neues Goethe-Institut seine Pforten.

Die SPD geht mit 41,4 % der Stimmen als Siegerin aus der Kommunalwahl am **24. Oktober** hervor. Die CDU erreicht 38,4 % der Stimmen.

Die freiwillige Feuerwehr feiert am **6. November** ihr 120-jähriges Bestehen. Bei diesem Anlass kommt es auch zur Gründung der Jugendfeuerwehr.

Mit der Eröffnung des Neubaus in der Eisenbahnstraße feiert Freiburgs älteste Schule, das St. Ursula-Gymnasium, sein 275-jähriges Bestehen.

In der Hugstetterstr. 13 wird am **23. November** eine Begegnungsstätte für die rund 800 türkischen Arbeitnehmer in Freiburg mit einer „Medina-Kapelle" eingerichtet.

Mit dem **1. Dezember** ist Opfingen Stadtteil von Freiburg.

Zwischen Littenweiler und Komturplatz verkehren ab **4. Dezember** die modernsten Straßenbahnwagen der Bundesrepublik, die 33 Meter langen Gelenktriebwagen GT 8.

Am **16. Dezember** wird das wiedererbaute Kornhaus eröffnet.

1972 CHRONIK

Der Abbruch der alten Ochsenbrücke beginnt am **11. Januar.**

Auf Betreiben der Jungsozialisten, des AStA und des Sozialistischen Bundes entsteht am **14. Januar** die „Freiburger Bürgerinitiative Aktionsrat Roter Punkt", die sich gegen die angekündigte Fahrpreiserhöhung und die beabsichtigte Privatisierung der städtischen Versorgungsbetriebe richtet.

Im Rechenzentrum der Universität wird am **20. Januar** die Einweihung des neuen Univac 1106 gefeiert, eines Computers, der in einer Sekunde 100 000 Multiplikationen achtstelliger Zahlen ausführen und 12 Millionen Zeichen speichern kann.

Am **7. Februar** findet eine Demonstration gegen das Berufsverbot für „Radikale" im Staatsdienst statt. Der Aktionsrat der Basisgruppen an der Universität, hat mit Unterstützung durch den „Bund kommunistischer Arbeiter" (BKA) und den AStA dazu aufgerufen.

Das „Haus der Begegnung" in Landwasser, gemeinsam finanziert von der katholischen und evangelischen Kirche sowie der Stadt, eröffnet am **25. März.**

Im Bursengang entsteht am frühen Morgen des **28. März** aufgrund von Brandstiftung ein Feuer, das zehn Geschäfte zerstört oder beschädigt.

*Anfang **April** wird die Eisenbahnstraße zwischen Kaiser-Joseph-Straße und Rotteckring in Rathausgasse umbenannt, die Schwabentorstraße heißt jetzt Schwabentorring und die Steinstraße Berliner Allee.*

Die bundesdeutsche Polit-Prominenz gibt sich vor der Landtagswahl im **April** ein Stelldichein in Freiburg: Bundeskanzler Willy Brandt, Außenminister Walter Scheel, der spätere Bundeskanzlerkandidat der CDU Rainer Barzel, die Altbundeskanzler Ludwig Erhard und Kurt Georg Kiesinger.

In Landwasser, im Lindenhain, im Möslepark, beim Deicheleweiher und hinter der Emil-Gött-Schule in Zähringen werden ab Ende **Mai** auf Rasenflächen Schilder aufgestellt mit der Aufschrift: „Hier dürfen Kinder spielen". Es ist das erste Mal, dass in Freiburg reine Grünflächen für Kinder freigegeben werden.

Nach der Fertigstellung des Schwimm- und Gymnastikzentrums wird der FT-Sportpark an der Schwarzwaldstraße am **10. Juni** mit einem Festakt eröffnet.

Adolf Seger erkämpft bei den Olympischen Spielen in München am **31. August** die Bronzemedaille im Freistilringen.

Am **2. Oktober** wird die Gasversorgung auf Erdgas umgestellt.

Der erste Auslands-Münzfernsprecher geht am **2. November** in der Schiffstraße beim Kartoffelmarkt in Betrieb.

Das 1,7 Kilometer lange Teilstück des Autobahnzubringers Mitte entlang der Dreisam zwischen Berliner Allee und Ochsenbrücke wird am **21. Dezember** für den Verkehr freigegeben.

Start am Bohrer zum Internationalen ADAC-Bergpreis (Foto: Peter Kappus)

Gartenamtsleiter wegen „fahrlässiger Tötung" eines Kindes verurteilt

Die Sicherheit auf Freiburgs Spielplätzen vor Gericht

Im Juli 1970 war ein knapp dreijähriges Kind vom Spielplatz an der Mathildenstraße den Bahndamm hochgeklettert, von einer Diesellok erfasst und getötet worden. Infolgedessen wurde der für die Freiburger Spielplätze zuständige Leiter des Gartenamts, Konrad Götze, als Verantwortlicher vor den Kadi gezerrt. Schöffengericht und II. Strafkammer des Landgerichts sprachen ihn frei. Die I. Strafkammer des Landgerichts verurteilte ihn jedoch Anfang August 1972, zwei Monate vor seiner Pensionierung, wegen „fahrlässiger Tötung", weil kein Sicherungszaun angebracht gewesen sei. Während die Gerichtsentscheidung in der Bevölkerung und vor allem unter den städtischen Beschäftigten noch heftig diskutiert wurde, ordnete die Stadt als Konsequenz aus dem Urteil die Sperrung und sofortige Überprüfung sämtlicher 72 Kinderspielplätze an. Danach wurden fast alle wieder freigegeben. Gesperrt blieb der Platz zwischen Schützenallee und Schwarzwaldstraße. Bei „kleinlicher Auslegung des Urteils" hätten rund 50 % der Plätze geschlossen werden müssen. Als zusätzliche Folge blieben bis auf weiteres die während der Schulferien freigegebenen Schulhöfe und Schulsportplätze gesperrt.

Noch spiegelt sich das Rathaus im blank polierten Dach eines geparkten Autos, doch nach und nach werden die Plätze autofrei. (Foto: Stadtplanungsamt Freiburg)

Die Privatisierung der Stadtwerke

Am 21. März beschloss der Stadtrat mit 26 gegen 17 Stimmen die Umwandlung der Stadtwerke in Gesellschaften mit einer privaten Rechtsform. Die Verträge über die Gründung der Stadtwerke GmbH, der Holdinggesellschaft und ihrer beiden Töchter „Freiburger Verkehrs AG" (VAG) und „Freiburger Energie- und Wasserversorgungs AG" (FEW) wurden am 26. Juni notariell beglaubigt und unterschrieben. Alle Geschäftsanteile der GmbH lagen in Händen der Stadt. Am 1. Oktober nahmen die FEW und VAG ihre Arbeit auf.

Das Gebäude der Viktoria-Versicherung an der Stelle des alten Gewerkschaftshauses am Schwabentorplatz vor der Fertigstellung (Foto: Stadtplanungsamt Freiburg)

Eingemeindung oder nicht?

Umlandgemeinden entscheiden sich gegen Freiburg

Eine informelle Bürgerabstimmung in den Gemeinden Hugstetten, Buchheim, Holzhausen und Neuershausen im Januar ergab ein eindeutiges Votum für eine Einheitsgemeinde March und gegen die Eingliederung in die Stadt Freiburg. Während in den drei erstgenannten Gemeinden die Entscheidung eine überwältigende Mehrheit hinter sich wusste, fiel sie in Neuershausen ziemlich knapp aus: mit genau 21 Stimmen Unterschied.
Auch bei einer Bürgerbefragung in Kappel mit rein informativem Charakter entschieden sich Ende Januar über 90 Prozent der Teilnehmer für die Erhaltung der Selbständigkeit. Wenn das nicht möglich wäre, wollten mehr als doppelt soviele lieber zum Verwaltungsraum Dreisamtal gehören als zur Stadt.
In Mengen sprach sich am 25. Februar ebenfalls eine knappe Mehrheit gegen eine Eingliederung nach Freiburg aus. Über 90 % der am 20. Mai in Umkirch und 85 % der am 3. Juni in Ebnet abgegebenen Stimmen votierten gegen die Eingemeindung nach Freiburg.

St.-Andreas-Kapelle mit Beinhaus entdeckt

Bei Bauarbeiten für einen Abwassergraben wurde unter dem Pflaster des nördlichen Münsterplatzes das Beinhaus der alten Andreaskapelle aus dem Mittelalter entdeckt. Man überdeckte die Ausschachtung im Juni mit fünf Betonplatten und markierte den Umriss des Fundorts mit Quarzsteinen. Der Zugang für Forschungszwecke sollte somit erhalten bleiben.

Bei der Renovierung des Schwarzen Klosters stößt man auf die alten Grabstätten im Kellergewölbe, hier die Grabplatte von „Francisca Xaveria Ridin. Den 6ten Mertz 1748". (Foto: Stadtplanungsamt Freiburg)

1973 Chronik

Das Einkaufszentrum „Schwarzwald-City" zwischen Wasser- und Schiffstraße wird am **18. Januar** eröffnet. Unter dem Komplex gibt es eine Tiefgarage mit 600 Einstellplätzen.

Rektor, Kanzler und Universitätsverwaltung beziehen am **5. Februar** das neue Gebäude in der Heinrich-von-Stephan-Str. 25.

Die Arbeitsgemeinschaft Kommunales Kino stellt sich am **8. Februar** im Vortragssaal der Gewerbeschule II mit einer „Bürgerversammlung" und dem Film „Nachtschatten" von Niklaus Schilling vor.

Das Werthmannhaus, der frühere Sitz des Deutschen Caritasverbands, ist nach dreijähriger Sanierung Anfang **März** von der Universität in Benutzung genommen worden.

Nach Instandsetzung kann die Stühlinger Brücke ab **16. März** wieder befahren werden.

Die dritte Schwabentorbrücke, „Leo-Wohleb-Brücke" getauft, wird am **2. April** dem Verkehr übergeben.

Das Wallgrabentheater ist in die Kellergewölbe des neuen Rathauses umgezogen und eröffnet am **11. April** mit Thomas Bernhards Stück „Der Ignorant und der Wahnsinnige".

Am **1. Mai** geht der Deutsche Gewerkschaftsbund mit einem Umzug und einer Kundgebung auf dem Rathausplatz nach langen Jahren erstmals wieder auf die Straße. Die meisten Teilnehmer gehören allerdings verschiedenen linken Gruppierungen an.

Ab **Mai** wird die Post aus Rationalisierungsgründen nur noch einmal täglich ausgetragen.

*Am **10. Mai** demonstrieren 3 500 Studenten aller Freiburger Hochschulen gegen die geplante Novelle zum Hochschulgesetz.*

Im Dreisamtal kann der Freiburger Golf-Club ab Mitte **Juni** einen 25 Hektar großen Platz mit neun Löchern bespielen.

An der Stelle des alten Gewerkschaftshauses erhebt sich ein weiteres Beton-Gebilde. Es gehört der Viktoria-Versicherung und feiert am **20. Juni** Richtfest.

Ab dem **1. Juli** gehört die Gemeinde Munzingen zu Freiburg.

Noch mehr grauer Beton feiert am **6. Juli** oberhalb Herderns Richtfest. Fast noch mehr wirkt der zunächst beibehaltene alte Name „Jägerhäusle" als Affront.

Auf dem Platz der Begegnung in Landwasser wird am **21. Juli** zum ersten Mal ein Bauernmarkt abgehalten.

Die Gemeinde Hochdorf ist ab **1. September** Stadtteil von Freiburg.

Der erste Freiburger Flohmarkt findet am **29. September** auf dem Stühlinger Kirchplatz statt.

Fußgänger, Radfahrer und selbst ein paar Reiter beherrschen im Wesentlichen die Straßen in und um Freiburg beim ersten, bundesweit ausgerufenen autolosen Sonntag am **25. November.**

Das Einkaufszentrum an der Krozinger Straße in Weingarten eröffnet am **6. Dezember.**

1974
CHRONIK

Das neue Hochhaus der Dresdner Bank an der Bismarckallee feiert am **14. Februar** Richtfest.

Ab Mitte **März** wird die Rathausgasse zwischen Universitätsstraße und Kaiser-Joseph-Straße als Fußgängerzone ausgebaut.

Die 100. Ampelanlage (innerhalb von 20 Jahren) an der Ecke Breisacher Straße/Fehrenbachallee geht am **26. März** in Betrieb.

Hotel „Schloßbergblick" in der Ludwigstr. 36 lehnt Anfang **April** zwei Sozialarbeiter als Gäste ab, weil beide lange Haare und keine Krawatte tragen.

Das besetzte Haus Hummelstr. 6 wird von der Polizei am **9. April** geräumt und danach abgerissen.

Der „Ball des Sports" findet zum ersten Mal am **26. April** statt.

Der Bahnübergang in der Schneeburgstraße in St. Georgen schließt am **3. Mai** für immer.

Die Volksbank eröffnet am **20. Mai** ihr neues Gebäude gegenüber dem Hauptbahnhof an der Bismarckallee.

*Ende **Mai** enthebt der DGB den Vorsitzenden des Kreisjugendausschusses seines Amtes, weil er an Veranstaltungen des Kommunistischen Bundes Westdeutschland (KBW) teilgenommen habe und bei Beifallskundgebungen beobachtet worden sei.*

Die Stadt erhebt fristgerecht Einspruch gegen das in Wyhl geplante Kernkraftwerk.

Der Vertrag über die Eingliederung von Ebnet in die Stadt am 1. Juli wird am **12. Juni** unterzeichnet.

Der Kleine Senat der Universität beschließt den Numerus clausus für das Studium der Erziehungswissenschaften und der Soziologie. Damit bestehen für neun Fächer Zulassungsbeschränkungen.

Kappel gehört ab **1. Juli** ebenfalls zu Freiburg.

Die erste Sozialstation, eine katholische Einrichtung, eröffnet am **6. Juli** an der Charlottenburger Straße.

Am **22. August** werden unter Polizeischutz die Häuser Freiaustr. 83–89 abgerissen.

Mutter Teresa, der „Engel der Armen", weilt am **26. August** zu Gesprächen mit dem Caritasverband in der Stadt.

Im **September** kündigt das Oberschulamt einem Lehrer und einer Lehrerin der Staudingerschule, angeblich wegen einer unmoralischen Verfehlung. Die Lehrer sehen sich dagegen eher als Opfer des Radikalenerlasses.

Hochdorf begeht im **Oktober** seine 1200-Jahr-Feier mit einjähriger Verspätung.

Im Bereich des Arbeitsamts Freiburg werden im **Oktober** erstmals mehr Arbeitslose gezählt als offene Stellen.

Auch für das Studium der Rechts- und Forstwissenschaften führt die Universität am **11. Dezember** den Numerus clausus ein.

Die Abbrucharbeiten an der alten Schnewlinbrücke beginnen am 6. Juni. (Foto: Peter Kappus)

Gebührenerhöhungen

Das Leben und Sterben in der Stadt wird teurer

Am 5. März beschloss der Stadtrat die Erhöhung der Abwassergebühr um 50 % und die Verteuerung der Müllabfuhr vom 1. April an. Desgleichen wurden die Abonnements für das Große Haus der Städtischen Bühnen sowie die Eintrittspreise für das Kammertheater und das Podium um rund zehn Prozent erhöht. Am 2. April setzte der Stadtrat die Eintrittspreise für die Frei- und Hallenbäder hoch, gültig ab 1. Mai.

Nachdem die Strompreise bereits zum 1. Januar angehoben worden waren, legte die FEW zum 1. August noch einmal nach, und verlangte für Tagstrom durchschnittlich 9 %, für Nachtstrom etwa 15 % und für Erdgas etwa 22 % mehr. Erhebliche Mieterhöhungen kamen auf Mieter in Weingarten-Ost ab 1. Oktober zu. Doch die wehrten sich gegen das Ansinnen der Städtischen Siedlungsgesellschaft.

Auf Vorschlag der Stadtverwaltung erhöhte der Stadtrat am 17. Dezember die Gebühren für die Erdbestattung um etwa 50 % und für die Feuerbestattung um etwa 60 %. Als Begründung wurden gestiegene Lohn- und Gehaltskosten angeführt.

Rektor der PH gegen AStA

Auf Antrag des Rektors untersagte das Verwaltungsgericht am 7. Februar dem AStA und der Kommunistischen Hochschulgruppe der Pädagogischen Hochschule (PH) durch eine einstweilige Anordnung die Aufstellung eines Büchertisches auf dem Hochschulgelände. Eine weitere Anordnung verpflichtete den AStA, dem Rektor die Protokolle der Studentenratssitzungen seit Februar 1973, die Finanzbeschlüsse sowie alle Einnahme- und Ausgabebelege des Studentenparlaments vorzulegen. Der Rektor der PH, Prof. Johann Bauer, erklärte am 4. März die im vergangenen Sommersemester erfolgten Wahlen zum Studentenparlament für ungültig und enthob den von der Kommunistischen Hochschulgruppe gestellten Allgemeinen Studentenausschuss seines Amtes. Bei den Wahlen sei „gegen elementare Grundsätze rechtsstaatlicher Demokratie" verstoßen worden. Drei Tage später sprengten Studenten der PH eine Pressekonferenz des Rektors. Es kam zu Gerangel mit ihm und Verwaltungsleiter Krieg. Der angedrohten Schließung der Büroräume des AStA kamen Studenten durch Besetzung zuvor.

Was in den 60erJahren der „Place", der Münsterplatz, für die Beat-Generation war, das repräsentierte in den 70erJahren der Stadtgarten für die Hippie-Generation; wer dazugehören wollte, musste sich sehen lassen. (Foto: Stadtplanungsamt Freiburg)

Häuserabriss in der Freiau unter massivem Polizeieinsatz (Foto: Stadtplanungsamt Freiburg)

In Freiburg gehen die Lichter aus

Merkwürdige Vorkommnisse im Umspannwerk Eichstetten

Am 12. März waren Freiburg und der Breisgau von 20.41 Uhr an für etwa zwei Stunden ohne Strom, weil ein anonymer Anrufer kurz davor eine Bombenexplosion im Umspannwerk Eichstetten angedroht hatte, falls nicht sofort in Freiburg und am Kaiserstuhl die Lichter ausgingen. Die übereilte Reaktion des Elektrizitätsversorgungsunternehmens Badenwerk, ohne Absprache mit der Polizei den Strom abzuschalten, wurde später kritisiert. Über das Motiv der Bombendrohung machten Spekulationen aller Art die Runde. Die einen vermuteten einen Zusammenhang mit den Protesten gegen das Kernkraftwerk in Wyhl. Das Badenwerk selbst gab an, der Anrufer habe sich als Kommunist bezeichnet. Andere wiederum meinten, der Kernkraftwerksbetreiber Badenwerk wollte nur mal demonstrieren, wie es wäre, wenn die Drohung von Ministerpräsident Filbinger wahr würde, der da erst kürzlich behauptet hatte, dass bei Verhinderung des KKW in Wyhl in zehn Jahren die Lichter in unserem Land ausgingen. Am 15. Juli explodierten im Umspannwerk Eichstetten tatsächlich Spannungswandler – ohne äußere oder fremde Einwirkung – und verursachten in der Stadt Freiburg und weiten Teilen Südbadens am frühen Nachmittag einen 14-minütigen Stromausfall.

27 Häuser für eine Straße

Verzweifelt wehrten sich Bewohner der Freiau, Studenten, Arbeiter, Angestellte, Arbeitslose, Schüler und Referendare, gegen die Zerstörung ihrer preisgünstigen Wohnungen. In ihrer Wut und Enttäuschung über die Entscheidung des Stadtrats schreckten sie selbst vor körperlichen Angriffen gegenüber Stadträten, die für den Abriss der Häuser gestimmt hatten, nicht zurück. Doch dies hatte einen gegenteiligen Effekt: Es brachte sie auch um die Sympathien von Wohlgesinnten und Gegnern des Stadtratsbeschlusses. Für das „Anschlussohr" zwischen Autobahnzubringer Mitte und der Querspange Heinrich-von-Stephan-Straße/ Schnewlinbrücke wurden schließlich am 13. August die Häuser Freiau 41 bis 71 von rund 1 000 Polizisten (das stärkste Polizeiaufgebot, das je im Regierungsbezirk Freiburg in Aktion trat) geräumt und danach vernichtet. Insgesamt hatte der Straßenbau an dieser Stelle 27 (in Worten: siebenundzwanzig) Häuser gekostet!

Mit dem Abriss der zum Areal des alten Schlachthofs gehörigen Häuser in der Faulerstraße geht auch das Autonome Jugendzentrum (AJZ) verloren. (Foto: Stadtplanungsamt Freiburg)

1975 Chronik

Die Außenstelle Freiburg des Generallandesarchivs in Karlsruhe wird Staatsarchiv.

In der Freiau schützt die Polizei am **5. Februar** *den Abriss einer weiteren Häuserzeile.*

Zum **1. März** erhöht die FEW die Strompreise um durchschnittlich 7 Prozent. Die VAG hebt die Beförderungstarife um durchschnittlich 20 Prozent an. Proteste bleiben weitgehend aus.

Die 1818 als „Stadtklinik" gegründete Poliklinik in der Hermann-Herder-Straße beendet nach der neuen Klinikordnung am **31. März** offiziell ihre Tätigkeit.

Zum **1. April** erhöht die FEW die Gaspreise um durchschnittlich 5 Prozent.

Weil das bisherige „rollierende System" abgeschafft ist, müssen sämtliche 48 Stadträte neu gewählt werden.

Das Einkaufszentrum „Schwarzwald-City" wird im ***Mai*** *zwangsversteigert und geht für das Höchstgebot von 57,6 Millionen DM an die Hessische Landesbank.*

In Weingarten eröffnet der Abenteuerspielplatz am **20. Mai.**

Vom **1. bis 7. Juni** findet zum ersten Mal die bundesweite „Woche der älteren Generation" statt. In dieser Zeit gibt es einige kostenlose Angebote für Senioren, wie Konzerte, Vorträge und Rundreisen.

Für die Eschholzstraße zwischen Ferdinand-Weiß- und Breisacherstraße gilt ab **4. Juli** ein Nachtfahrverbot für LKW über 2,8 Tonnen Gesamtgewicht und für Krafträder einschließlich Mofas.

Die Steinplastik des Albertus Magnus steht seit dem **29. Juli** wieder auf der erneuerten Schwabentorbrücke. Zwei Wochen später folgt die Aufstellung einer Kopie der Figurengruppe mit dem Ritter Martin Malterer.

Die FEW erhöht zum **1. August** noch einmal die Strompreise, dieses Mal um durchschnittlich 6 Prozent. Auch der Bezug von Wasser verteuert sich.

Die Freie Waldorfschule bezieht am **19. August** ein neues Schulhaus auf dem Zechengelände in St. Georgen.

In Kappel findet am **4. Oktober** der Almabtrieb statt, wie man ihn sonst nur aus Alpenregionen kennt.

Vor dem Schwarzen Kloster am Rotteckring wird am **17. Oktober** ein Mahnmal für die vom Nationalsozialismus Verfolgten aufgestellt.

Im Schatten der Gefängnismauer geht am **21. Oktober** ein neuer Kinderspielplatz in Betrieb, den eine Gruppe von Strafgefangenen im Rahmen der Häftlingsinitiative „Knast 2000" konzipiert, planiert und ausgestattet hat.

Auf Freiburgs erstem „Brettlemarkt" am **8. November** in Landwasser sind gebrauchte Ski und Wintersportartikel günstig zu haben.

Vom **1. bis 3. Dezember** findet an der Universität ein Streik als Protest gegen die verschärften Studienbedingungen statt.

1976 CHRONIK

Der Stadtrat trifft am **27. Januar** mit 32 gegen 17 Stimmen die zukunftsweisende Entscheidung für die geplante Trasse der Bundesstraße 31 Ost entlang der Höllentalbahn bis zur Schützenallee.

In der Lehener Straße 88 eröffnet Mitte **Februar** das Dialyse-Zentrum.

Entschlossenes Einschreiten von Anwohnern der Gartenstraße rettet zwei Bäumen das Leben, die das Gartenamt fällen wollte.

Das Gartenamt „belebt" die sterile Fußgängerzone in der Kaiser-Joseph-Straße zwischen Münsterstraße und Marktgasse mit Bäumen, Pflanzen und Blumen in Kübeln sowie einigen Bänken.

Im Rahmen der Camping- und Freizeitausstellung übergibt Oberbürgermeister Keidel am **13. März** die zweite Ausstellungshalle auf dem Meßplatz ihrer Bestimmung.

Der Rektor der Staatlichen Hochschule für Musik, Prof. Abraham, tritt Anfang **April** wegen der Sparmaßnahmen des Kultusministeriums zurück.

Die Polizei räumt am **8. April** die besetzten Häuser Belfortstr. 34 und 36. Die Bewohner müssen zum Teil im Obdachlosenheim untergebracht werden. An der Stelle der Altbauten ist ein Appartementhaus geplant.

Auf dem Freiburger Flugplatz werden am ***19. Juni*** *die auf 1 240 Meter Länge und 30 Meter Breite ausgebauten Start- und Landebahnen mit Kontrollturm sowie Funk- und Beleuchtungseinrichtungen eröffnet.*

Gisela Faber aus St. Georgen wird am **25. Juni** zur badischen Weinkönigin gekrönt.

Die Städtischen Bühnen beenden im **Juni** die erfolgreichste Spielzeit seit 1945 mit Einnahmen in Höhe von 2,1 Millionen DM.

Ende **August** bezeichnet Ministerpräsident Filbinger die Staudinger Gesamtschule als „sozialistische Missgeburt".

Das alte Gaststättengebäude der früheren Brauerei Zähringer mit idyllischem Innenhof, Ecke Starken- und Weiherhofstraße, muss im **September** ebenfalls einem Neubau weichen.

Das Ausstattungshaus Oberpaur eröffnet Ende **September** seinen Neubau am Siegesdenkmal.

Am **2. Dezember** demonstrieren etwa 3 000 Studenten der Hoch- und Fachhochschulen und Schüler für eine Verbesserung der sozialen Lage der Studenten und Schüler sowie für freie politische und gewerkschaftliche Betätigung in allen Tätigkeitsbereichen.

Die Einweihung des Deutsch-Französischen Gymnasiums im neuen Schulhaus auf dem ehemaligen Gelände der Stadtgärtnerei an der Schwarzwaldstraße findet am **9. Dezember** statt.

Die historische Anlage der Papierfabrik Ferdinand Flinsch KG an der Kartäuserstraße wird im **Dezember** abgebrochen. Dort sollen Wohnhäuser entstehen.

Die Riegeler Bier-Ablage in der Schnewlinstraße – auch ihre Tage sind gezählt. (Foto: Stadtplanungsamt Freiburg)

Attentat auf CDU-Vorsitzenden Helmut Kohl?

Wilde Geschichten um Proteste gegen einen Vortrag

Die „Bild-Zeitung" machte einen überdimensionalen Aufhänger daraus. Dass aber „alles ganz anders" war, wurde erst ein paar Tage später ganz klein und verschämt auf einer hinteren Seite eingeräumt. Was hatte sich zugetragen?

Der CDU-Vorsitzende Helmut Kohl hielt auf Einladung des RCDS am 19. Januar einen Vortrag zum Thema „Freiheit an den deutschen Universitäten" im Auditorium maximum der Universität. Starke Polizeikräfte mussten ihm durch protestierende Menschenmassen Zugang zum Vortragssaal verschaffen. Dabei kam es zu Rangeleien und Schlagstockeinsatz der Polizei. Es gab Verletzte. Am nächsten Tag hieß es, ein Zivilbeamter sei durch einen Messerstich in den Rücken verletzt worden, der eigentlich Kohl gegolten hätte. Die rheinland-pfälzische Staatskanzlei verbreitete gar die Nachricht, es seien „Messerstiche aus der Menge heraus" gekommen und es sei versucht worden, mit „Stöcken, an denen sich metallene Greifer befanden", Kohl und seinen Begleitern die Füße wegzuziehen. Da brauchte die „Bild-Zeitung" nicht mehr viel eigene Phantasie beizusteuern. Nur allmählich sickerte durch, dass der angebliche Messerstich ein Stich mit einem Geweihstück gewesen war, ausgeführt von einem CDU-Mann, der den Zivilbeamten für einen Demonstranten gehalten hatte ...

Seit vielen Jahren sind die Speckpfannkuchen in der Waldgaststätte St. Valentin oberhalb von Günterstal eine Empfehlung; Aufnahme vom August 1976. (Foto: Stadtplanungsamt Freiburg)

Landtagswahlkämpfer

In der Zeit vom 7. März bis zum 1. April ließen die Parteien wieder allerhand Polit-Prominenz in Freiburg auffahren, die zu einem besseren Ergebnis bei der Landtagswahl am 4. April beitragen sollte. Es traten auf für die CDU: der Ministerpräsident von Baden-Württemberg, Hans Filbinger, Kanzlerkandidat Helmut Kohl, Generalsekretär Kurt Biedenkopf; für die SPD: die Bundesminister Hans Apel, Walter Arendt und Egon Bahr, Bremens Bürgermeister Hans Koschnik, der Ministerpräsident von Nordrhein-Westfalen, Heinz Kühn, und der große Vorsitzende Willy Brandt; für die FDP: Bundesaußenminister Hans-Dietrich Genscher.

Im Hotel Minerva (links, wie es sich noch in den 60er Jahren präsentierte), wird am 21. Oktober das „Liberale zentrum" eröffbet. (Foto: Familie Brenneisen, Ebringen)

Wehe, wenn mal was passiert!

Katastrophenschutzplan von Fessenheim veröffentlicht

Auf einer Pressekonferenz am 11. März im Haus der Evangelischen Studentengemeinde machten Umweltschützer wesentliche Teile des bisher geheim gehaltenen „Besonderen Katastrophenschutzplans für die deutsche Umgebung des Kernkraftwerks Fessenheim/Elsaß" bekannt. Seit Jahren hatte das Regierungspräsidium diesen Plan der Bevölkerung vorenthalten. Nun waren die Unterlagen auf wundersame Weise aus einem Panzerschrank des Landratsamts Lörrach nach Freiburg gelangt. Und es wurde verständlich, warum die Behörde eine Veröffentlichung bislang verweigert hatte. Der Plan verdeutlichte nämlich, dass bei einem möglichen Unglück in Fessenheim ein wirksamer Schutz für die Bevölkerung nicht gewährleistet werden könne. Ehe Staatsanwalt und Kriminalpolizei zugreifen konnten, hatte sich der nun nicht mehr so geheime „katastrophale Plan" schon wieder verflüchtigt.

Das Schloss in Lehen; Aufnahme vom September 1977 (Foto: Stadtplanungsamt Freiburg)

Stellungnahmen von Ärzten und Lehrern zum KKW Fessenheim

In einer Anzeige in der Badischen Zeitung vom 27. August erklärten 264 Ärztinnen und Ärzte aus Freiburg und der Region, dass sie sich anlässlich der Inbetriebnahme des Kernkraftwerks Fessenheim im Elsass „im Fall eines kerntechnischen Unfalls außer Stande sehen, unserer ärztlichen Verpflichtung zur Hilfeleistung nachzukommen", weil sie „bisher keinerlei Richtlinien für Hilfsmöglichkeiten im Katastrophenfall" erhalten hätten. 670 Lehrerinnen und Lehrer aus ganz Südbaden gaben am 15. Oktober mit einer Anzeige in der Badischen Zeitung bekannt, dass es ihnen unmöglich sei, die Schulkinder im Fall eines kerntechnischen Unfalls im französischen Kernkraftwerk Fessenheim vor Schaden zu bewahren.

1977 Chronik

In der Baugrube für einen Neubau auf dem Grundstück der früheren Sauerkrautfabrik in der Gerberau 7 b entdeckt man das Fundament eines runden Stadtturms mit vier Metern Durchmesser unmittelbar vor dem Fuß der Stadtmauer. Der Turm ist auf keinem der alten Städtpläne zu finden.

Die Stadträte erhöhen sich ab **1. März** ihre Aufwandsentschädigung für ehrenamtliche Tätigkeit von 250 DM auf 450 DM.

Umweltschützer enttarnen einen Polizeispitzel bei einer Veranstaltung. Sein Desinteresse und „allgemeine Ermüdungserscheinungen" verraten ihn.

Mit vielerlei Angeboten für Auge und Ohr präsentiert sich am **5. März** der erste „Erlebnissamstag" dieses Jahres in der Innenstadt.

Freiburg liegt mit seiner Kriminalitätsdichte (9 670 Straftaten je 100 000 Einwohner) an der Spitze aller Städte in Baden-Württemberg.

Mitte **April** gibt es immer noch 60 Trümmergrundstücke in der Stadt.

*Studenten der Evangelischen und der Katholischen Fachhochschule boykottieren ab **9. Mai** die Lehrveranstaltungen aus Protest gegen den Entwurf des Landeshochschulgesetzes.*

Sport Bohny eröffnet am **13. Mai** die erste Squash-Anlage in der Ensisheimer Str. 5.

Willy Voss wird im **Mai** in Paris Karate-Europameister in der Klasse bis 70 Kilogramm.

Für ein Rundstreckenrennen kommt die Tour de France Mitte **Juli** wieder nach Freiburg.

Das erste Haus mit einer Brauchwasseranlage und Sonnenkollektoren auf dem Dach steht in St. Georgen in der Andreas-Hofer-Straße.

Mitte **September** verursacht ein Großfeuer im Hochhaus des Chemischen Instituts der Universität in der Albertstraße Schäden in Millionenhöhe.

Gisela Faber aus St. Georgen, letztjährige badische Weinkönigin, wird in Neustadt an der Weinstraße zur deutschen Weinkönigin erkoren.

Clyde Bellecourt, Mitbegründer des „American Indian Movement" und Angehöriger der Ojibwa-Nation, klärt am **13. Oktober** in der Universität über die Situation der nordamerikanischen Ureinwohner auf.

Adolf Seger holt sich am **23. Oktober** in Lausanne zum zweiten Mal den Weltmeistertitel im Freistilringen.

Der Rektor der Universität, Prof. Bernhard Stoeckle, äußert sich Anfang **November** zum Landeshochschulgesetz wörtlich: „Das Inkrafttreten des Gesetzes würde uns die Umwandlung der freien Universität in fremdbestimmte Staatsanstalten bescheren."

Ab **5. Dezember** boykottieren Studenten der Universität die Vorlesungen aus Protest gegen das neue Landeshochschulgesetz und das Hochschulrahmengesetz.

1978
CHRONIK

Erst seit dem **1. Januar** gehört das bisher auf der Gemarkung Umkirch gelegene Stadtgut Mundenhof mit dem Tiergehege zu Freiburg. Umkirch erhält im Tausch eine andere Fläche.

Bundespräsident Scheel übergibt als Schirmherr des Deutschen Jugendherbergswerks die neue Jugendherberge mit 304 Betten am **24. Februar** ihrer Bestimmung.

Zu Ehren des verstorbenen Erbauers eröffnet das Freiburger Planetarium am gleichen Tag unter dem Namen Richard-Fehrenbach-Planetarium wieder.

Papst Paul VI. ernennt Mitte **März** Dr. Oskar Saier anstelle des am 26. Juni 1977 verstorbenen Dr. Hermann Schäufele zum neuen Erzbischof der Erzdiözese Freiburg.

In der Stadthalle wird Mitte **April** zum ersten Mal in Freiburg die dritte Symphonie von Gustav Mahler von über 200 Mitwirkenden aufgeführt.

Die Handelslehranstalt II erhält am **10. Juni** den Namen „Max-Weber-Schule" nach dem „Klassiker der Soziologie", der einst als Professor in Freiburg lehrte.

Vom **30. Juni bis 3. Juli** findet das neunte Fest an der Stadtmauer rund um den Augustinerplatz statt.

Mario Ketterer schafft als erster Freiburger Rennfahrer beim Internationalen Bergpreis auf der Schauinslandstrecke den Streckenrekord.

Eine Woche nach seiner Besetzung räumt die Polizei am **29. August** das Haus Schusterstr. 36.

Die Buchhandlung „Rombach-Center" in der Bertoldstr. 10 eröffnet am **1. September.**

Vom **13. bis 17. September** findet der 85. Deutsche Katholikentag, die größte Massenveranstaltung seit dem Krieg, mit über 100 000 Menschen, im „sympathischen" Freiburg statt.

Mit dem **2. Oktober** nimmt die neue Universitätsbibliothek ihren Betrieb auf und erlebt gleich einen überraschenden Andrang.

Ecke Karl- und Hauptstraße steht ab **10. Oktober** das erste Telefonhäuschen aus korrosionsfestem Kunststoff mit auf die Hälfte verkleinerten Glasscheiben zur Verfügung.

Der neue Polygon-Bau des Max-Planck-Instituts für internationales und ausländisches Strafrecht am Sternwaldeck wird am **26. Oktober** eingeweiht.

Die Freiburger Energie- und Wasserversorgungs AG (FEW) bezieht im **November** ihr neues Verwaltungsgebäude in der Tullastr. 61.

Der Petitionsausschuss des Landtags entscheidet am **14. November,** dass Freiburg ein Asylantenheim für 120–130 Personen auf dem Gelände der ehemaligen Firma Armbruster an der Kappler Straße in Littenweiler zulassen muss.

Einen Tag nach der Richtfestfeier am **1. Dezember** an der Schloßberggarage können bereits die ersten 222 Einstellplätze belegt werden.

Das „ewige Provisorium", Freiburgs zweiter Hauptbahnhof, hält sich hartnäckig. (Foto: Stadtplanungsamt Freiburg)

Ministerpräsident Filbinger tritt zurück

Ein „furchtbarer Jurist" manövriert sich selbst ins Abseits

Am 7. August erklärte der Freiburger Landtagsabgeordnete und zugleich Ministerpräsident von Baden-Württemberg, Dr. Hans Filbinger, seinen Rücktritt. Vorausgegangen waren diesem nicht gerade freiwilligen Entschluss Enthüllungen über die Vergangenheit des ehrenwerten Herrn als Marinerichter im „Dritten Reich". Der Schriftsteller Rolf Hochhut hatte vier seinerzeit von Filbinger ausgesprochene Todesurteile aufgedeckt. Filbinger versuchte, sich hinter Gedächtnislücken zu verstecken, verstrickte sich immer tiefer in Widersprüche und Unglaubwürdigkeit. So führten letztlich nicht seine Taten, sondern seine unbegreiflichen Reaktionen zu seinem Sturz. Noch in seiner Rücktrittserklärung demonstrierte er seine Uneinsichtigkeit mit den Worten: „Dies ist die Folge einer Rufmordkampagne (...). Es ist mir schweres Unrecht angetan worden." Dabei hatte der selbst ernannte Retter des christlichen Abendlandes schon längst die Bodenhaftung verloren. Ob Wyhl, Hochschulpolitik oder Extremistenfrage – an allen Fronten war ihm nur daran gelegen, die allgegenwärtige Gefahr einer linken Verschwörung zu bekämpfen.

Die Konviktstraße nach der Sanierung (Foto: Stadtplanungsamt Freiburg)

Der „Schutzmann an der Ecke" kehrt zurück

Das Landesinnenministerium begann am 2. Oktober in fünf baden-württembergischen Städten mit einem Modellversuch, der den „Schutzmann an der Ecke" wenigstens teilweise wieder einführen sollte. So wurden auch in Freiburg zusätzlich fünf Polizeibeamte nach Qualifikation, Ortskenntnissen und Erfahrung ausgesucht, die tagsüber zu Fuß oder mit dem Fahrrad Einzelstreifen durchführten und des Nachts zu zweit patrouillierten. Für den Modellversuch wählte man Weingarten und das Gewerbegebiet Haid aus – wegen der dichten Bebauung und der relativ hohen Kriminalitätszahlen. Ein wichtiges Ziel des auf ein Jahr angesetzten Versuchs war es, einen persönlichen Kontakt zwischen der Bevölkerung und den Polizisten aufzubauen, weshalb diese auch die fürchterliche amtliche Bezeichnung „Kontaktbereichsbeamte" erhielten.

In der südlichen Kaiser-Joseph-Straße regt sich Widerstand gegen den beabsichtigten Häuserabriss. (Foto: Stadtplanungsamt Freiburg)

Eine neue politische Kraft in Freiburg: die Grünen

Eine Alternative zu den bestehenden Parteien

Ende März wurde der Kreisverband Freiburg der „Grünen Aktion Zukunft" (GAZ), eine Schöpfung des ehemaligen CDU-Bundestagsabgeordneten Herbert Gruhl, gegründet. Als Vorsitzender fungierte der Fahrlehrer Werner Müller von der „Freiburger Bürger-Initiative". Bei der Wahl zum Europaparlament im Juni traten „Die Grünen" zum ersten Mal an und erreichten im Stadtgebiet auf Anhieb 10,3 % der abgegebenen Stimmen. Damit überflügelten sie sogar die FDP um einen Prozentpunkt. Der Erfolg der Grünen fiel je nach Stadtteil sehr unterschiedlich aus. Er schwankte zwischen 5,3 % im katholischen Waltershofen und 15,6 % im „Intellektuellen-Viertel" Unterwiehre-Nord.

Im Juli stellten die Grünen der Öffentlichkeit ihre programmatischen Schwerpunkte vor: „Schutz des Lebens, der Natur und der Umwelt; soziale Gerechtigkeit, Bürgerfreiheit und Gewaltfreiheit".
Mitte November fand die Mitgliederversammlung des Kreisverbands im kleinen Saal des Kolpinghauses mit dem Landesvorsitzenden Wolf-Dieter Hasenclever aus Tübingen statt. Dabei wurden in den neuen geschäftsführenden Vorstand der Freiburger Grünen der Buchdrucker Franz Christ als Vorstandssprecher sowie die Studentin Johanna Fischer und der Architekt Hans-Dietrich Erichsen als seine Stellvertreter gewählt.

Kunst in der Innenstadt

Dem Kunstverein gelang es mal wieder, mit einem Beitrag zur Kunstwoche die Freiburger in zwei Lager zu spalten: In solche, die darin ein Kunstwerk zu erkennen vermochten und in solche, die es als Blödsinn bezeichneten. Ein Erinnerungsmonument, das auf die Zerstörung Freiburgs 1944 hinweisen wollte, erstellte der Karlsruher Künstler Jürgen Goertz im Juli in der Kaiser-Joseph-Straße an der Einmündung der Münsterstraße. Das von einem Kreuz gekrönte (von dem in Nord- und Süd-Richtung jeweils eine neogotische Turmspitze abkippte) Gebilde war aber nur ein Modell aus Holz und verschwand nach drei Wochen wieder.

Ein Jahr nach der Eröffnung will niemand mehr die neue Universitätsbibliothek missen – zumindest nicht, was sie im Innern zu bieten hat. (Foto: Stadtplanungsamt Freiburg)

1979

Chronik

Die Freiburger „Haus- und Grundstücks-GmbH" kündigt im **Januar** allen Gewerbebetrieben und Wohnungsmietern des „Schwarzwaldhofs" zwischen Schwarzwald- und Talstraße mit der Begründung, man strebe eine angemessene wirtschaftliche Verwertung des Anwesens durch Abbruch und Neubebauung an.

Der ERC Freiburg steigt mit dem Sieg über den EC Bad Tölz Anfang **März** in die Erste Bundesliga auf. Das Ereignis wird nach dem Spiel mit einer handfesten Schlägerei zwischen Spielern beider Eishockey-Mannschaften auf dem Eis würdig begangen.

Eine „kosmetische Operation" für 6,5 Millionen DM soll die „verfehlte Planung" im Geschäftsbereich des „Schwarzwald-City"-Komplexes korrigieren.

Im Rahmen seines musikalischen Spektakels „Dröhnland-Sinfonie" präsentiert Udo Lindenberg am **2. April** in der Stadthalle eines seiner Vorbilder, – den Rock-Veteranen Eric Burdon, ehemals Leadsänger der „Animals" – und damit zugleich den Höhepunkt des Abends.

Mit einem akademischen Festakt ehrt die Universität im ***Mai*** *den Nobelpreisträger für Wirtschaftswissenschaften, Prof. Friedrich von Hayek, zum 80. Geburtstag.*

Die große Attraktion auf der Frühjahrsmesse ist eine 28 Meter hohe Looping-Achterbahn.

Mitte **Mai** zerstört eine Gasexplosion das Sechsfamilienhaus Laubenweg 7 in Haslach und fordert mehrere Verletzte.

Ab **15. Mai** gelten wieder einmal höhere Preise für den öffentlichen Nahverkehr. Der Einzelfahrschein für Erwachsene steigt beispielsweise um 10 Pfennig auf 1,30 DM.

Zwar verbietet die Stadt Straßenmusik auf dem Rathausplatz seit Ende **Mai,** wirbt aber weiterhin mit einem Bildband für sich, auf dessen Einband der Straßenmusiker Robert Klein auf dem Rathausplatz abgebildet ist.

In aller Stille besetzen junge Leute Mitte **Juli** zwei leer stehende Wohnungen im „Schwarzwaldhof", werden aber wenige Tage später von der Polizei geräumt.

Im **Juli** wird das 13 Meter hohe Holzkreuz des Schweizer Bildhauers Franz Eggenschwiler, das während des Katholikentags auf dem Meßplatz stand, beim Hirzberg aufgestellt.

Nach Abschluss der Umgestaltung der Kaiser-Joseph-Straße zur Fußgängerzone wird der Bertoldsbrunnen am **25. Juli** wieder am alten Platz aufgestellt, wo er von 1807 bis zur Zerstörung 1944 stand.

Die „Medienwerkstatt" eröffnet am **6. Oktober** in der Konradstr. 20.

Ein modernes Freiburger Altenzentrum mit Wohnungen für rund 200 Senioren hat die Arbeiterwohlfahrt neben dem Einkaufszentrum in Weingarten errichten lassen.

Anfang **Dezember** ist Einweihung des neuen Berufsschulzentrums zwischen Fehrenbachallee und Güterbahnlinie.

1980
CHRONIK

Kurz vor Beginn des Schwimmunterrichts für Erstklässler stürzt am Morgen des **14. Januar** ein Teil der Hallendecke des Zähringer Thermalbads ins Schwimmbecken. Minuten später wäre der Pfusch am Bau zur Katastrophe geworden.

Weniger Glück haben vier Menschen am **23. Januar** beim Einsturz des Wohnhauses Tellstr. 10 aufgrund einer Gasexplosion. Sie kommen ums Leben. Acht weitere Hausbewohner können lebend geborgen werden.

Einen glücklichen Ausgang für das Opfer nimmt am **12. März** ein Bankraub in St. Georgen, der einen recht dramatischen Verlauf hat und in der Verschleppung einer Bankangestellten bis Basel gipfelt.

Ein Störfall im KKW Fessenheim, der trotz entsprechender Absprachen von den französischen Behörden nicht gemeldet wird, beunruhigt die Bevölkerung.

In den besetzten Häusern am „Dreisameck“ regt sich eine vielfältige alternative Kulturszene.

Der Caritasverband Freiburg-Stadt eröffnet Ende **April** ein soziales Dienstleistungszentrum, erstmals in eigenen Räumen, in der früheren Druckerei Goldschagg, Ecke Engel- und Herrenstraße.

*Am **5. Juni** besetzen Demonstranten aus Protest gegen die Räumung des „Anti-Atomdorfs“ der Kernkraftwerksgegner in Gorleben für eineinhalb Stunden die evangelische Pauluskirche.*

Die Gaskugel in Betzenhausen präsentiert sich nach entsprechender Gestaltung der Außenhülle im **Juni** als überdimensionale Windrose.

Im Verlauf einer Demonstration wird am **13. Juni** der „Schwarzwaldhof“ besetzt.

Der SPD-Ortsverein Oberwiehre diskutiert ein Parteiausschlussverfahren gegen Oberbürgermeister Eugen Keidel und Bürgermeister Berthold Kiefer wegen „der Art und Weise, wie das Dreisameck beseitigt wurde“.

Die Bundestagswahl am **5. Oktober** bringt der SPD in Freiburg Stimmenzuwächse, der CDU das erhebliche Gegenteil, die FDP auf erstaunliche 14,5 Prozent und die Grünen auf keinen grünen Zweig, sie bleiben nämlich unter 5 %.

Die Aufklärung eines Vergewaltigungsverbrechens führt am **8. Oktober** auch zum Mörder des 1976 auf dem Lorettoberg grässlich niedergemetzelten Ehepaars Ingrid und Manfred Siefert.

Die 17-jährige Geigerin Anne-Sophie Mutter erhält bei einer Feierstunde im Großen Haus der Städtischen Bühnen den von der Wirtschaft gestifteten und mit 10 000 DM dotierten „Regio-Preis“ für Musik.

Am **17. Dezember** weiht Oberbürgermeister Keidel den hölzernen Aussichtsturm auf dem Schauinslandgipfel ein. Der um knapp 22 Meter angehobene Blick in die Landesrunde kostet schlappe 245 000 DM.

Absperrung der Kaiser-Joseph-Straße mit Natodraht nach der Räumung des Dreisamecks (Foto: Archiv Soziale Bewegungen in Baden)

Das „Dreisameck“ fällt

Am frühen Morgen des 8. Juni eroberten 1 200 Polizisten die fünf besetzten Häuser ums „Dreisameck“. Eine SEK-Abteilung drang übers Dach ein, mit einem Schaufelfahrzeug wurden Eingangstüren eingedrückt. Die Besetzer hatten zuvor die Häuser verlassen. 400 bis 500 anwesende Demonstranten sahen sich einer Heeresmacht und sechs Wasserwerfern gegenüber. Die geräumten Straßenzüge und sogar das nahe liegende Dreisamufer sicherte die Polizei anschließend mit Natodraht (der mit kleinen, rasiermesserscharfen Klingen bestückt ist) ab. Kleinere und größere Demonstrationen sowie Kundgebungen bestimmten den Rest des Tages. Am nächsten Tag zogen rund 10 000 Menschen aus Protest durch die Straßen. Vereinzelt kam es zu Farbbeutel- und Steinwürfen auf Banken und das Regierungspräsidium sowie zu Auseinandersetzungen mit der Polizei. Auch die nächsten Tage stand die Stadt im Zeichen von Demonstrationen, Unruhen und einer kurzzeitigen Hausbesetzung (Werderring 6). Die Kritiker und Befürworter des martialischen Polizeieinsatzes standen sich unversöhnlich gegenüber.

Fünf Tage später waren die Häuser abgerissen bzw. unbewohnbar gemacht und die Polizei rückte wieder ab.

Kiosk und Schuhmacherei am Tennenbacherplatz (Foto: Stadtplanungsamt Freiburg)

Wieder „Farbe“ bekennen

In Erinnerung an die Rolle, die studentische Verbindungen während der Nazi-Herrschaft und im Zusammenhang mit antisemitischer Hetze und Verfolgung gespielt hatten, verbot die Universität 1949 das Farbentragen. Ein Senatsbeschluss von 1964 bekräftigte, wenn auch aus anderen Gründen, dieses Verbot. Im April 1980 meinte Rektor Bernhard Stoeckle, dass dieser Beschluss seine Gültigkeit verloren und er nichts dagegen habe, wenn die Burschenschaftler zu festlichen Veranstaltungen in vollem Wichs kämen. Er begründete den Sinneswandel damit, dass ja auch Studenten mit „Anti-Atom-Plakette“ ihre Zugehörigkeit zu einer bestimmten Gruppe demonstrieren würden.

Nach der Räumung des Schwarzwaldhofs besetzt Polizei das Gelände, ungeachtet dessen, dass noch „legale“ Mieter auf dem Areal leben. (Foto: Archiv Soziale Bewegungen in Baden)

„Schwarzwaldhof“-Debatte im Stadtrat

Mit einer Mehrheit von 26 zu 17 Stimmen lehnte der Stadtrat in seiner Sitzung vom 24. März Anträge der SPD, der Grünen und der Bunten ab, die einen Bebauungsplan und eine Veränderungssperre für den „Schwarzwaldhof“ beinhalteten, und bestätigte damit die baurechtlichen Voraussetzungen für einen Abriss des Anwesens. Allerdings gab es auch Mehrheiten für die Bereitstellung von Ersatzräumen und die Schaffung eines alternativen Kulturzentrums.

Eine Selbsthilfeorganisation alternativer Gruppen

Das im Mai 1980 gegründete „Netzwerk Dreyeckland“ konnte mittlerweile 220 Mitglieder und Einlagen in Höhe von 160 000 DM ansammeln. Die Mitgliederversammlung des Netzwerks, an der neben Einzelpersonen auch Vertreter zahlreicher Gruppen des alternativen Spektrums teilnahmen, entschied darüber, ob angemeldete Projekte Kredit gewährt bekommen sollten. Die besten Chancen, Geld aus dem Selbsthilfe-Fonds zu erhalten, hatten Projekte, welche sich die Entwicklung „sanfter Technologien“ oder „selbstverwalteter Betriebe und gemeinschaftlicher Formen politischer Kultur“ zur Aufgabe machten. Alle Vorgänge laufender Geschäfte, von der zinslosen Kreditvergabe über die tatsächliche Verwendung der Gelder bis zu den Rückzahlungsmodalitäten, waren offen zu legen. Die Betriebe in der „Fabrik für Handwerk, Kultur und Ökologie“ in der Habsburgerstr. 9 gehörten beispielsweise zu den Nutznießern der Netzwerk-Idee.

Geschäftsleute verrammeln ihre Geschäfte, entweder zur Sicherung zerstörter oder zum Schutz noch intakter Schaufensterscheiben. (Foto: Archiv Soziale Bewegungen in Baden)

1981

Chronik

Ein Brandstifter legt am **9. Januar** Feuer im Hotel Garni „Rheingold“ in der Eisenbahnstraße, welches das Gebäude völlig vernichtet.

Der Frankfurter Professor für Germanistik, Ernst Erich Metzner, überrascht im **Februar** mit seiner These, nach der Freiburg bereits im Jahr 1091 gegründet wurde.

Am **3. März** dringen junge Leute zur „Instandbesetzung“ in das Haus Moltkestr. 34 ein. Das mehrstöckige Gebäude steht seit einem Dreivierteljahr leer und soll einem profitableren Neubau weichen.

Einen Tag später rückt die Polizei mit mehreren Hundertschaften und dem Spezialeinsatzkommando (SEK) an und räumt das Haus.

Nach einer Versammlung im besetzten „Schwarzwaldhof“ stürmt eine größere Gruppe von Personen noch am gleichen späten Abend durch die Innenstadt und hinterlässt Scherben beim Landgericht, beim Regierungspräsidium sowie bei zahlreichen Läden, Kaufhäusern und Banken.

Als Reaktion darauf besetzt die Polizei am Morgen des **5. März** den „Schwarzwaldhof“ und nimmt 70 Personen vorläufig fest.

Am **25. März** endet eine Demonstration erneut mit Scherben und dafür Dresche von der Polizei.

Brandanschläge richten Ende **März** schwere Schäden am Eugen-Keidel-Turm auf dem Schauinsland und wenige Tage später am Katholikentagskreuz am Hirzberg an.

Ende **April** erhält die Büste des Carl von Rotteck ihren vierten Standort seit 1851 und bleibt vielleicht für längere Zeit vor dem Kollegiengebäude II der Universität stehen.

Beim Güterbahnhof gibt es seit dem **11. Mai** die „Rollende Landstraße“, einen Umschlagplatz für Lastwagentransporte mit der Bahn zwischen Freiburg und Lugano sowie zwischen Freiburg und Köln.

Ab **12. Mai** wird der „Schwarzwaldhof“ unter Polizeischutz abgerissen.

Zur Johannisfeier am **27. Juni** lebt im Waldsee-Restaurant ein alter Buchdruckerbrauch wieder auf. In einem großen Wasserbottich werden die frischen Gesellen „gegautscht“, das heißt eingetaucht.

Lautstarke Veranstaltungen im Audimax der Universität, beispielsweise in Form von Rock- und Pop-Konzerten, gehören nach einem Beschluss des Rektorats im **Juli** der Vergangenheit an.

Im Alten Wiehrebahnhof siedeln sich ab Mitte **September** die „Freie Künstlergruppe Freiburg“ und das Kommunale Kino an.

Brauerei Ganter übernimmt zum **1. Oktober** die vor 104 Jahren gegründete Inselbrauerei Feierling.

Am Abend des **2. Oktober** wird das Hinterhaus von Werderring 6 am Glacisweg besetzt. Darin entsteht das „Autonome Zentrum“ (AZ). Das vom Stadtrat angebotene Götz & Moritz-Gelände an der Dreikönigstraße lehnt die Szene ab.

1982 Chronik

*Seit **Anfang des Jahres** ist das „Union-Theater“ in der Schwarzwaldstraße geschlossen. Nach 53 Jahren muss der letzte Betreiber, Robert Ihli, das Kino wegen Unrentabilität aufgeben.*

Beim Mineral-Thermalbad wird das Sporttraumatologische Institut fertig gestellt, dessen Leitung der Sportarzt Armin Klümper übernimmt.

*Das „Kaufhaus für Alle“, ältestes Warenhaus im Stadtzentrum, gibt bis Ende **September** auf. Die Verluste bewegen sich schon in Millionenhöhe.*

Seit 100 Jahren betreiben die Generationen der Familie Dattler das Restaurant am Schlossberghang. Das wird im **März** gefeiert.

Die Gewinnmaximierungsabsicht bei dem im „Bauherrenmodell“ errichteten Neubau des abgebrannten Gasthauses „Schwanen“ in Herdern lässt die Wiedererstellung des Saalanbaus und des Biergartens nicht zu.

Mitte **April** gründen sich die Freiburger „Grauen Panther“ als Selbsthilfeverein.

Im **Juni** verabschiedet sich der FFC mal wieder in die Amateurliga.

Der erst kurz zuvor wegen „guter Führung“ aus dem Gefängnis entlassene Roland Oberst ersticht Mitte **Juni** am Dreisamuferweg in der Nähe der Berliner Allee die 31-jährige Ingrid Radke – einfach so ...

Dem Aufruf des DGB zu einer Solidaritätsveranstaltung für das vom Kriegsrecht betroffene polnische Volk und die Gewerkschaft „Solidarität“ folgen etwa 1 000 Freiburger. Noch mehr beteiligen sich am anschließenden Fackelzug durch die Innenstadt.

Das Spektakel der offiziellen Kandidatenvorstellung für die Wahl des Oberbürgermeisters geht am **23. September** im Kongresssaal am Karlsplatz über die Bühne. Es äußert sich als eine kurzweilige Mischung aus Ernsthaftigkeit, unfreiwilliger Komik, Kabarett und Klamauk.

Der ehemalige Bundestagsabgeordnete und Staatssekretär im Finanzminsterium, Parteimitglied der SPD Dr. Rolf Böhme, wird am **17. Oktober** zum neuen Oberbürgermeister gewählt.

Archäologische Schätze aus dem Mittelalter finden sich in einer Abortgrube, die beim Bau der Quartiersgarage auf dem Augustinerplatz Anfang **November** ausgebuddelt wird.

Als 90-Jähriger besucht Luis Trenker im **November** noch einmal die Stadt, in der er vor Jahrzehnten über den Freiburger Regisseur Dr. Arnold Fanck zum Bergfilm gekommen war.

Ende **November** übernimmt Dr. Hans Schadek die Leitung des Stadtarchivs als Nachfolger von Franz Laubenberger, der in den Ruhestand tritt.

Das deutsche Fernsehen (der Südwestfunk) überträgt die Christmette aus dem Freiburger Münster als Eurovisionssendung in viele europäische Länder.

Die ehemalige Universitätsbibliothek wird zum vierten Kollegiengebäude der Universität umgebaut. (Foto: Stadtplanungsamt Freiburg)

Letzte Zuflucht im Ernstfall?

Der Schloßbergbunker in städtischer Regie

Nach einem Urteil des Bundesverwaltungsgerichts in Berlin musste die Stadt im September die Zivilschutz-Stollenanlage unter dem Schloßbergmassiv, besser bekannt unter der Bezeichnung Schloßbergbunker, in ihre Verwaltung übernehmen. Die Anlage wurde für die Aufnahme von 5 000 Menschen konzipiert. Mit einer Grundfläche von 7 000 Quadratmetern und einer Gesamtlänge der in alle Richtungen verlaufenden Stollen von zwei Kilometern war sie die größte öffentliche Schutzeinrichtung ihrer Art in der Bundesrepublik. Der vom Bund in den Jahren 1963 bis 1968 vorgenommene Ausbau des Stollensystems basierte auf dem Bestand von Luftschutzbunkern aus dem Zweiten Weltkrieg. Jeder der drei gegeneinander abgrenzbaren Teilbereiche war unter anderem mit einem Notstromaggregat, mit Trinkwasserversorgung, Vorratsräumen, Toiletten, Duschen, Küche, Sitz- und Liegestollen ausgestattet. Den Zugang ermöglichten fünf Eingänge: beim Amt für Wohnungswesen, gegenüber der Hermannstraße, weiter südlich am Schloßbergring, bei der Schoferstraße und beim Kinderspielplatz an der Kartäuserstraße.

St. Georgen macht sich Gedanken über die Verschönerung und Verbesserung des Stadtteils; im Hintergrund steht eine angestrebte Anerkennung als Kurort; hier die „Stube“ in der Blumenstraße. (Foto: Stadtplanungsamt Freiburg)

Freiburgs neue Silberminen

Nicht mehr am Schauinsland, sondern mitten in der Stadt sollten Freiburgs neue Silberminen in Betrieb gehen. Ende März beschloss nämlich der Stadtrat, dass 1 214 Parkuhren im Kernbereich zukünftig mit 50 Pfennig statt bisher zehn Pfennig pro angefangene halbe Stunde zu „füttern“ seien. Die dadurch zu erwartenden Mehreinnahmen wurden auf 1,5 Millionen Mark geschätzt. Vordergründig sollte mit dieser Erhöhung ein schnellerer Umschlag von Parkraum und ein Zurückdrängen der Dauerparker erreicht werden. Ein Vertreter des ADAC meinte, es wäre ehrlicher gewesen zuzugeben, dass die Stadt zusätzliche Einnahmequellen brauche.

Die „Zürich Versicherung“ bezieht im Mai den Um- und Neubau des Dreisamecks; Aufnahme von 1985. (Foto: Stadtplanungsamt Freiburg)

Stadtrat gegen Kernkraftwerk in Wyhl

Dünner Erfolg der KKW-Gegner

Mit der knappen Mehrheit von 24 zu 23 Stimmen sprach sich der Stadtrat in seiner Sitzung vom 28. Juni „gestützt auf das Votum der Bürger gegen den geplanten Bau des Atomkraftwerks Wyhl aus“. Damit wurde die Absicht erklärt, alle der Stadt zu Gebote stehenden Möglichkeiten auszuschöpfen, um den Bau zu verhindern, und die Landesregierung zum Verzicht auf das KKW aufzufordern. Ihre Zustimmung zur Ablehnung gaben die Stadträte der SPD, einschließlich des Oberbürgermeisters, der FDP und der Grünen. CDU und Freie Wähler verweigerten sich geschlossen, und Bunte-Stadtrat Gottfried Niemietz hatte sich zum Schmollen zurückgezogen. Weiter gehende Anträge der Grünen, die Beteiligung der Stadt an den Prozesskosten gegen das KKW und die Verweigerung von Unterkünften in Freiburg für die bei Auseinandersetzungen um das Kernkraftwerk eingesetzten Polizeikräfte betreffend, fanden nur bei den Antragstellern selbst Zustimmung.

Freiburg als Kulisse für einen Hollywood-Film

Ende November wurden für neun Tage einige Winkel in der Stadt zur Kulisse für den von der Warner Bros. Ltd. produzierten Film „Die Libelle“ nach dem Roman von John le Carré. Vor dem Kollegiengebäude I der Universität, der Universitätsbibliothek, im Stadtgarten, am Rotteckring und vor dem Colombi-Hotel durften 150 Statisten aus Freiburg sich selbst spielen. Von den Hauptdarstellern Diane Keaton, die eine Terroristin spielte, und Klaus Kinski, der den Chef des israelischen Geheimdienstes gab, war nur Erstere in Freiburg zugegen.

Nach gelungener Sanierung des Stadtteils lässt sich am Tennenbacher Platz in angenehmer Umgebung feiern. (Foto: Stadtplanungsamt Freiburg)

1983 CHRONIK

Zum Jahresbeginn zeigt sich das Münster ohne jegliches Gerüst – ein äußerst selltener Anblick.

Bei der Fasneteröffnung Mitte **Januar** im Kolpingsaal geben „Jodele und Mäcki“ (Alfred Kalchthaler und Rudolf Ganter) nach 30 Jahren ihren Rücktritt von der fasnächtlichen Bühne bekannt.

Am **30. Januar** gedenkt Freiburg der Machtergreifung Hitlers vor 50 Jahren mit einer Versammlung im Paulussaal und einem Schweigemarsch.

Das bundesweit mit Abstand beste Ergebnis bei der Bundestagswahl Anfang **März** erreichen die Grünen mit 12,3 % im Wahlkreis Freiburg.

Professor Theodor Egel, seit 1944 Leiter des Bachchors, dirigiert am **21. März** im Münster zum letzten Mal „seine“ Matthäus-Passion.

Der **31. März** ist der letzte Öffnungstag des Marienbads. Aus finanziellen Gründen macht es die Stadtverwaltung dicht.

Den neu erstellten Saalanbau des Carlsbaus in Haslach weiht die Gemeinde St. Michael am **17. April** ein.

Nahezu einstimmig sprechen sich die 3 500 Teilnehmer an der ersten Bürgerversammlung im **April** gegen den Bau des Kernkraftwerks in Wyhl aus.

*Mehrere tausend Menschen gedenken Anfang **Mai** des von rechtsextremen „Contras“ in Nicaragua ermordeten Freiburger Arztes Albrecht „Tonio“ Pflaum.*

Unter dem Stühlinger Kirchplatz entsteht eine Quartiersgarage. Die damit verbundene Umgestaltung des Platzes führt dazu, dass die Klarastraße zwischen Wanner- und Engelbergerstraße völlig verschwindet.

Ende **Mai** überflutet Hochwasser Teile der Stadt.

In der **ersten Julihälfte** findet auf dem Meßplatz und vor dem Kollegiengebäude II das erste internationale Zelt-Musik-Festival statt.

Das Studentenwerk kündigt der selbst organisierten Kindertagesstätte „Kita“ zum **30. September** die Nutzung der Baracke am Glacisweg.

Zwei dem Baumschutz unterstehende, über 70-jährige Pappeln müssen in der Oberau, trotz vehementen Widerstands der Anlieger, dem Bau der Leo-Wohleb-Garage weichen.

Das neue Hallenbad Faulerbad geht Anfang **September** in Betrieb.

Anfang **September** ist der Umzug der Staatlichen Hochschule für Musik ins neue Gebäude gegenüber dem Meßplatz beendet.

Die Eröffnung des Museums für Ur- und Frühgeschichte im Colombischlößle ist am **28. November.**

Die neue Stadtbahnlinie in den Freiburger Westen eröffnet am **9. Dezember** mit dem neuen Straßenbahnzug vom Typ GT 8.

1984
CHRONIK

Am **31. Januar** stimmt der Stadtrat mit 31 gegen 15 Stimmen und einer Enthaltung für die B 31 Ost.

In Freiburg tritt Anfang **Februar** der bundesweit erste Fall einer an AIDS erkrankten Frau auf. Die 32-jährige Patientin wird in der Medizinischen Universitätsklinik behandelt.

Seit **Februar** trifft sich der „Ufologen-Arbeitskreis", eine Ortsgruppe der „Deutschen Ufo-Studiengesellschaft" in Wiesbaden, regelmäßig in der Alten Universität.

Das gezwungenermaßen aus dem Elsass sendende „Radio Dreyeckland" verlangt seine Legalisierung auf deutschem Boden.

Die erste Zapfsäule für bleifreies Super- und Normalbenzin in Südbaden kann ab Mitte **März** an der Orag-Tankstelle in der Habsburgerstraße benutzt werden.

Der gebürtige Freiburger, bedeutende Theologe und Religionsphilosoph, Professor Karl Rahner stirbt am **30. März** im Alter von 80 Jahren in Innsbruck.

*Das zweite Internationale Zelt-Musik-Festival schlägt seine Zelte vom **30. Mai bis 17. Juni** im Eschholzpark auf.*

Auf dem Gelände des Mösle-Stadions findet am **31. Mai** das erste Open-Air-Festival mit großen Namen wie Roger Chapman, Jimmy Cliff und Level 42 statt.

Die Freimaurerloge „Humanitas zur freien Burg", Nachfolgerin der Gründerloge „Zur edlen Aussicht", feiert im **Juni** ihr 200-jähriges Bestehen.

Auf Initiative von Oberbürgermeister Böhme gründet sich am **5. Juli** die „Freiburger Regio-Gesellschaft", eine Interessengemeinschaft von Landkreisen, Städten, Kammern, Verbänden, Unternehmen in Südbaden und der Universität Freiburg.

*Bei der Stadtratswahl am **28. Oktober** erhalten die CDU 18, die SPD 13, die Grünen 9, Freie Wähler und FDP jeweils 3 Sitze, auf ein Mandat kommt die Friedensliste. 17 Frauen ziehen in das Stadtplenum ein.*

Die Stadt Freiburg hat 270 Kulturdenkmale im historischen Altstadtkern in die Denkmalliste eingetragen. Dazu gehören unter anderen das Siegesdenkmal, die alte Uni-Bibliothek, die Münsterbauhütte, Turmstraße 6, Fischerau 12, das Opel-Haus und der Fischbrunnen.

Als erste Stadt der Bundesrepublik erhält Freiburg ein „Stadtradio", eine Mischung aus öffentlich-rechtlichem (Südwestfunk) und privatem (vier Zeitungsverlage) Lokalfunk. Die City-Welle (102 Megahertz) nimmt am **1. Oktober** in einem Studio in der Kaiser-Joseph-Str. 145 ihren Betrieb auf.

Ab **Oktober** führt die Freiburger Verkehrs AG die „Umweltschutz-Karte", eine übertragbare Monatsnetzkarte, für 38 DM ein.

Die ersten Bewohner ziehen am **1. Oktober** ins „Augustinum", ein gehobenes Altenwohnstift in St. Georgen für die etwas besser situierten Senioren.

Die Fassade der Deutschordenskommende in der Salzstraße wird bis ins Detail getreu dem Original rekonstruiert; Mitte November ist Richtfest, im Sommer 1985 soll sie fertig gestellt sein. (Foto: Stadtplanungsamt Freiburg)

Teure Furcht vor Provinzialismus

Der Kauf des Wandbilds von Antes

Der Karlsruher Künstler Professor Horst Antes schuf 1973 ein modernes Wandbild in Übergröße, das, auf Metallplatten gebannt, seither die Rückfront der Städtischen Bühnen zierte. Im Februar beschloss der Stadtrat mit einer nicht gerade überwältigenden Mehrheit, das Werk nicht zurückzugeben, sondern für 280 000 DM anzukaufen. Damit sollte einem möglichen Vorwurf des Provinzialismus entgegen gewirkt werden, der die Stadt treffen könnte, wenn sie die Arbeit eines „führenden Künstlers der Moderne" ablehnen würde. Abgesehen von Stadtrat Wilhelm Eschle von den Freien Wählern, der das Werk als „Schüler-Arbeit, die ins Überdimensionale übertragen" worden sei, brandmarkte, hielten sich die Räte im Allgemeinen mit ihrer persönlichen Meinung vornehm zurück und beschränkten sich im Wesentlichen auf den Austausch von Kostenargumenten. Es kann halt schon etwas teurer sein, nicht als „kleinkariert" gelten zu wollen ...

Im Bereich der östlichen Auffahrt zur Stühlinger Brücke stehen größere Veränderungen bevor. (Foto: Stadtplanungsamt Freiburg)

Bhagwans Jünger in Freiburg

Den Neubau Kartäuserstr. 96 gestalteten die Sanyassins, Anhänger des selbst ernannten Gurus und Rolls-Royce-Sammlers Bhagwan, Ende 1983 als Ashram, als Kommune. Die Ersten hatten sich bereits vor fünf Jahren in der Stadt niedergelassen, mittlerweile hatte sich Freiburg mit über 300 Anhängern zu einer der größten Gemeinden in der Bundesrepublik entwickelt. Äußerlich stets erkennbar an einer Kluft in den „Farben der Morgenröte" und der „Mala", einer um den Hals getragenen Holzkette mit dem Konterfei des großen Meisters (von böswilligen Zeitgenossen als „Hundemarke" bezeichnet), rekrutierte sich die Gefolgschaft aus Sinn Suchenden, den mancher ehemalige Straßenkämpfer samt seinem inneren Frieden hier zu finden hoffte.

Der Seepark ist noch Baustelle, doch schon findet die erste „Segelregatta“ statt; ab Oktober wird die Öffentlichkeit bis zur Fertigstellung ausgesperrt. (Foto: Stadtplanungsamt Freiburg)

Vorfahrt für die Straßenbahn

„Grüne Welle“ kann vom Fahrer gesteuert werden

Eine viertel Million Mark ließ sich die Freiburger Verkehrs AG (VAG) das schnellere Vorwärtskommen der Straßenbahnen kosten. In den Gleiskörper wurden so genannte Induktionskoppelspulen eingebaut, die dem Straßenbahnführer ermöglichten, über Funk einem elektronischen Rechner die Ankunft und Fahrtrichtung der Bahn mitzuteilen. Der Computer schaltete daraufhin die Ampeln für den übrigen Verkehr auf Rot. Die Vorfahrt für Straßenbahnen an Einmündungen und Kreuzungen bedeutete einen Zeitgewinn und sollte damit ihre Attraktivität gegenüber dem Individualverkehr erhöhen.

Unter den Arkaden an der Ecke Kaiser-Joseph- und Franziskanerstraße (Foto: Stadtplanungsamt Freiburg)

Gesang am 1. Mai

Ausgerechnet am 1. Mai glaubten etwa 80 Corporierte vor dem „Rappen“ auf dem Münsterplatz eine angebliche Tradition wieder aufleben lassen und ihre Lieder zum Besten geben zu müssen. Davon fühlten sich Gewerkschafter und Jungsozialisten provoziert und veranstalteten eine spontane Demonstration. Andere, die den Auftritt ebenfalls als Provokation auffassten, steigerten sich in eine Randale, die Steinwürfe, eingeschlagene Scheiben und zerstochene Autoreifen an Fahrzeugen von Burschenschaftlern beinhaltete.

Satellitenfernsehen fürs Volk

Mit der Herstellung einer Verbindung zwischen dem Fernmeldesatelliten ECS 1 und der Empfangsfunkstelle in der Walter-Knoell-Straße in Haslach wurde Anfang Mai etwa 1 000 Freiburger Haushalten der zusätzliche Empfang der Programme „Sat 1“ und „3 Sat“ beschert. In den Genuss der Neuerung konnten aber nur die kommen, die bereits an das Kabelnetz der Post angeschlossen waren.

1985 Chronik

In den frühen Morgenstunden des **22. Januar** zerstört ein Feuer das Autonome Zentrum (AZ). Die Ursache bleibt ungeklärt, doch sei vorsätzliche Brandstiftung nicht völlig auszuschließen.

Der Stadtrat erklärt am **12. März** Freiburg zur atomwaffenfreien Zone.

Ab **April** ist das Baden in den Freiburger Hallen- und Freibädern ohne die bisher vorgeschriebene Bademütze erlaubt.

Am **21. Mai** entscheidet der Stadtrat, die Kleine Halle des Marienbads als Spielstätte des Kinder- und Jugendtheaters einrichten zu lassen.

Regionale und internationale musikalische Höhepunkte präsentiert das 3. Zelt-Musik-Festival vom **1. bis 17. Juni** erstmals beim Mundenhof.

Freie Fahrt für die Stadtbahn bis nach Landwasser heißt es ab dem **14. Juni.**

Am **6. Juli** wird die Fußgängerzone „Obere Bertoldstraße“ freigegeben. Doch nach wie vor beherrschen Straßenbahnen, Anlieger- und Lieferantenfahrzeuge sowie Taxis den Straßenraum.

*Am **10. Juli** feiert Elsa Groschupf als älteste Bürgerin der Bundesrepublik im Pflegeheim Kartaus ihren 108. Geburtstag. Sie stirbt im November.*

Am gleichen Tag sucht ein Großaufgebot der Polizei zum wiederholten Mal vergeblich nach dem illegal aus Freiburg sendenden „Radio Dreyeckland“. Derweil berichtet der Sender direkt über die Polizeiaktion ...

Am **26. Juli** zeigt das Thermometer um 16 Uhr in Freiburg 36,6 Grad Celsius an.

Die Badische Zeitung veranstaltet Mitte **August** auf dem werdenden Gartenschaugelände am Flückigersee ein Seenachtsfest und Tausende lassen sich dazu einladen.

Die Einweihung des Neubaus der Freien Waldorfschule St. Georgen an der Bergiselstraße erfolgt Ende **September.**

Die zwei städtischen Frauenbeauftragten in der neu geschaffenen „Stelle zur Gleichberechtigung der Frau“, Margret Sennekamp und Ursula Knöpfle, beginnen am **1. Oktober** mit ihrer Arbeit.

Im **Oktober** beschließt der Stadtrat einstimmig die Einführung der „Grünen Tonne“ zur Sammlung von wiederverwertbarem Müll im gesamten Stadtgebiet.

Um die gleiche Zeit wird Freiburg Landessieger beim Wettbewerb „Grün in der Stadt '85“.

Am **12. November** befürwortet der Stadtrat mit 33 gegen 14 Stimmen den Bau einer Kultur- und Tagungsstätte.

Ende des Jahres schließt die 25. „Aktion Weihnachtswunsch“ der Badischen Zeitung mit einem Rekordergebnis von mehr als 228 000 DM für Bedürftige ab.

Ende des Jahres schließt auch Robert Ihli seine Harmonie-Lichtspiele in der Grünwälderstraße.

1986 CHRONIK

Am **24. Februar** werden im Stadtgebiet 40 Zentimeter Schneehöhe gemessen, so viel wie noch nie im Februar seit Beginn der Messungen 1884.

*Die Landesgartenschau auf dem Seeparkgelände am Flückigersee eröffnet am **18. April** und dauert bis zum **12. Oktober.** Sie kann annähernd zwei Millionen Besucher und weit über 3 000 Veranstaltungen verbuchen.*

Außer den Vertretern von CDU und FDP sind die Stadträte aus Umweltschutzgründen gegen eine Fortführung des Schauinslandrennens.

Der Neubau der baden-württembergischen Forstlichen Versuchs- und Forschungsanstalt wird im **April** an der Wonnhalde eingeweiht.

*Noch vor der Entscheidung des Regierungspräsidiums gibt der ADAC am **2. Mai** seinen Verzicht auf das diesjährige Bergrennen bekannt. Wegen anonymer Drohungen sieht er die Sicherheit von Beteiligten und Zuschauern nicht mehr gewährleistet.*

Anfang **Mai** erhält die Rhodia vom Regierungspräsidium die Genehmigung zur Umstellung ihrer Heizanlage auf Erdgas. Davon wird eine erhebliche Verbesserung der Luftqualität erwartet.

Der Dietenbachpark in Weingarten wird Anfang **Mai** eröffnet.

Die Einweihung der wieder aufgebauten Deutschordenskommende, Salzstr. 28, als Justizgebäude erfolgt am **23. Mai.**

Die Sonderausstellung über das Geschlecht der Zähringer ist ab **31. Mai** im Augustinermuseum zu sehen.

*Haslach feiert im **Juni** seine erste schriftliche Erwähnung in einer Urkunde des Klosters St. Gallen vor 1 200 Jahren.*

*Da möchte St. Georgen nicht hintanstehen und feiert aus gleichem Anlass im **Juli**.*

Der Neubau des Goethe-Instituts neben dem Weinschlößchen in der Wilhelmstraße eröffnet am **10. Juli.**

Das Seenachtsfest der Badischen Zeitung am **1. August** zieht mehr als 40 000 Besucher auf das Gelände der Landesgartenschau.

Mit Ablauf der zweijährigen Erprobungsphase stellt Stadtradio Freiburg am **26. September** den Sendebetrieb ein.

Das neue Teilstück der Stadtbahn zwischen Fehrenbachallee und Friedrich-Ebert-Platz geht Ende **September** in Betrieb.

Am **16. November** wird mit 21,5 Grad Celsius der wärmste Novembertag dieses Jahrhunderts gemessen.

Zwischen dem **5. und 11. Dezember** werden die Steinfiguren in den sieben Stationen des Kreuzwegs nach St. Ottilien völlig zerschlagen.

Ein neu angelegter Fuß- und Radweg von Gundelfingen nach Zähringen entlang der Bahnlinie steht ab **Dezember** den Benutzern zur Verfügung.

Der Aussichtsturm auf dem „Rebberg" im Landesgartenschau-Gelände Seepark kurz vor der Fertigstellung (Foto: Stadtplanungsamt Freiburg)

Mit eigenen Waffen geschlagen

Die Stadt war nicht bereit, die Specht-Passage „Im Grün" zu kaufen und an die dort angesiedelten alternativen Betriebe zu verpachten. Daraufhin versuchten die Betriebe selbst als „Projekt Spechtpassage", das Anwesen von der Eigentümer-Familie Specht zu erwerben, was jedoch an deren undurchsichtiger Verhandlungstaktik scheiterte. Da trat unversehens eine „MT Immobilien GmbH & Co. KG" aus der Ortenau auf den Plan. Diese Interessentin schien den Eigentümern denn doch genehmer und der Kauf für die Summe von 1,5 Millionen Mark kam flugs zustande. Wie erstaunt war man aber, als sich herausstellte, dass hinter der Firma „MT Immobilien" niemand anders als die Alternativbetriebe selbst standen ...

Tschernobyl ist überall

Befürchtungen und Ängste in Freiburg

Nach der Katastrophe im sowjetischen Kernkraftwerk von Tschernobyl Ende April erreichten wenige Tage später radioaktiv verseuchte Wolken auch Südbaden. Auf dem Schauinsland zeigten Messungen des Bundesamts für Zivilschutz eine Erhöhung der Radioaktivität der Luft gegenüber dem Normalzustand. Die Vorräte an Jod-Tabletten in den Freiburger Apotheken waren im Nu ausverkauft. Nuklearmediziner rieten jedoch von ihrer Einnahme ab. Die Besorgnis der Bevölkerung über eine Schädigung der Gesundheit äußerte sich auch in zahlreichen Anrufen bei verschiedenen Behörden, von der Stadtverwaltung bis zum Wetteramt. Es wurde sogar die Öffnung des Schloßbergbunkers gefordert.

Die Benzinpreise purzeln

Zum ersten Mal seit sieben Jahren fiel Ende Februar der Preis für einen Liter Normalbenzin unter eine Mark. Auch die anderen Kraftstoffsorten waren billiger zu haben. Die Tankstelle beim Ruef-Großmarkt im Industriegebiet Nord übernahm die Vorreiterrolle. Die Konkurrenz zog nach. Die Jet-Tankstelle an der Basler Landstraße bot als erste den Liter bleifreies Benzin für 97,9 Pfennig an. Zusammen mit den Karlsruhern durften sich die Freiburger über die mit Abstand niedrigsten Preise im Ländle freuen.

In einigen Bereichen hat St. Georgen seinen dörflichen Charakter bewahrt, wie hier im ehemaligen Uffhausen, heute Terlaner Str. 9. (Foto: Stadtplanungsamt Freiburg)

Das Gefängnis, auch als Vollzugsanstalt betitelt, wird als Kulturdenkmal in die Denkmalliste der Stadt eingetragen; Aufnahme von 1972. (Foto: Stadtplanungsamt Freiburg)

Volkszählung in Freiburg

Gegner und Befürworter werden aktiv

Vor allem wegen der Gefahr des Datenmissbrauchs lehnten zahlreiche Gruppierungen in Freiburg, darunter die Grünen, der Verein Freiburger Friedenswoche und die Jungdemokraten, die Volkszählung ab und unterstützten einen Boykott. CDU-Stadträte legten sich besonders ins Zeug, um Widerständlern Boden zu entziehen. So verlangte Hermann Aichele in einem Schreiben an den Oberbürgermeister, die Treffen einer Boykottgruppe im städtischen Alten Wiehrebahnhof zu verbieten. Aber auch Privaträume, wie den „Hildaladen" und die „Medienwerkstatt", wo Boykottsammelstellen eingerichtet waren, wollte er „überprüft" sehen. Die Auseinandersetzung wurde sogar innerhalb des Stadtrats ausgefochten – auf wenig sportliche Art: Der CDU-Mann und Kriminalpolizist Eugen Leimgruber erstattete Anzeige gegen den grünen Fraktionsvorsitzenden Peter Heller, weil dieser während einer Stadtratssitzung angeblich zum Boykott aufgerufen habe. Das Verfahren wurde eingestellt. Am 25. Mai, dem Stichtag der Volkszählung, demonstrierten abschließend etwa 3 500 Menschen gegen die Datenerfassung. Etliche nicht ausgefüllte Erhebungsbögen wurden auf dem Stühlinger Kirchplatz öffentlich verbrannt. Rund 9 000 Bürger lieferten ihre Bögen bei den einzelnen Stadtteil-Initiativen ab, eine unbekannte Zahl von Menschen hatte sich des „weichen Boykotts" bedient und Fragebogen vorsätzlich falsch ausgefüllt.

Diese Gebäude Ecke Kaiser-Joseph- und Adelhauserstraße werden Anfang September für einen Neubau der Commerzbank abgerissen. Dass eines der Häuser unter Denkmalschutz steht, stört dabei nicht. Die ehemaligen Bewohner, Anwohner und verschiedene Mietergruppen protestieren gegen die Wohnraumpolitik der Stadt (Foto: Stadtplanungsamt Freiburg)

Milch wieder in Flaschen

Nach 30 Jahren gab's erstmals wieder Milch in Flaschen. Aus Umweltschutzgründen entschloss sich die Breisgau-Milch GmbH ab 12. Januar Pfandflaschen auf den Markt zu bringen. Die Milch sollte überdies schmackhafter sein als aus den Plastikverpackungen, dafür war der Liter aber auch 40 bis 50 Pfennig teurer. Die Breisgau-Milch vollbrachte diese Pionierleistung als erstes Milchwerk in Süddeutschland.

1987 Chronik

Während einer achtstündigen Operation verpflanzt ein Ärzteteam im Zentrum Chirurgie der Universitätsklinik am **13. Februar** zum ersten Mal eine Leber. Der Patient stirbt jedoch acht Tage später.

Mitte **Februar** vernichtet ein Brand das Naturhaus der Öko-Station im Seepark.

Mit einem Festakt im Großen Haus der Städtischen Bühnen feiert die Gewerbeschule am **20. März** ihr 150-jähriges Bestehen. Dabei werden die bisher mit römischen Ziffern bezeichneten vier Ausbildungsstätten nach Freiburger Persönlichkeiten benannt.

Nach Abschluss umfangreicher Umbauarbeiten steht das St. Georgener Bahnhöfle acht Vereinen des Stadtteils zur Verfügung.

Am **2. Mai** steigt das Thermometer auf 25 Grad Celsius, sinkt einen Tag später auf 0,8 Grad und am **4. Mai** fällt Schnee im Stadtgebiet.

Nun hat Mundenhof-Verwalter Hans-Karl Klemp auch die Bärenmutter vom Tiergehege auf dem Gewissen. Im ***Mai*** *wird ruchbar, dass „Julischka" am 7. April erschossen und im „Löwen" in Lenzkirch verspeist wurde.*

Mit historischer Lok- und Wagengarnitur feiern Eisenbahnfreunde am **23. und 24. Mai** die 100-jährige Höllentalbahn.

Im ehemaligen Druckereigebäude von Poppen & Ortmann, zwischen „Freßgäßle" und Grünwälderstraße, eröffnet Anfang **Juni** die „Freiburger Markthalle" mit verschiedenen Spezialitätenständen.

Unerwartet kommt eine höchst gewalttätige „Pfingst-Randale" in Berlin-Kreuzberg-Qualität über das Sanierungsgebiet „Im Grün" zwischen Wilhelm-, Fauler- und Schnewlinstraße.

Am **20. Juni** wird das letzte besetzte Haus am Schloßbergring 9/11 unter starkem Polizeieinsatz und auf spektakuläre Weise geräumt.

Die Eschholzstraße wird im **August** versuchsweise auf zwei Fahrspuren reduziert.

Auf der Schauinsland-Rennstrecke liefern sich am **22. August** Oldtimer ein Rennen.

Der Breisgauverein für Luftfahrt begeht sein 80-jähriges Bestehen am **19. und 20. September** mit attraktiven Vorführungen auf dem Flugplatz.

Am **16. Oktober** eröffnet das „Jazzhaus" im früheren Portweinkeller des ehemaligen Weinschlößchens an der Schnewlinstraße mit der ersten „Stadtratsparty" der Freiburger Geschichte.

Die neue Synagoge in der Engelstraße wird am **5. November** eingeweiht.

An 80 stadtgeschichtlich interessanten Gebäuden werden ab **November** Erläuterungstafeln angebracht.

Ab Mitte **November** ist die Umgehungsstraße St. Georgen für die Allgemeinheit befahrbar.

Anfang **Dezember** findet das 1. Freiburger Literaturgespräch zum Thema „Kindheit und Schreiben" statt.

1988
CHRONIK

Arbeiter und Angestellte in städtischen Diensten können sich nun auch – wie bisher nur die Beamten – aus familiären Gründen für einen längeren Zeitraum beurlauben lassen, ohne ihren Arbeitsplatz zu verlieren.

Die fast vollständige Einstellung des sozialen Wohnungsbaus sowie die verstärkte Zuwanderung von Aussiedlern und Asylanten hat eine neue Wohnungsnot hervorgerufen, steht im Bericht zum Wohnungsbau und zur Wohnversorgung. Etwa 4 000 Haushalte suchen eine bezahlbare Unterkunft.

Im **April** wird das Münster von der Bundesregierung als „Kulturdenkmal von besonderer nationaler Bedeutung" anerkannt.

Oberbürgermeister Böhme gibt das letzte Verbindungsstück der Westrandstraße am **12. April** für den Verkehr frei.

Anfang **Mai** ist der neue Freiburg-Film von Peter Baudendistel fertig gestellt. Der 18-Minuten-Streifen mit dem Titel „Freiburg hat, was alle suchen" kostet rund 75 000 Mark.

*40 Hochzeitspaare nutzen den schnapszahligen **8.8.'88** in der Hoffnung, dadurch später das Heiratsdatum besser erinnern zu können.*

In der **ersten Septemberhälfte** feiert der Stadtteil Tiengen seine Ersterwähnung vor 1 100 Jahren.

„Radio Breisgau" geht als erster Lokalsender des Südwestfunks am **3. September** auf Sendung.

Am 8. **September** ist die Städtepartnerschaft mit Madison im amerikanischen Bundesstaat Wisconsin besiegelt.

Das baden-württembergische Umweltministerium und das Regierungspräsidium entscheiden sich am **13. September** gegen das Schauinslandrennen. Am selben Tag stimmt der Petitionsausschuss des Landtags für eine Petition des Freiburger Verkehrskreises, die ein Verbot des Rennens fordert.

Am **16. Oktober** gehen Freiburg und die japanische Stadt Matsuyama eine Partnerschaft ein.

Ein Freundschaftsabkommen mit der nicaraguanischen Stadt Wiwili wird am **20. Oktober** unterzeichnet.

Die zur Ausstellungshalle umgebaute große Schwimmhalle des Marienbads eröffnet am **3. Dezember** mit der Ausstellung „konkret schweiz heute".

Die Schauinslandbahn fährt nach längerer Umrüstungspause wieder ab **6. Dezember**. Es gibt jetzt eine größere Anzahl kleinerer Kabinen. Bei genügend Andrang lässt sich damit die Fahrgastfrequenz erhöhen, ausgespart bleibt auf jeden Fall der Schaffner.

In der ersten **Dezemberhälfte** fährt probeweise das erste „Frauentaxi", mit dem Frauen auch allein zu vorgerückter Stunde sicher und preisgünstig nach Hause kommen können.

Tausende von Haushalten versuchen bei genossenschaftlich orientierten Wohngemeinschaften eine bezahlbare Wohnung zu erhalten, etwa in Häusern des Bauvereins, wie hier in der Emmendinger Straße (Foto: Stadtplanungsamt Freiburg).

Streitobjekt Kultur- und Tagungsstätte

Am 9. Februar beschloss der Stadtrat mit 32 gegen 14 Stimmen endgültig den Bau der Kultur- und Tagungsstätte (KTS) an der unteren Bertoldstraße. Die „Bürgerinitiative gegen das Kongreßzentrum" begann daraufhin mit der Sammlung von Unterschriften für einen Bürgerentscheid, während die Diskussionen über Sinn oder Unsinn eines solchen Mammutprojekts in der Bevölkerung hohe Wellen schlugen. Am 9. März konnte die Bürgerinitiative 15 338 gültige Unterschriften übergeben. Somit musste zum ersten Mal nach dem Krieg über ein kommunales Projekt ein Bürgerentscheid stattfinden. Dieser wurde am 26. Juni durchgeführt und brachte bei 60 % Wahlbeteiligung 36 302 Ablehnungen und 29 425 Zustimmungen. Dennoch bedeutete das keinen Sieg der Gegner, weil das Quorum von einem Drittel aller wahlberechtigten Bürger um genau 3 265 Stimmen verfehlt wurde. Zwei Tage später bestätigte der Stadtrat noch einmal seinen bereits früher gefassten Baubeschluss für das 90- Millionen-Mark-Projekt mit 33 gegen 16 Stimmen.

P + R

Zur Förderung des öffentlichen Nahverkehrs ließ die Stadt an den Straßenbahnendhaltestellen Landwasser, Bissierstraße und Anfang Juli 1988 an der Paduaallee Autoparkplätze anlegen. Dort sollten Auswärtige ihre Fahrzeuge stehen lassen und auf die Straßenbahn umsteigen, um so stressfrei ins Zentrum zu gelangen. Ein verbilligter Sondertarif wurde am „langen Samstag" Anfang November als zusätzlicher Anreiz angeboten. Der Mode entsprechend belegte man die Aktion mit der an sich widersprüchlichen Bezeichnung „Park and Ride" (P + R), also etwa „abstellen und fahren". An den Einkaufs-Samstagen vor Weihnachten musste sich spätestens zeigen, ob sich der immense Werbeaufwand für diese Sache gelohnt hatte.

An der Stelle des französischen Unteroffizierscasinos „Hotel Turenne" an der unteren Bertoldstraße soll die Kultur- und Tagungsstätte entstehen; Aufnahme von 1986. (Foto: Stadtplanungsamt Freiburg)

Der mittelalterliche Stadtmauerrest vor dem Brauereigebäude Feierling am Augustinerplatz bleibt am angestammten Platz (Foto: Stadtplanungsamt Freiburg).

Freiburger Studentenprofil

Nach einer Umfrage des Studentenwerks in den drei Mensen musste fast jeder dritte Student mit weniger als 600 Mark im Monat auskommen, 45 Prozent hatten zwischen 600 und 800 Mark zur Verfügung. Fast drei Viertel lebten überwiegend, gut ein Drittel voll von der Unterstützung durch die Eltern. Knapp 7 % bestritten ausschließlich durch Eigenarbeit und fast 9 % nur mittels BAföG ihr Studium. Die meisten der Befragten lebten in Wohngemeinschaften (35 %), 24 % zur Untermiete und nicht ganz 17 % in Studentenwohnheimen, was auch die preisgünstigste Wohnform darstellte. Über drei Viertel der Studierenden wohnten nicht weiter als fünf Kilometer von der Universität entfernt und erreichten diese überwiegend mit dem Fahrrad und spätestens innerhalb einer Viertelstunde.

Neue Gesamtverkehrskonzeption

Das vom Stadtrat im April fast einstimmig verabschiedete Gesamtverkehrskonzept sah einen Vorrang für den öffentlichen Nahverkehr vor. Den als Hauptproblem betrachteten „ruhenden Verkehr" wollte man mit einer flächendeckenden Bewirtschaftung des Parkraums in den Griff bekommen. In allen Wohngebieten war zur Verkehrsberuhigung eine Geschwindigkeitsbegrenzung auf 30 km/h vorgesehen.

Das Mälzereigebäude kündet als einzig verbliebenes Zeugnis von der ehemaligen Löwenbrauerei; nach einer „symbolischen Besetzung" beginnt am 11. Dezember der Abriss aller übrigen Gebäude. (Foto: Günther Klugermann)

Wer keinen Schlips trägt, fliegt raus
Die private Lippold-Schule im Zwielicht

„Mit Ablauf des Unterrichtsjahres 1988/89 wird die staatlich anerkannte Lippold-Schule, gemeinnützige Schulgesellschaft mbH Freiburg, ihren Schulbetrieb stillegen." Mit diesem lapidaren Schreiben an Lehrer und Schüler der privaten Wirtschaftsschule im ehemaligen Gasthaus „Römerhof" in der Hansjakobstraße beendeten die Leiter der Einrichtung einen monatelangen Streit. Das seit über 60 Jahren bestehende Lehrinstitut, geführt von Vater und Sohn Rolf und Thomas Lippold, hatte bereits seit einiger Zeit einen zweifelhaften Ruf. So beklagten Schüler und Eltern autoritären Führungsstil, faschistoides Gedankengut und Minimalunterricht. Drei Pädagogen, die gewagt hatten, mit offenem Hemdkragen und ohne Krawatte zu unterrichten, erhielten nach Rügen und Abmahnungen die fristlose Kündigung. In einer Mitbestimmung von Lehrkräften hinsichtlich der pädagogischen Ziele der Schule erkannte die Schulleitung den Versuch, ein Lebenswerk zu zerstören. Nachdem die Lippolds einige Zwistigkeiten auch juristisch nicht zu ihren Gunsten entscheiden konnten, zogen sie nach Gutsherrenart die Konsequenz, den Betrieb einfach einzustellen.

1989 Chronik

Das ehemalige Gebäude des Kinderkrankenhauses St. Hedwig in der Stadtstr. 3 soll eine Förderschule mit Internat für spätausgesiedelte Kinder und Jugendliche beherbergen.

Die Landesregierung stimmt im **Februar** einer „Fakultät für Angewandte Wissenschaften" zu. Diese 15. Fakultät der Universität soll die Abteilungen Computer-Wissenschaft oder Angewandte Informatik, Mikrosystemtechnik und Materialwissenschaft erhalten.

Die Sanierung und Renovierung der Stadthalle für 7,1 Millionen Mark ist am **1. März** abgeschlossen.

Nachdem das letzte Teilstück an der Leo-Wohleb-Brücke fertig gestellt ist, können Radfahrer ab **23. März** durchgängig die 17 Kilometer von Umkirch bis Kirchzarten an der Dreisam entlang fahren.

Ende **März** leben über 900 Asylbewerber in der Stadt.

*Der Friedrichsbau ist für 13,3 Millionen Mark zu einem modernen Tagungs- und Festhaus hinter alter Fassade geworden. **Anfang April** gibt's ein Fest zur Eröffnung.*

Das Bürgerhaus am Seepark wird Mitte **April** eingeweiht. Zu Landesgartenschau-Zeiten war es noch Ausstellungshalle für Blumensonderschauen gewesen.

Aus der Müllkippe Eichelbuck lässt sich Deponiegas gewinnen, mit dem die Energieversorgung von Landwasser 15 bis 20 Jahre lang zu 85 % abzudecken ist.

Als Publikumsmagnet erweist sich ab **2. Oktober** die Gemäldeausstellung „Hans Thoma: Lebensbilder 1839-1924" im Augustinermuseum.

Bei der Kommunalwahl am **22. Oktober** erzielt die CDU das mit Abstand schlechteste Ergebnis ihrer Geschichte und verliert fünf Sitze. Auf Anhieb kommen drei Republikaner ins Gemeindeparlament. Im neuen Stadtrat sind 20 Frauen vertreten.

Freiburger Institutionen und Unternehmen ermöglichen 150 DDR-Bürgern, die am **22. November** zum „Entspannungsflug" in die Stadt kommen, ein kostenloses Besuchsprogramm.

Am **4. Dezember** wird ein Haus in der Kappler Straße durch eine Gasexplosion fast völlig zerstört. Es gibt fünf Verletzte. Wenige Stunden später richtet wieder eine Gasexplosion schwere Schäden am Haus Lindacker 44 an. Dessen Bewohner bleiben unversehrt.

Das Kinder- und Jugendtheater eröffnet seine neue Spielstätte im ehemaligen Marienbad am **8. Dezember** mit dem Stück „Der Teufel mit den drei goldenen Haaren".

Der bisherige SPD-Fraktionsvorsitzende Thomas Landsberg wird in Nachfolge von Dr. Hans Evers am **19. Dezember** zum neuen Bürgermeister für Kultur, Sport und Schulen gewählt.

Am gleichen Tag entscheidet sich der Stadtrat für das neue Dezernat VI für Umwelt. Es umfasst die Fuhrparkbetriebe, das Forstamt, das Gartenamt und das Umweltschutzamt.

1990
Chronik

Die Stadt eröffnet am **10. Januar** ein Bürgerberatungsbüro im Foyer des Alten Rathauses.

Mit der Fertigstellung der Kreuzung Basler Straße/Lörracher-/Eschholzstraße ist die wichtigste Ausfallstraße nach Süden durchgehend vierspurig.

Das renovierte Haus „Zur lieben Hand“ in der Löwenstraße wird Anfang **Februar** als Begegnungsstätte, für Empfänge und festliche Veranstaltungen der Universität wieder eröffnet.

Freiburg erhält im **Februar** den erstmals vergebenen Umweltpreis des Landes Baden-Württemberg für besondere Anstrengungen im praktischen Natur- und Umweltschutz.

Die Unterzeichnung des Partnerschaftsabkommens zwischen Freiburg und L'viv (ehemals Lemberg) erfolgt Anfang **April** in der Hauptstadt der Westukraine.

Anfang **Mai** wird der Japanische Garten im Seepark im Beisein des Vizebürgermeisters Yamaguchi aus der Partnerstadt Matsuyama offiziell übergeben.

Der Stadtrat wählt am **8. Mai** den bisherigen Stadtkämmerer Engelbert Bernauer zum Finanzbürgermeister und den bisherigen Grünen-Stadtrat Peter Heller zum Umweltbürgermeister.

Oberbürgermeister Böhme weiht die 400 000 Mark teure, zehn Meter hohe und 85 Meter lange Wasserrutschbahn im Strandbad am ***12. Mai*** *als erster Rutscher ein.*

Die Stadt löst am **1. Juni** zum ersten Mal Ozonalarm aus, weil der Grenzwert von 180 Mikrogramm am Nachmittag überschritten wird.

Der Reinhold-Schneider-Preis, seit 1960 Kulturpreis der Stadt, geht im **Juni** für Leistungen auf musikalischem Gebiet an das Experimentalstudio Freiburg der Heinrich-Strobel-Stiftung und den politischen Liedermacher Walter Moßmann.

Die neuen Niederflurwagen der Straßenbahn kommen Mitte **August** zum Einsatz. Sie ermöglichen bequemeres Ein- und Aussteigen, vor allem mit Kinderwagen und für Rollstuhlfahrer.

Die Hälfte der Wahlberechtigten (50 %) bestätigt am **23. September** mit absoluter Mehrheit (53,3 %) Oberbürgermeister Rolf Böhme für weitere acht Jahre in seinem Amt.

Etwa 650 Freiburger feiern die deutsche Wiedervereinigung am **3. Oktober** mit einem Festakt ohne Pathos im Historischen Kaufhaus.

Am **12. November** geben die französischen Truppen Abzugspläne bekannt. Im kommenden Jahr sollen 25 % der 3 500 Soldaten die Stadt verlassen.

Das neue Bürgerhaus in Tiengen eröffnet Mitte **November.**

Nach der Bundestagswahl am **2. Dezember** ziehen Conrad Schroeder für die CDU und Gernot Erler für die SPD in den ersten gesamtdeutschen Bundestag ein.

Die veranschlagten Kosten zur Erbauung der Kultur- und Tagungsstätte (KTS) sind mittlerweile bei 133,8 Millionen Mark angekommen.

Der Lederle-Platz im Stühlinger, Ecke Guntram- und Egonstraße, ist fertig gestellt. (Foto: Stadtplanungsamt Freiburg)

Spenden für Lemberg

Freiburg startet Hilfsaktion für die hungernde Partnerstadt

Oberbürgermeister Böhme richtete Ende November einen eindringlichen Appell an die Freiburger, in dem er um Sach- und Geldspenden zur Unterstützung der von mehreren Organisationen getragenen Hilfsaktionen für die von Hungersnot bedrohte Bevölkerung der Sowjetunion bat. Die Freiburger Aktivitäten konzentrierten sich dabei auf die 800 000-Einwohner-Partnerstadt in der Ukraine. An mehreren Stellen der Stadt wurden Sammelstellen für Lebensmittelspenden eingerichtet, so beispielsweise bei der Geschäftsstelle des Deutschen Roten Kreuzes in der Henri-Dunant-Straße und in der Ausstellungshalle II auf dem Meßplatz. Der erste Konvoi, mit 60 Tonnen Hilfsgütern auf neun Fahrzeuge verteilt, verließ am Abend des 13. Dezember die Stadt. 25 freiwillige Helfer begleiteten die Fracht auf der rund 1 800 Kilometer langen Reise. An Geldspenden gingen allein aus Freiburg etwa 550 000 DM auf das Sonderkonto ein.

Kinderbüro

Auf Beschluss des Jugendwohlfahrtsausschusses vom Mai richtete die Stadt im November eine Kinderkommission als dessen Unterausschuss ein. Die Geschäfts- und zugleich Kontakt- sowie Koordinierungsstelle der Kinderkommission etablierte sich unter der Bezeichnung „Kinderbüro“ im Friedrichring 33.

Während des Umbaus auf dem Harmonie-Areal tritt historische Bausubstanz zu Tage, die interessante Rückschlüsse auf die frühe Stadtgeschichte ermöglicht. (Foto: Stadtplanungsamt Freiburg)

So geht es an einem „langen Samstag“ vor Weihnachten in der Kaiser-Joseph-Straße zu. (Foto: Stadtplanungsamt Freiburg)

Vom Flüsschen zum gewaltigen Strom

Das Jahrhunderthochwasser der Dreisam

Kurz vor Weihnachten führten starke Regenfälle und die Schneeschmelze im Schwarzwald zum Jahrhunderthochwasser in der Dreisam. Der Pegelstand erreichte 2,20 Meter über Normal und das Wasser eine Fließgeschwindigkeit von 8 bis 9 Metern sowie eine Abflussmenge von 140 Kubikmetern – jeweils pro Sekunde. Das letzte vergleichbare Hochwasser hatte 1896 die Schwabentorbrücke weggerissen. Dieses Mal verwandelten sich die Kartauswiesen in einen großen See. Das Universitätsstadion war ebenfalls gänzlich überflutet. Die tief liegenden Teile des Autobahnzubringers Mitte mussten vorsorglich gesperrt werden. Die Kosten für die Beseitigung der Schäden im Stadtgebiet wurden auf mehrere Millionen Mark geschätzt.

Die Restaurierung des Wentzingerhauses in der südöstlichen Ecke des Münsterplatzes und der Umbau zum Stadtmuseum nehmen noch einige Zeit in Anspruch. (Foto: Stadtplanungsamt Freiburg)

Die französischen Truppen verlassen Freiburg

Am 27. Juni verabschiedete sich die in Freiburg seit 1957 stationierte dritte französische Panzerdivision mit einer Parade auf dem Flugplatzgelände. Sie wurde am 31. August endgültig aufgelöst. Damit begann der Abzug der französischen Truppen aus Freiburg. Das Ende der Epoche, die 1945 mit dem Einzug der französischen Besatzungsmacht begonnen hatte, war eingeleitet. Am Vorabend hatte die Stadt einen Empfang für die Offiziere der Division und deren Angehörige im Historischen Kaufhaus gegeben.

1991

Chronik

Zahlreiche Aktionen, Demonstrationen und Streiks gegen den Golfkrieg halten tagelang die Stadt in Atem. Am wohl größten Protestzug, der sich bis dahin durch Freiburgs Straßen bewegte, beteiligen sich am **19. Januar** etwa 20 000 Menschen. Offiziell werden auch alle Fasnetsveranstaltungen abgesagt.

Mitte **Februar** rollt der zweite Hilfskonvoi vor allem mit medizinischem Sachbedarf in die ukrainische Partnerstadt. 35 freiwillige Helfer begleiten den Transport.

Mit 28 zu 18 Stimmen fasst der Stadtrat am **19. Februar** endgültig den Beschluss zum Bau der Kultur- und Tagungsstätte am vorgesehenen Platz.

Anfang **März** geht in Landwasser das neue Blockheizkraftwerk in Betrieb. Es wird mit Deponiegas vom Müllberg Eichelbuck gespeist.

Ein Partnerschaftsvertrag verbindet im **April** die im spanischen Andalusien gelegene Stadt Granada mit Freiburg.

Anfang **Mai** ist der offizielle Beginn der Bauarbeiten für die neue Stadtbahnlinie von der Bissierstraße zum Gewerbegebiet Haid.

Lehen erhält im **Mai** einen neu gestalteten Bundschuhplatz, den eine Plastik mit den drei Elementen Bundschuh, Pflugschar und Hahn von Hans Peter Wernet ziert.

Die Mehrheit des Stadtrats fällt am ***25. Juni*** *das Todesurteil über das alte Kepler-Gymnasium an der Habsburgerstraße. Nur der Turm darf überleben.*

Der Schlachthof wird der Stadt zu teuer, deshalb veräußert sie ihn im **Juli** an einen privaten Großschlächter.

Nach der Mitte **Juli** erfolgten Übergabe des von den Franzosen geräumten „Quartier St. Christophe“ am Flugplatz, sollen dort bis zu 1 200 Asylbewerber untergebracht werden.

Neue Überwachungsanlagen halten ab dem Sommer jeden fotografisch fest, der an bestimmten Stellen zu schnell oder über eine rote Ampel fährt. Die Freiburger arrangieren sich schnell mit den neuen „Fallen“. Die Dummen sind halt wieder die Ortsunkundigen.

Von den frei werdenden Militärflächen erhält die Stadt unter anderem den größten Teil des Areals der Vauban-Kaserne, das „Grand Hotel“ am Fahnenbergplatz, das „Lycée Turenne“ am Meßplatz und das „Hotel Turenne“. Weitere Nutznießer sind der Bund und das Land.

Ende **September** erfolgt die Einweihung der auf den Fundamenten des 1987 abgebrannten Vorgängerbaus errichteten neuen Öko-Station.

Das bundesweit erste, von der städtischen Stelle zur Gleichberechtigung der Frau initiierte Modellprojekt einer Anlaufstelle für vergewaltigte Frauen nimmt Anfang **November** seine Arbeit in der Universitäts-Frauenklinik auf.

Vom 19. Weihnachtsmarkt ist erstmals Einweggeschirr verbannt worden. In der Turmstraße steht ein Spülmobil zur Reinigung des gebrauchten Geschirrs.

1992 CHRONIK

Bei der Erforschung des Baugrundstücks am Rotteckring werden die Fundamente des Predigertors aus dem 13. Jahrhundert und mittelalterliches Straßenpflaster entdeckt.

Die Landesanstalt für Umweltschutz gibt im **Februar** als Zwischenergebnis einer Erhebung bekannt, dass im Stadtgebiet mit rund 750 „altlastverdächtigen“ Standorten zu rechnen ist.

Der Bahnhofsbereich ist Großbaustelle. Zeitgleich entstehen Tiefgaragen, der Busbahnhof, die Kultur- und Tagungsstätte und das KTS-Hotel. Die Bismarckallee bleibt für längere Zeit gesperrt.

Anfang **Mai** verhandelt der Stadtrat wieder einmal über die B 31 Ost. Bei der Abstimmung sind 25 dafür und 22 dagegen.

Bereits in der **ersten Maihälfte** muss die Stadtverwaltung Ozonwarnung ausgegeben.

In Zähringen, an der Lameystraße, eröffnen Mitte **Mai** ein neues Bürgerhaus und die daneben liegende Sporthalle Nord.

Die Industrie- und Handelskammer Südlicher Oberrhein bezieht im **Mai** ihren Neubau Ecke Schnewlin- und Faulerstraße.

Das neue Betriebsgebäude der VAG an der Besançonallee wird Anfang **Juni** eingeweiht.

*Parallel zum Umweltgipfel in Rio de Janeiro tagen vom **6. bis 12. Juni** auf dem Seepark-Gelände 600 Jugendliche aus 27 Ländern beim Jugendkongress „Unsaid“, um über Dinge zu sprechen, die beim großen Gipfel kein Thema sind.*

Das bis zum Beginn der Sommerferien von französischen Schülern als Internat und Gymnasium genutzte „Lycée Turenne“ in der Schützenallee, muss für rund 33 Millionen DM saniert werden.

Am **25. August** übernimmt die Stadt Teile der 1937 erbauten Vauban-Kaserne an der Merzhauserstraße. Die „Selbstorganisierte unabhängige Siedlungsinitiative“ (SUSI) soll vier Mannschaftsgebäude zum Ausbau in eigener Regie erhalten.

Bei der Feier seines 25-jährigen Bestehens Anfang **September** wird Weingarten zum eigenständigen Stadtteil ernannt. Zuvor hieß er offiziell noch Haslach-Weingarten.

Ende **September** übernimmt die städtische Siedlungsgesellschaft vom Bund 557 ehemalige französische Dienstwohnungen.

Am **9. November** beteiligen sich rund 25 000 Menschen an einem Schweigemarsch gegen Rassismus und Ausländerfeindlichkeit, der durch die Innenstadt führt. An der Spitze des Zuges gehen die Bürgermeister, ihnen folgen zahlreiche Repräsentanten verschiedenster Institutionen.

Das instand gesetzte Wentzingerhaus wird am **19. November** eingeweiht.

Die beste Jahresbilanz ihrer Geschichte kann die VAG vorlegen. Vor allem der Regio-Umweltkarte ist der fast 20%ige Zuwachs an Fahrgästen zu verdanken. Allein in den ersten neun Monaten werden 40,7 Millionen Fahrgäste gezählt.

Das Südwestfunk-Landesstudio Freiburg bezieht Ende Juni seinen Neubau an der Kartäuserstraße; Er entstand aus einem ehemaligen Fabrikgebäude der Mez AG. (Foto: Stadtplanungsamt Freiburg)

Streik im öffentlichen Dienst

Zwischen dem 27. April und dem 8. Mai folgten zahlreiche städtische Ämter sowie Landeseinrichtungen wie die Universitätsklinik dem Streikaufruf der ÖTV. Am ersten Tag des Ausstands verließen kein Bus und keine Straßenbahn das Depot. Die Zufahrtsstraßen und die Ringstraßen der Innenstadt waren infolgedessen zu Hauptverkehrszeiten tagelang von Autos verstopft. Da auch der Gemeindevollzugsdienst streikte, entschärfte sich wenigstens das Parkplatzproblem etwas. Nach drei Tagen setzte der öffentliche Nahverkehr wieder ein. Die Männer der Müllabfuhr ließen ab 4. Mai die Mülltonnen stehen und die Straßenkehrer den Dreck liegen. Insgesamt beteiligten sich 2 500 Beschäftigte am längsten und umfassendsten Streik in der Freiburger ÖTV-Geschichte.

Deutschlands erstes Solarhaus

Ende Oktober wurde das erste „energieautarke Solarhaus“ Deutschlands im Christaweg 40 eingeweiht. Solarzellen auf dem Dach erzeugten Strom aus Sonnenlicht. Darunter liegende großflächige Sonnenkollektoren versorgten das Haus mit Warmwasser. Dafür, dass auch im Winter Strom und Wärme gewonnen werden konnten, garantierte ein vom Fraunhofer-Institut entwickeltes Energiespeichersystem, das mit moderner Wasserstofftechnik arbeitete. Somit war eine ganzjährige 100%ige Versorgung über Sonnenenergie möglich. 4,5 der 5,8 Millionen DM Baukosten kamen vom Bundesministerium für Forschung und Technologie, den Rest teilten sich das Land Baden-Württemberg, die Stadt Freiburg, die Fraunhofer-Gesellschaft und mehrere private Unternehmen.

Das vormalige französische Unteroffizierscasino „Hotel Turenne“ in der Bertoldstraße wird im Februar für den Bau der Kultur- und Tagungsstätte abgebrochen. (Foto: Stadtplanungsamt Freiburg)

Im „Karlsklotz“ (links im Bild) könnte sich der Stadtrat eine Spielbank vorstellen. (Foto: Stadtplanungsamt Freiburg)

Das Geld wird knapp

Der Preis der Einheit

Die deutsche Einheit bedeutete für den Westen einen erheblichen Aderlass. Riesige Summen Geldes, die hier von heute auf morgen abgezogen wurden, flossen nach Osten. Wen interessierte schon angesichts des großen historischen Ereignisses, dass in unserer Region aus diesem Grund beispielsweise Forschungsinstitute kaputt gingen und Existenzen vernichtet wurden? Auch die Stadt Freiburg kam schließlich ins Schlingern. Mehrausgaben für Sozialhilfe und eben die Belastungen der Einheit führten Anfang April zu einer Anweisung des Oberbürgermeisters, dass keine finanziellen Verpflichtungen mehr eingegangen werden dürften. Ende Mai beschloss der Stadtrat aufgrund eines Haushaltslochs von rund 58 Millionen DM einen „lokalen Solidarpakt“: unter anderem 5%ige Kürzung aller Subventionen im Kultur- und Sozialbereich sowie eine 6-monatige Sperre bei der Wiederbesetzung frei gewordener Stellen auf der Ausgabenseite; auf der Einnahmenseite vor allem die Erhöhung der Grundsteuer. Doch im September fehlten weitere 41 Millionen DM. Die Konsequenz daraus sah beispielsweise Privatisierungen, Schließung kommunaler Einrichtungen und Personaleinsparungen vor. Ende Oktober beschloss der Stadtrat die Schließung des Thermalbads Zähringen auf Mitte 1994. Die Hallenbäder Hochdorf und Lehen sollten fortan von Mai bis September geschlossen bleiben. Die Eintrittspreise der städtischen Bäder wurden mit sofortiger Wirkung angehoben. Und so weiter ...

Das im Herbst 1975 eröffnete Kaufhaus Schneider in der Kaiser-Joseph-Straße wird zum 1. Januar von der Firma Breuninger übernommen; Aufnahme von 1990. (Foto: Stadtplanungsamt Freiburg)

Platycleis tesselata oder Braunfleckige Beißschrecke

Ein Gutachten meldete die Entdeckung von Exemplaren der verschollen geglaubten „braunfleckigen Beißschrecke“ in der Südostecke des Flugplatzareals – ausgerechnet dort, wo der neue Meßplatz seinen Standort erhalten und in diesem Jahr wieder der Flohmarkt stattfinden sollte. Es handelte sich hierbei um eine seltene Heuschreckenart, die in ganz Süddeutschland nur in diesem Biotop anzutreffen war. Obwohl bereits vom Juli auf den 24. und 25. September verschoben, war lange Zeit fraglich, ob die Beißschrecke nicht doch die Veranstaltung verhindern würde. Erst am 13. September stellte die Stadtverwaltung klar, dass die seltene Heuschreckenart kein Hinderungsgrund für die Abhaltung des Flohmarkts sei.

1993 Chronik

In Munzingen baut die Siedlungsgesellschaft ab **März** die Siedlung „Solargarten“ mit 41 Reihenhäusern, einem Doppelhaus und einem großen Wohnhaus. Eine Energieeinsparung von drei Vierteln gegenüber herkömmlicher Bauweise wird erwartet.

Bürgermeister von Ungern-Sternberg nimmt im **März** vom 14. Architekten-Kongress in Charleston/USA die Auszeichnung für Freiburg als „besonders lebenswerte Stadt“ entgegen.

Wegen der Wirkungen auf Gastronomie und Einzelhandel sowie städtischer Beteiligung am Gewinn liebäugelt die Mehrheit des Stadtrats mit einer Spielbank, die man sich im „Karlsklotz“ vorstellen könnte.

Der Sport-Club (SC) Freiburg schafft Mitte **Mai** den Aufstieg in die 1. Bundesliga.

*Das umgebaute, ehemalige französische Hospital in der Engelbergerstr. 41 steht im **Juni** als Studentenwohnheim zur Verfügung.*

Otto Neideck aus Goslar wird Mitte **Juni** als Nachfolger von Engelbert Bernauer zum Finanzbürgermeister gewählt.

Nach einer Studie der Münchner „Socialdata“ steigen seit Einführung der Regio-Umweltkarte die Menschen im Großraum Freiburg in zunehmendem Maß vom Auto auf die öffentlichen Verkehrsmittel um.

In einem fünfgeschossigen Neubau an der Breisacher Straße eröffnet am **23. Juni** die Klinik für Tumorbiologie.

Wirtschaftliche Probleme führen zur Schließung der traditionsreichen Hegar-Klinik in der Wilhelmstraße am **30. Juni.**

Ab **1. Juli** gelten die neuen Postleitzahlen. Ein Dutzend neue Nummern verteilen sich auf das Stadtgebiet. Eine Straße kann zu unterschiedlichen Postleitzahl-Bereichen gehören. Für die Kartäuserstraße gelten beispielsweise drei verschiedene Nummern.

Ab 1994 soll der Sperrmüll nicht mehr regelmäßig nach Bezirken abgeholt werden, sondern nur noch auf Abruf. So entscheidet der Stadtrat am **12. Oktober.**

Mit dem Baubeginn für das neue Bahnbetriebsgebäude an der Wentzingerstraße am **3. November** beginnt die Umgestaltung des gesamten Hauptbahnhofs.

Die ersten 272 Tiefgaragenplätze von über 1 000 im Bahnhofsbereich geplanten sind ab **11. November** unter dem Zentralen Omnibusbahnhof benutzbar.

Ende November beschließt der Stadtrat die Verwirklichung eines Verkehrs- und Parkleitsystems. Aber zunächst gibt's eine Erhöhung der Parkgebühren in der Innenstadt.

Die VAG lässt sich nicht lumpen: 26 Gelenktriebwagen mit acht Achsen, Meterspur, Niedrigflurausstattung und für den Zweirichtungsverkehr vorgesehen („GT 8 MNZ“) – eine Investition in Höhe von 100 Millionen DM – werden 1994 den Typ GT 4 ersetzen.

1994 CHRONIK

Der Leiter des städtischen Forstamts, Hans Burgbacher, teilt Anfang **Februar** mit, dass 89 % des Freiburger Bergwalds als durch Schadstoffe in der Luft geschädigt eingestuft sind.

Das Ende des beliebten Lokals „Casa Española" in der Münzgasse ist besiegelt. Das Erzbistum will als Eigentümerin des Hauses einen Neubau mit Büros errichten.

Mitte **März** beginnt offiziell der Bau der B 31-Ost.

Pepe Danquart, einer der Begründer der Freiburger „Medienwerkstatt" erhält am **21. März** in Los Angeles den „Oscar" für seinen zwölfminütigen Kurzfilm „Schwarzfahrer".

Dem Einzug des „Arbeitskreises Alternative Kultur" (AAK) in die Halle des E-Werks im Stühlinger stimmt der Stadtrat im **März** zu.

Die neue Stadtbahnlinie von der Bissierstraße über Weingarten zur Munzinger Straße (Gewerbegebiet Haid) wird am **26. März** eröffnet.

Die Stadt Freiburg übergibt der japanischen Partnerstadt Matsuyama Anfang ***April*** *den „Freiburger Garten" als Gegengeschenk für den japanischen Garten im Seepark.*

Mitte **April** ziehen die ersten Gäste ins neue „Dorint Kongress-Hotel Freiburg" neben dem Konzerthaus. Mit 219 Zimmern ist es das größte Hotel in Freiburg.

Ein Dauerregen verursacht im **Mai** Überschwemmungen in der Stadt. Besonders betroffen ist der Bereich Matthias-Grünewald-, Silberbach- und Schwimmbadstraße.

Bei der Europawahl am **12. Juni** erreichen die Grünen in Freiburg 29 % der abgegebenen Stimmen, bei der Kommunalwahl am gleichen Tag erhalten sie 23,1 % und sind damit nach der CDU jeweils die zweitgrößte Gruppierung.

Am **1. Juli** kommt eine 150-köpfige Delegation der amerikanischen Partnerstadt Madison zu Besuch und bietet ein buntes Konzert- und Kulturprogramm.

Das von der „KTS-Initiative" als autonomes Kulturzentrum genutzte „Haus elf" auf dem Vauban-Gelände lässt die Stadt am **7. Juli** räumen und unmittelbar danach niederreißen.

Der SC Freiburg gewinnt am **23. August** im Dreisamstadion mit vier Toren Differenz gegen den deutschen Fußballmeister Bayern München.

Die „International Solar Energy Society" (ISES), Weltdachverband für Solarenergie, verlegt im **September** ihren Sitz von Melbourne in Australien nach Freiburg.

Auf der obersten Plattform des Münsterturms gerät am **21. Oktober** eine Bauhütte in Brand. Der geschätzte Schaden beläuft sich auf rund 250 000 DM.

Das Neurozentrum am Universitätsklinikum arbeitet zwar bereits seit dem Sommer, wird aber erst am **24. November** eingeweiht.

50 Jahre sind seit der Zerstörung Freiburgs vergangen. Zum Gedenken gibt es einige Veranstaltungen und einen ökumenischen Gottesdienst im Münster mit mehr als 3 000 Teilnehmern.

Im Rohbau des Großen Saals findet am 28. April das Richtfest für die seit Januar „Konzerthaus Freiburg" genannte Kultur- und Tagungsstätte statt. (Foto: Stadtplanungsamt Freiburg)

Messeplatz und/oder Flugplatz?

Stadtverwaltung und Regierungspräsidium waren sich uneins gewesen. Der vorgesehene Standort für ein Messe- und Ausstellungsgelände am Südostende des Flugplatzes kollidierte nach Ansicht des Regierungspräsidiums mit der gebotenen Flugsicherheit für die Nutzer des Freiburger Verkehrslandeplatzes. Daraufhin stellte die Stadtverwaltung dessen Fortbestand in Frage. Nach intensiven Verhandlungen gelang es schließlich eine Lösung zu finden, die vorsah, die Landebahn um 200 auf 1 040 Meter zu verkürzen. Dadurch würden ankommende Flugzeuge in größerer Höhe das Messegelände überfliegen. Die Bedenken des Regierungspräsidiums gegen ein Nebeneinander von Fliegerei und Messebetrieb waren somit behoben und die Stadtverwaltung rückte Anfang Dezember von ihrer Schließungsabsicht ab.

Kooperationsvertrag zur Regelung kommunaler Zusammenarbeit

Mitte Februar unterzeichneten die Stadt Freiburg, die Landkreise Breisgau-Hochschwarzwald und Emmendingen sowie 38 Gemeinden einen Vertrag, der den Beginn einer neuen Ära umfassender, regelmäßiger und institutionalisierter Zusammenarbeit markierte. Unter Respektierung der Prinzipien kommunaler Selbstverwaltung wollten die beteiligten Gebietskörperschaften von nun an freiwillig und kooperativ die Abstimmung ihrer Bauleitplanung, die Koordination der Infrastrukturstandorte, die gemeinsame Planung des Verkehrs sowie die stärkere Zusammenarbeit in Sachen Umweltschutz und Fremdenverkehr vornehmen.

Straßenkünstler aller Arten bereichern immer wieder die Innenstadt und finden ein interessiertes Publikum; hier Ecke Schuster-/Kaiser-Joseph-Straße. (Foto: Stadtplanungsamt Freiburg)

Die Skulptur auf dem Bertoldsbrunnen im Jubiläumsjahr (Foto: Stadtplanungsamt Freiburg)

Wagenburgen

Ein Begriff, der bislang eher mit Wild-West-Filmen und der Abwehr von Indianer-Angriffen in Verbindung gebracht wurde, bezeichnete nunmehr ein aktuelles Phänomen der Wohnkultur. Ursprünglich wohl aus der Not Zimmer suchender Studenten geboren, die diese bis dahin Landfahrern und Schaustellern vorbehaltene Wohnform mangels herkömmlicher Alternativen wählten, hatte sich im Lauf der Zeit eine eigene (Sub-)Kultur entwickelt. Vornehmlich alte Wohn- und Bauwagen dienten nicht zuletzt auch der Verwirklichung des Traums von den eigenen vier Wänden. Eine Gruppe dieser mobilen Behausungen hatte sich auf dem Vauban-Gelände eingerichtet. Der Stadtrat sprach sich Anfang Mai in einer knappen Abstimmung dagegen aus, nach Ablauf der Duldungsfrist Ende Mai andere Standorte auf öffentlichem Gelände zur Verfügung zu stellen. Dem Pachten von Stellplätzen auf privatem Gelände wollte die Stadtverwaltung jedoch „keine Knüppel in den Weg legen".

Jugendliche melden sich zu Wort

Das erste Jugend-Hearing

Anfang Juli fand das erste Jugend-Hearing im Haus der Jugend statt, bei dem Jugendliche zu Wort kamen und Politiker zuhören mussten. 300 Menschen drängten sich in den Räumen – natürlich überwiegend Kinder und Jugendliche, aber auch Bürgermeister Hansjörg Seeh, zwölf Stadträte sowie Vertreter von Verbänden und der Stadtverwaltung. Das Freiburger Jugendforum und Argus, der Verein für soziale Medienarbeit, hatten im Auftrag der Stadt die Zusammenkunft vorbereitet. Am meisten beklagten die Jugendlichen das Fehlen von Treffpunkten, öffentlichen Räumen, wo sie unter sich sein könnten. Darüber hinaus gab es ein breites Spektrum an Wünschen: Das ging von Wänden zum Besprühen über Proberäume für Musikgruppen bis zum autonomen Jugendzentrum.

Geschätzte 70 000 Menschen verfolgen am 2. Juli den Festumzug als Höhepunkt der 875-Jahr-Feier; eine Bläsergruppe in Landsknechtsuniform. (Foto: Rita Ehret)

Eine spektakuläre Fotoaktion

An drei Tagen im April umkreiste ein Hubschrauber den Münsterturm – unter lautem Getöse und erheblicher Winderzeugung auf dem (abgesperrten) Platz. Von ihm aus wurden mit einer Spezialkamera Präzisionsaufnahmen zur photogrammetrischen Aufmessung der oberen Turmhälfte gemacht, da es bisher überhaupt keine detaillierten und genauen Vermessungen gab. Die gewonnenen Daten gingen in eine Computer-Datenbank ein. Somit lag dann eine Dokumentation der Beschaffenheit des Turms bis in die kleinste Einzelheit vor.

1995

Chronik

Vor der Bebauung des Rieselfelds muss zuerst für 14 Millionen Mark belastetes Erdreich ausgetauscht werden.

Die Stadt verkauft im **März** den „Gassenbauernhof" in Hofsgrund, das letzte bäuerliche Anwesen in städtischer Hand außerhalb der Stadtgrenze.

Anfang **April** stimmt die Mehrheit des Stadtrats für eine Schließung des Flugplatzes zum Jahresende 1996. In der gleichen Sitzung fasst der Stadtrat den Grundsatzbeschluss, an der Südostecke des Flugplatzareals ein neues Messe- und Ausstellungsgelände einzurichten.

Der AAK einigt sich im **April** mit dem Verein E-Werk auf eine gemeinsame Nutzung der Halle im E-Werk ab Frühjahr 1996.

Am **23. Juni** ist der neue zentrale Omnibusbahnhof fertig gestellt. Bei der Eröffnung erhält er den Namen „Regio-Busbahnhof Freiburg".

Als Auftakt der Feierlichkeiten zum 875-jährigen Jubiläum der Stadt Freiburg wird auf dem Münsterplatz Carl Orffs „Carmina Burana" aufgeführt. Tausende lassen sich davon am ***29. Juni*** *in Bann ziehen.*

Der zweite Bürgerentscheid in Freiburg beschäftigt sich am **23. Juli** mit der Zukunft des Flugplatzes. Von den abgegebenen Stimmen sprechen sich 71,1 % für und 28,9 % gegen den Erhalt des Flugplatzes aus. Auch dieses Mal wird das Quorum nicht erreicht – 3 349 Stimmen fehlen dazu. Entgegen seiner Praxis beim Bürgerentscheid zur Kultur- und Tagungsstätte im Jahr 1988 revidiert der Stadtrat diese Mal seine Entscheidung und nimmt zwei Tage später die Schließung des Flugplatzes zurück.

Ende **Juli** feiert der Stadtteil Munzingen seine Erstnennung vor 1 150 Jahren.

Im Rieselfeld wird am **19. September** der Grundstein für das neue Kepler-Gymnasium gelegt.

Mit seiner Wiederwahl bestätigt der Stadtrat Mitte **Oktober** Sozialbürgermeister Hansjörg Seeh für weitere acht Jahre in seinem Amt.

Den Raum 112 in der Alten Uni erklären Studentinnen des „Feministischen Referats" und des „Arbeitskreises Frauenförderung" Anfang **November** zur „männerfreien Zone". Er soll als Rückzugsmöglichkeit ausschließlich Frauen vorbehalten sein.

Ende **November** beschließt der Stadtrat die Zusammenfassung des Völkerkunde- und des Naturkundemuseums zu einem neuen „Adelhausermuseum" – zwecks Kostenersparnis.

Nach drei Jahren ist die Bismarckallee zwischen Schnewlin- und Friedrichstraße ab **29. November** wieder durchgängig befahrbar.

Ein unbekannter Schütze schießt am gleichen Tag auf zwei Mitarbeiterinnen der Öko-Station, als diese das Gebäude verlassen. Eine wird tödlich getroffen, die andere schwer verletzt.

Das Regierungspräsidium stellt Mitte **Dezember** 257 Hektar des westlichen Rieselfelds unter Naturschutz.

1996
CHRONIK

Der Stadtrat spricht sich Mitte **Februar** einstimmig für den Kauf des früheren Flugplatzes Bremgarten durch den Zweckverband des künftigen „Gewerbeparks“ aus.

Während der „Woche der Brüderlichkeit“ Anfang **März** beschließt der Stadtrat einstimmig die Umbenennung des Europaplatzes zwischen der Universität und dem Stadttheater in „Platz der Alten Synagoge“. Mitte Juli wird der Namenswechsel vollzogen.

Im **März** gründen 20 Jugendliche den Verein JugendDenkMal, um ein selbst verwaltetes Jugendzentrum zu schaffen.

Ende **März** beginnt der Bau der 15. Fakultät der Universität am Südrand des Flugplatzes.

Während sich auf dem Rotteck- und Werderring der Individualverkehr ab Ende **März** probeweise mit zwei Fahrspuren begnügen muss (die übrigen Spuren sind Bussen und Taxis vorbehalten), wird die Bismarckallee auf vier Spuren freigegeben.

Von **Januar bis Mitte April** sind fast 100 000 Energiesparbirnen im Rahmen der „Meister-Lampe-Aktion“ an Freiburger Haushalte gegangen.

Das Polizeirevier Nord bezieht am **10. April** seinen Neubau am Rotteckring.

Im **April** feiert der „Arbeitskreis Alternative Kultur“ (AAK) seinen Einzug ins E-Werk.

Der Stadtrat stimmt am **11. Juni** dem Umzug des Kunstvereins vom Schwarzen Kloster in die Ausstellungshalle im Marienbad zu.

*Das internationale Solarforum "EuroSun '96" mit über 1 000 Teilnehmern aus 40 Ländern findet vom **16. bis 19. September** im Konzerthaus statt. Dies ist die erste große Tagung in dem Neubau.*

Umweltbürgermeister Peter Heller beantragt Mitte **September** seine vorzeitige Entlassung auf Ende März 1997. Als Grund nennt er gewandelte berufliche und politische Interessen.

Ende **September** zieht das Stadttheater für ein Jahr in ein Kuppelzelt im Eschholzpark. In dieser Zeit wird das Große Haus für 30 Millionen DM umgebaut.

Die Mehrheit des Gemeinderats beschließt nach vorangegangener Kulturdebatte am **8. Oktober** das eigenständige Dezernat für Kultur, Schulen und Sport abzuschaffen.

Die Bauarbeiten für die B 31-Ost beginnen Ende **Oktober** mit der Räumung von besetzten Bäumen im Konrad-Guenther-Park. Danach geht's ans fröhliche Bäumefällen. Hunderte sind nicht genug, es müssen noch ein paar mehr sein – und das hätte eigentlich nicht sein dürfen.

Die ehemaligen Kinos Kurbel und Kamera sind im neuen Schauspielhaus Kurbel aufgegangen. Dieses löst das Podium ab, das lediglich als Probebühne verbleibt.

Vom **17. bis 25. November** ist Freiburg Gastgeber des „71. Bachfestes der Neuen Bachgesellschaft“. An 46 Veranstaltungen nehmen zwischen 15 000 und 20 000 Menschen teil.

Der Trend zur Selbständigkeit erweckt manchen totgeglaubten Beruf zu neuem Leben; hier ein Schuhputzer in der Grünwälderstraße. (Foto: Stadtplanungsamt Freiburg)

Nach 136 Jahren am Ende

Gebrüder Mengler gibt's nicht mehr

1860 gründeten Robert und Wilhelm Mengler ein Speditionsunternehmen. 1888 zog es in die Güterhallenstraße, die Pferde waren in einem Stallgebäude in der Neunlindenstraße untergebracht. Nach dem Zweiten Weltkrieg entwickelte sich die Spedition zu einem florierenden Unternehmen mit fast 100 Beschäftigten und 140 Pferden. Die kräftigen „Mengler-Gäule“ wurden zu einem Markenzeichen auf Freiburgs Straßen. Sie waren es auch, die sich am intensivsten bei der Jugend (und nicht nur bei der) einprägten und sogar zur Umdichtung eines bekannten Kirchenlieds führten: „Es ist ein Ross entsprungen, aus Menglers Pferdestall ...“. Auch die beliebte Vergabe des Prädikats „Ein Arsch wie ein Mengler-Gaul“, wenig schmeichelhaft für die solchermaßen charakterisierte Person, zeugte von der Allgegenwart der berühmten Vierbeiner in den Köpfen der Bevölkerung. Dieses traditionsreiche Unternehmen erlag der Konkurrenz und beantragte im Mai Konkurs wegen Zahlungsunfähigkeit. Mit Ablauf des Jahres war die Geschichte der Gebrüder Mengler zu Ende.

Der neue Stadtteil Rieselfeld wächst

Am 25. Januar begann offiziell der Bau der 1,5 Kilometer langen Stadtbahnlinie ins Rieselfeld. Nach nur sechsmonatiger Bauzeit feierte man im April Richtfest beim Rundbau der neuen Grundschule. Später einmal sollten hier 500 Schüler unterrichtet werden. Im Mai wurden die ersten Straßenschilder aufgestellt. Die ersten Bewohner, Familie Spiegelhalter, zogen schon am 13. Juli ein. Die Nachbarn kamen erst vier Wochen später. So musste der Sicherheitsdienst gelegentlich einen Blick nach den einsamen Siedlern werfen. Schließlich folgte die Natur in Gestalt der ersten fünf Straßenbäume, die im November eingepflanzt wurden.

Was früher der Münsterplatz und dann der Stadtgarten waren, ist jetzt der Augustinerplatz: Ein Treffpunkt für junge Leute; gelegentlich gibt's auch mal Kleinkunst zu sehen. (Foto: Stadtplanungsamt Freiburg)

Der in diesem Jahr fertig gestellt Bürobau Ecke Werderring und Gartenstraße, in dem auch Matratzen verkauft werden, hat nichts mit der dafür – aus rein wirtschaftlichen Gründen – abgerissenen alten Villa gemeinsam. (Foto: Stadtplanungsamt Freiburg)

Freiburgs Leitungswasser hat Trinkwasserqualität

Hygiene-Inspektor Michael Gaßner vom staatlichen Gesundheitsamt bescheinigte im Herbst dem Freiburger Leitungswasser, dass es mindestens so gesund sei wie Mineralwasser. Die im Wasser nachgewiesenen Mengen an Nitrat und Schwermetallen lägen weit unter zulässigen Grenzwerten und seien keinerlei Anlass für Bedenken. Das aus verschiedenen Quellen des Schwarzwalds und Tunibergs stammende Wasser lobte schon im Frühjahr der Hygieneprofessor Franz Daschner als „hygienisch einwandfrei" und als „Trinkwasser in höchster Qualität".

Lust auf Tanzen +/-40

Die Idee von Konstanze Oesterle hatte nicht nur eine Marktnische aufgetan, sondern ein echtes Bedürfnis offenbart. Jedenfalls drängten sich um die 300 Tanzwütige der gehobenen Altersklasse am 8. März im Saal der Gaststätte am Waldsee. Mann und Frau um die 40 waren unter sich, mussten sich nicht von Teenies belächeln lassen beim wilden Rumgehopse oder lauten Mitgröhlen. Die „4 Tops Band Freiburg" bediente den Musikgeschmack des gereiften Publikums: vom Rock 'n' Roll über Beat zu Reggae, aber auch Tango-Begeisterte kamen auf ihre Kosten. Im November letzten Jahres stieg die erste Tanzfête dieser Art, für dieses Jahr waren gleich fünf Veranstaltungen mit bekannten Freiburger Bands vorgesehen.

Die Wagenburg auf dem Vauban-Gelände wird am 21. Mai geräumt, die im Eselswinkel Anfang Juni. Daraufhin ziehen sie im Konvoi durch die Innenstadt (hier am Siegesdenkmal), um auf ihre Forderung nach einem Ersatzstandort aufmerksam zu machen. (Foto: Stadtplanungsamt Freiburg)

1997 CHRONIK

Das Arbeitsamt Freiburg kann im ersten **Halbjahr** keine einzige Fort- oder Weiterbildung für Arbeitslose finanzieren.

20 Kinder der Klassenstufe eins bis vier werden ab **Februar** in der Clara-Grunwald-Grundschule im Rieselfeld gemeinsam in einer „Familienklasse" unterrichtet.

Das langlebige Provisorium des Hauptbahnhofs wird in der **ersten Februarhälfte** abgerissen.

Bundesumweltministerin Angela Merkel und Bundeswirtschaftsminister Günter Rexrodt zeichnen Ende **Februar** Freiburg als „umweltfreundlichen Fremdenverkehrsort" aus.

Mitte **März** erhält Freiburg – in Nachfolge von Peter Heller – eine Umweltbürgermeisterin: Gerda Stuchlik (Bündnis 90/Die Grünen) aus Frankfurt am Main.

Zur ersten regionalen Arbeitsmarktkonferenz mit dem Thema „Arbeitslosigkeit in der Wirtschaftsregion Freiburg" setzen sich am **26. März** Politiker, Sozialorganisationen, Arbeitgeber und Gewerkschaften an einen Tisch.

*Nach elf Jahren erhalten die Delikatessenstände im „Freßgässle" beim Martinstor die Kündigung zum **1. Mai.***

Erst am **22. April** wird bekannt, dass Freiburg nach Berechnungen des Statistischen Landesamts bereits seit Oktober 1996 über 200 000 Einwohner hat.

Ende **Mai** verabschieden sich die Fußballer vom SC Freiburg nach vier Jahren aus der Ersten Bundesliga.

Die Alte Wache am Münsterplatz, ehedem Deutschlands einzige öffentliche Toilette unter Denkmalschutz, eröffnet Ende **Juni** als „Haus der badischen Weine".

Der Stadtrat genehmigt am **1. Juli** den Umbau der Unterführung am Siegesdenkmal zu einem selbst verwalteten Jugendtreff.

Zum zweiten Stadtteilfest am **12. Juli** kann der 1 000. Bewohner im Rieselfeld begrüßt werden.

Am **13. September** ist die offizielle Eröffnung der Stadtbahnlinie 6 ins Rieselfeld.

Die Einweihung des neuen Kepler-Gymnasiums im Rieselfeld erfolgt am **9. Oktober.**

Hinter dem Stadttheater eröffnet am **21. Oktober** das „Cinemaxx". Mit neun Sälen und 2 200 Plätzen ist es das größte Kino in Freiburg.

Anfang **November** bietet die Stadtverwaltung in der Basler Str. 2 verbesserte Dienstleistungen in Form eines „Bürgeramts" an.

Im Gewerbegebiet Haid beginnt im **November** der Bau der Solarfabrik des Georg Salvamoser zur Produktion von Solarmodulen.

Drei junge Frauen aus Freiburg und Umgebung gehören zu den Todesopfern des Terroranschlags von Moslem-Extremisten am **17. November** in Luxor/Ägypten.

In den neuen zentralen Betriebshof an der Hermann-Mitsch-Straße ziehen Mitte **Dezember** 348 Beschäftigte des Tiefbauamts sowie der Eigenbetriebe Stadtentwässerung und Abfallwirtschaft ein.

1998
CHRONIK

Ende **Januar** ist der Umbau des Stadttheaters für rund 53 Millionen DM abgeschlossen.

Mit 24 gegen 23 Stimmen vereitelt der Stadtrat Anfang **April,** dass aus 8 500 Quadratmeter – Landschaftsschutzgebiet am Hungerberg oberhalb Herderns Bauland wird.

Ab **17. Mai** zeigt das Augustinermuseum die Ausstellung „Der Kaiser in seiner Stadt – Maximilian I. und der Reichstag zu Freiburg 1498-1998“.

An der Kreuzung Tulla-/Engesser-/Zinkmattenstraße wird Anfang Juni ein neuer Kreisverkehr (auch Verkehrskreisel genannt) freigegeben. Es ist der fünfte innerhalb der letzten drei Jahre.

Anfang **Juni** gelingt dem Sportclub der Wiederaufstieg in die erste Bundesliga.

Am **6. Juni**, dem wärmsten Junitag seit 1947, feiern die St. Georgener die Eröffnung ihres zehn Monate lang umfassend erneuerten Freibads.

Die Universität lädt ehemalige Studierende zum ersten „Alumni-Meeting“ vom **10. bis 12. Juli** ein.

*Vom **16. bis 19. Juli** treffen sich fast 10 000 aktive Feuerwehrleute aus ganz Baden-Württemberg, 39 Musikkapellen und rund 25 000 Zuschauer zum 8. Landesfeuerwehrtag in Freiburg.*

Ende **August** bezieht Familie Faßbinder den ersten fertiggestellten Neubau, ein Eigenheim, im neuen Stadtteil Vauban.

Die FEW nutzt die Liberalisierung des Energiemarkts und kündigt dem jahrzehntelangen Partner Badenwerk (jetzt Energie Baden-Württemberg) zum **1. September.** Die schweizerische Watt AG Zürich ist der preisgünstigere Stromlieferant.

Im Stadtteil Rieselfeld eröffnet im **Oktober** das erste städtische Kinderhaus „Taka-Tuka-Land“ in der Johanna-Kohlund-Straße zur Betreuung von 100 ein- bis zwölfjährigen Kindern.

Mitte **Oktober** geht das neue Wärmeverbundkraftwerk auf dem Rhodia-Gelände ans Netz. Die Anlage deckt 40 Prozent des Freiburger Strombedarfs und vermindert den Kohlendioxid-Ausstoß um jährlich fast 200 000 Tonnen.

Beim neunten und letzten Kommunalwettbewerb der Umwelthilfe um den Titel „Bundeshauptstadt für Natur- und Umweltschutz“ kommt Freiburg nur noch auf Rang drei. Vor sechs Jahren war's noch der erste Platz.

Ende **Oktober** zerstört eine riesige Flutwelle im Gefolge des Wirbelsturms „Mitch“ den größten Teil der mit Freiburg freundschaftlich verbundenen Stadt Wiwili in Nicaragua. Die Freiburger spenden über 300 000 Mark für den Wiederaufbau.

Sparsamkeit bestimmt nach wie vor das Ausgabeverhalten der Stadt. Dadurch kann es gelingen, dass in den nächsten beiden Jahren erstmals weder neue Schulden gemacht noch Steuern oder Gebühren erhöht werden müssen.

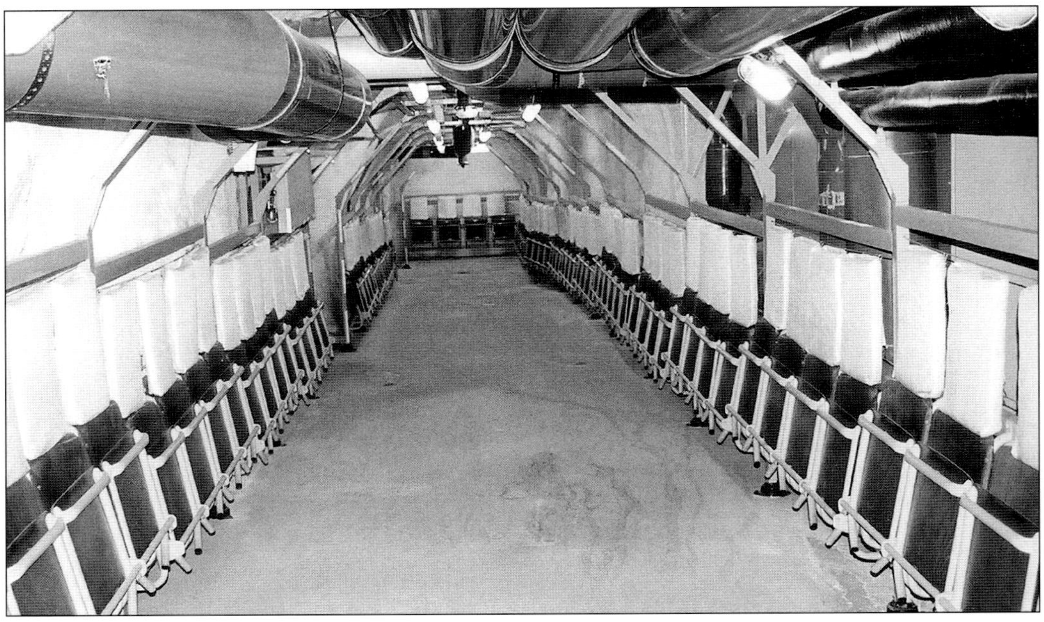

Die Instandhaltung der „Zivilschutzanlage Schloßbergstollen“ verschlingt jedes Jahr 100 000 Mark an Staatsgeldern; im Ernstfall können in der fast zwei Kilometer langen Einrichtung 5 000 Personen unterkommen. (Foto: Stadtplanungsamt Freiburg)

Der erste Jugendrat

Der erste Freiburger Jugendrat wurde am 21. November gewählt. Etwa 18 000 Jugendliche zwischen zwölf und 20 Jahren waren aufgefordert, in elf Wahlbezirken jeweils zwei Kandidaten zu wählen. Die somit ermittelten 22 Repräsentanten sollten zukünftig die Wünsche der Jugendlichen an die Kommunalpolitik, unter anderem mit einem Sitz im Jugendhilfeausschuss, vertreten. Lediglich etwa 500 junge Leute kamen insgesamt zur Wahl, die meisten in der Wiehre (109) und am wenigsten in Hochdorf und Zähringen (jeweils acht). Was der Jugendrat denn konkret machen sollte, war niemandem so recht klar. Das von einer Projektgruppe erarbeitete Konzept ließ im Prinzip alle Möglichkeiten offen.

Bürgermeister kommen und gehen, nur der Chef bleibt

Mit dem Ende seiner achtjährigen Dienstzeit wurde Kulturbürgermeister Thomas Landsberg Ende Januar entlassen, weil es sein Dezernat nicht mehr gab. Seine Aufgaben teilten sich nun Oberbürgermeister Böhme (Kultur) und Bürgermeisterin Stuchlik (Sport und Schulen).

Baudezernent und Erster Bürgermeister Sven von Ungern-Sternberg wurde Mitte Juli zum Nachfolger von Regierungspräsident Conrad Schroeder an den Basler Hof berufen. Der Wechsel erfolgte am 1. Dezember.

Mit einer sehr knappen Mehrheit bestätigen 50,2 % der Wähler Oberbürgermeister Böhme am 18. Oktober im ersten Wahlgang zum zweiten Mal in seinem Amt.

Den bisherigen Baudezernenten von Worms, Matthias Schmelas, wählte der Stadtrat Mitte Dezember mit großer Mehrheit zum Baubürgermeister. Die Position des ersten Bürgermeisters übernahm Sozialdezernent Hansjörg Seeh nach dem Votum des Stadtrats in der gleichen Sitzung.

Drei bunt bemalte Kühe sollen dem einsamen Stier vor „Kaiser's Modehaus der Dame“ in der „Kaiser-Joseph-Straße“ wenigstens für ein paar Wochen etwas Gesellschaft leisten; die Tiere aus Glasfasermaterial hatte Geschäftsführer Gerhard Kaiser aus einer Züricher Marketingaktion erworben und setzte sie hier im Oktober zum gleichen Zweck ein. (Foto: Stadtplanungsamt Freiburg)

Bürgerschaftliches Engagement für eine bessere Zukunft

Die „Lokale Agenda 21“ war als langfristiges kommunales Handlungsprogramm zur Sicherung einer zukunftsfähigen Gemeinde zu verstehen, das örtliche Aufgabenbereiche in Ökonomie, Ökologie, sozialer Entwicklung, Kultur, Verkehr und Energie umfassen und miteinander verbinden sollte. Dabei ging es um die Schaffung von Möglichkeiten der Vernetzung der vielen bürgerschaftlichen Initiativen, die bisher schon auf lokaler Ebene an Konzepten für eine lebenswerte Welt von morgen mitgearbeitet hatten. Anfang April fand im Bürgerhaus am Seepark die erste Veranstaltung statt, auf der die Arbeitsziele und bisherigen Ergebnisse der „Lokalen Agenda 21“ vorgestellt wurden. 500 Menschen nahmen daran teil.

An dieser Stelle, Ecke Schlossbergring und Schoferstraße, wird das neue Erzbischöfliche Archiv entstehen. (Foto: Stadtplanungsamt Freiburg)

Öh-La-Palöma

Ein Freiburger wird zufällig berühmt

Eigentlich sollte es nur ein Jux sein, das Video, auf dem das Duo Ulrich Ahlers aus Freiburg und Claus Holtfoth aus Hannover seine sächselnde Version von „La Paloma Blanca" zum Besten gab. Als Gruß zum 65. Geburtstag von Tante Jutta in Dresden über eine Glückwunschsendung des Mitteldeutschen Rundfunks war es gedacht. Aber dann nahm die Sache einen anderen, als den geplanten Verlauf. Das Lied kam letztlich auf CD und verkaufte sich eine halbe Million mal. Öffentliche Auftritte folgten und der ganze Medienrummel. Nach der zweiten CD wurde es deutlich ruhiger und Ulrich Ahlers konnte wieder in Ruhe seiner eigentlichen Profession als Architekt nachgehen. Richtig gut verdient hatten – wie üblich – die Vermarkter der Idee. Und dennoch: Einmal ganz vorne im Rampenlicht stehen – das hat doch schon was ...

Die erste Messe auf dem neuen, 50 000 Quadratmeter großen Gelände am Flugplatz beginnt am 15. Oktober. (Foto: Stadtplanungsamt Freiburg)

Mobil, aber keine Radarfalle

In sanfter Weise sollten Freiburgs Autofahrer bevorzugt in Tempo-30-Zonen zur Einhaltung der vorgeschriebenen Geschwindigkeit gemahnt werden. Mitte März stellten Bürgermeister Matthias Schmelas und der Leiter des Amts für öffentliche Ordnung, Hanns Brugger, eine neues System zur Geschwindigkeitsmessung vor. Die mobile Anlage zeigte mit großen Ziffern auf einer Tafel an, wie schnell ein gemessenes Fahrzeug gerade gefahren war. Die gut sichtbare Anzeige diente nur dazu, betroffene Fahrer auf ihr Fehlverhalten aufmerksam zu machen, in der Hoffnung, sie dadurch auch zur Korrektur bewegen zu können. Fotos oder Strafzettel (im Beamtendeutsch auch Bußgeldbescheide genannt) musste keiner befürchten. Freiburg war die erste größere Stadt, in der das neue System zum Einsatz kam.

1999 CHRONIK

Der städtische Doppelhaushalt für 1999 und 2000 mit einem Volumen von jeweils über eine Milliarde DM wird am **9. Februar** verabschiedet. Erstmals seit vielen Jahren ist keine zusätzliche Verschuldung erforderlich.

Der Stadtrat beschließt am **27. April** mit knapper Mehrheit die Linienführung der geplanten Haslacher Stadtbahn über Johanneskirche und Bertoldsbrunnen.

Ein neues Blockheizkraftwerk in der Bugginger Straße versorgt ab **Mai** die Stadtteile Weingarten und Rieselfeld mit Fernwärme und produziert drei Prozent des in Freiburg verbrauchten Stroms.

Mit einem Waldfest im Hof des ehemaligen „Fort Carré" auf der Kuppe des Schlossbergs wird im **Juni** die Präsentation der Festungsreste eröffnet.

Ein dreitägiges Fest begleitet die Einweihung des neuen Hauptbahnhofs am **2. Juli.**

Neben dem Erzbischöflichen Palais im Haus „zum Lichtstock" zeigt ein „Mittelalterliches Foltermuseum" ab **Juli,** zu welchen Widerlichkeiten Menschen fähig sind.

Beim Bürgerentscheid über die Linienführung der Stadtbahn Haslach sprechen sich am ***25. Juli*** *68 % für die Variante über den Rotteckring aus. Aber wieder einmal wird das Quorum nicht erreicht.*

Dementsprechend bleibt der Stadtrat zwei Tage später bei seiner Entscheidung, die Linie über Johanneskirche und Bertoldsbrunnen zu führen.

Das beeindruckende Jahrhundertereignis Sonnenfinsternis am **11. August** ist von der Stadt aus gut zu sehen.

Anfang **September** nimmt die Fahrradstation „Mobile" am Hauptbahnhof offiziell ihren Betrieb auf. Zur Verfügung steht sie schon einen Monat früher.

Die FEW schließt sich Anfang **Oktober** mit fünf süd- und mittelbadischen Energieversorgungsunternehmen zusammen, um auf dem hart umkämpften europäischen Strommarkt überleben zu können.

Als Bundeskanzler kommt Gerhard Schröder zum ersten Mal am **19. Oktober** nach Freiburg. Vier Tage später folgt ihm Bundespräsident Johannes Rau, der mit der Reinhold-Schneider-Plakette ausgezeichnet wird.

Vom **1. Dezember** bis einschließlich Februar 2000 zeigt das Augustinermuseum die Landesausstellung „Vorderösterreich".

Im gleichen Zeitraum ist in der Stadtbibliothek die Ausstellung „SpielRäume, Kindheit in Freiburg 1900 bis 2000-X" mit Fotos und Exponaten aus 100 Jahren bisher wenig beachteter Stadtgeschichte zu sehen.

Der Bau der rund 124 Milionen DM teuren Stadtbahn nach Haslach beginnt Mitte Dezember.

Am **zweiten Weihnachtsfeiertag** tobt sich der Orkan „Lothar" auch über Freiburg aus und hinterlässt hier ebenso eine Spur der Verwüstung wie andernorts.

60 000 Festmeter Holz hat Orkan „Lothar" am **26. Dezember** vergangenen Jahres im Stadtwald gefällt und damit etwa 7 Millionen Mark Schaden angerichtet, berichtet das Forstamt in einer vorläufigen Schadensbilanz.

Mitte **Februar** wird die bereits genutzte neue Messehalle am Flugplatz offiziell eröffnet.

Im Auftrag eines Freiburger Immobilienmaklers machen sich im **Februar** ein paar Männer daran, das „Berghotel" auf dem Schauinsland niederzubrennen. Sas unprofessionelle Vorgehen führt glücklicherweise zu rechtzeitiger Entdeckung der Täter und zur Aufdeckung des Komplotts.

Im Bereich Energie im Themenpark der Weltausstellung „Expo 2000" in Hannover stellt sich die Solarregion Freiburg vor. Die Präsentation wird allerdings heftig kritisiert.

Nach der Erneuerung der technischen Einrichtungen und der Badeanlagen hat das „Lollo", auch Lorettobad genannt, nichts von seinem ursprünglichen Charakter verloren. Die Wiedereröffnung ist Mitte **Juni.**

*Vom **7. bis 9. Juli** kommt die „Intersolar 2000" erstmals zur Neuen Messe nach Freiburg. Die Stadt erhält von der Deutschen Umwelthilfe und der SAG Solarstrom AG die Auszeichnung „Solarkommune".*

Die Aufführung des Theaterstücks „Corpus Christi" im Rahmen des Theaterfestivals sorgt wie anderswo für rege Diskussionen. Der Kulturausschuss befürwortet die Darbietung. Am **18. Juli** geht das umstrittene Stück störungsfrei über die Bühne.

Der Stadtrat beschließt Mitte **Juli** die Fusion der Freiburger Energie- und Wasserversorgungs AG mit fünf kommunalen Energieunternehmen in Südbaden zum **1. Januar 2001.**

Die sich bisher jährlich abwechselnden drei Messen, die landwirtschaftliche „Bala", die handwerkliche „Hagea" und die hauswirtschaftliche „Schawa" vereinigen sich zur „Baden-Messe", die in der **ersten Septemberhälfte** auf dem neuen Gelände am Flugplatz eine erfolgreiche Premiere hat.

Der Stadtrat verabschiedet am **26. September** einstimmig die Resolution „Für eine offene Stadt – Gegen Fremdenhass und Rassenwahn".

Mitte **Oktober** stimmt der Stadtrat mit großer Mehrheit für eine Städtepartnerschaft mit dem iranischen Isfahan. Freiburg wird damit zur ersten deutschen Stadt mit einer Partnerschaft im Iran.

Der neue Doppelhaushalt liegt Mitte **November** dem Stadtrat vor. Der Stadt geht's finanziell so gut wie schon lange nicht mehr.

Freiburgs Jugendliche können am **18. November** zum zweiten Mal einen Jugendrat wählen, doch nur 579 von etwa 17 000 Wahlberechtigten (3,46 %) nutzen diese Möglichkeit.

Stadt, Land und Universität führen am **7. Dezember** ein erstes Gespräch über einen möglichen gemeinsamen Neubau für das Stadt-, Staats- und Universitätsarchiv.

Nach groben Schätzungen stehen am 20. Juli im Stadtgebiet 250 000 Menschen an der Rennstrecke der „Tour de France", die zum vierten Mal die Stadt berührt. Für die beste Organisation erhält Freiburg das gelbe Trikot. Am folgenden Tag ist der Start für die nächste Etappe am Stadtgarten. (Foto: Hans Sigmund)

Die Neue Messe

Erfolgreicher Beginn, aber wie geht's weiter?

An der Ausstellung „Camping, Freizeit und Touristik" vom 11. bis 19. März auf dem neuen Messegelände beteiligten sich über 300 Aussteller, und 80 000 Besucher ließen sich von ihr anziehen. Das waren etwa 50 Aussteller und 20 000 Besucher mehr als im Vorjahr. Erfreut stellte die Messeleitung fest, dass seit Eröffnung der Neuen Messe die Besucherzahlen um rund 30 Prozent zugenommen hatten. Skeptisch beurteilte sie jedoch eine Fortsetzung dieses Trends. Zunächst wollte man abwarten und sehen, was kommt, wenn erstmal der Reiz des Neuen verflogen war. Zu Recht: Die ökologische Verbrauchermesse „Öko 2000" enttäuschte im Mai die Erwartungen erheblich. Auch zum ersten Popkonzert mit Rockstar Sting kamen Anfang Juni nur rund 7 000 Menschen, die Halle könnte aber 10 000 fassen. Dann ging's aber mit der „Intersolar 2000" wieder deutlich aufwärts. Eine aufregende Entwicklung aus der Sicht der Messegesellschaft.

Monatelang war die Rathausfassade zwecks Renovierung verpackt à la Christo; als die Hüllen Anfang Juli fallen, tritt ein fleckiger Anstrich zu Tage, der schleunigst nachgebessert werden muss. (Foto: Hans Sigmund)

Ein historisches „Freiheitsfest"

Zum 475. Jahrestag der Einnahme der Stadt durch aufständische Bauern im Jahr 1525 fanden Ende Mai im Rahmen eines historischen „Freiheitsfestes" ein Umzug, eine Kundgebung und ein Historienspiel statt. Vom strömenden Dauerregen ließen sich weder die 250 Darsteller in zeitgenössischen Kostümen noch Hunderte von Zuschauern verdrießen. Organisator Joachim Müller, angeblich ein Nachfahre des berühmten Hans Müller von Bulgenbach, der im Bauernkrieg den aufständischen Schwarzwälder Haufen angeführt und mit diesem die Stadt Freiburg eingenommen hatte, setzte sich, kostümiert als jener Bauernführer, an die Spitze des Umzugs.